JN065485

公認心理師過去問詳解 2020年試験 完全解説版

はじめに～本書の特徴

2020年12月20日試験についての詳細かつ正確な解説

　本書は，辰已法律研究所と京都コムニタス（URL：https://www.sinri-com.com/）が協力して作成した，2020年12月20日試験についての詳細かつ正確な解説書です。

問題・解説表裏一体型

　これは，辰已法律研究所が法律系資格の本試験の解説本で30年以上行ってきた方式であり，これにより問題を解くことに集注できるとして受験生に好評を得てきた方式です。

必要十分な分量の解説

　解説では，必要十分な分量の解説を掲載しています。また，文献情報を掲載しています。

全受験者数 13,629人中 1,703人の解答再現 Data に基づく正答率と肢別解答率データ

　解説編の各問に辰已法律研究所と京都コムニタスが協力して実施した出口調査（全受験者 13,629人のうち 1,703人の受験者の解答データ）に基づく正答率と肢別解答率データを掲載しています。ぜひ参考にして勉強してください。

難易度表示

　京都コムニタスの責任において難易度表示を付けました。各解説の冒頭のパネルの左側に記載されています。ランク付けは以下の通りです。

難易度1（全89問）

　基本的な出題。この問題は基本的な知識が問われていたり，選択肢において比較的迷わずに正答できるようになりましょう。

難易度2（全41問）

　選択肢の絞り込みはできるが，残りの2択，3択で正答に迷う問題。この難易度の問題は解けるようになりましょう。

難易度3（全24問）

　正答を導き出すのが難しい問題。かなり細かい知識が問われていたりするので，なかなかここまで勉強しておくのは難しいかもしれない問題。

体系目次と正答率一覧

　冒頭には，目次のほか，体系目次（問題を体系順に並べた目次）と正答率一覧を掲載しています。問題を体系的に学習したり，正答率の高い問題（いわゆる落とせない問題）を選んで学習したりすることができます。ぜひご活用ください。

令和3年5月
京都コムニタス
辰巳法律研究所

【執筆者一覧（五十音順）】

吉山　宜秀（よしやま　のりひで）　**監著**　公認心理師，臨床心理士。京都コムニタス主任講師，スクールカウンセラー。龍谷大学大学院文学研究科教育学専攻臨床心理学領域修士課程修了。

稲葉　豊和（いなば　とよかず）　公認心理師，臨床心理士。京都コムニタス講師，児童福祉関連施設心理職。龍谷大学大学院文学研究科教育学専攻臨床心理学領域修士課程修了。

岡田（旧姓上杉）　寿之（おかだ（うえすぎ）　としゆき）　公認心理師，臨床心理士。京都コムニタス講師，スクールカウンセラー。龍谷大学大学院文学研究科教育学専攻臨床心理学領域修士課程修了。

小川　亜希子（おがわ　あきこ）　公認心理師，臨床心理士。京都コムニタス講師，大学学生相談室カウンセラー。佛教大学大学院教育学研究科臨床心理学専攻修士課程修了。

栗本　淳子（くりもと　じゅんこ）　公認心理師，臨床心理士。スクールカウンセラー。帝塚山大学心理科学研究科臨床心理学専修修士課程修了。

齋藤　慎介（さいとう　しんすけ）　公認心理師，臨床心理士。京都コムニタス講師，教育相談室相談員，大学学生相談カウンセラー。追手門学院大学大学院心理学研究科心理学専攻臨床心理学コース修士課程修了。

新田　容子（にった　ようこ）　公認心理師，臨床心理士。大学学生相談室カウンセラー，クリニック心療内科　心理職。立命館大学大学院人間科学研究科人間科学専攻　臨床心理学領域　博士課程前期課程修了。

武藤　有佑（むとう　ゆうすけ）　公認心理師，臨床心理士。京都コムニタス講師，社会福祉法人　大五京　臨床スキル研究所　心理発達相談員。龍谷大学大学院文学研究科臨床心理学専攻修士課程修了。

室屋　賢士（むろや　さとし）　公認心理師，臨床心理士，キャリアコンサルタント。福祉・産業領域心理職，大学・専門学校・予備校講師。龍谷大学大学院文学研究科臨床心理学専攻博士後期課程単位取得満期退学。

山川　祐介（やまかわ　ゆうすけ）　公認心理師，臨床心理士。大学心理相談室　相談員，大学附属病院精神科　心理職，スクールカウンセラー。関西大学大学院心理学研究科心理臨床学専攻専門職学位課程修了。

【目　次】

【体系目次・正答率一覧】

領域・職域 / 問題番号 / 科目 / 項目			頁	正答率
1　心理学基礎・応用領域系		**27 問**		
問 6	知覚・認知心理学	空間（運動・奥行き）の知覚	19	36.9%
問 9	知覚・認知心理学	心理物理学	29	65.6%
問 47	知覚・認知心理学	意　識	133	80.2%
問 83	知覚・認知心理学	音と音声の知覚	237	33.4%
問 113	知覚・認知心理学	ワーキングメモリ	337	64.7%
問 10	学習・言語心理学	潜在学習	31	71.1%
問 11	学習・言語心理学	文法獲得	35	42.5%
問 84	学習・言語心理学	学習の生物学的基礎	241	19.3%
問 85	感情・人格心理学	パーソナリティ	245	48.0%
問 128	感情・人格心理学	感情と社会・文化	381	79.4%
問 14	社会・集団・家族心理学	社会的推論	43	53.7%
問 87	社会・集団・家族心理学	社会的アイデンティティ	253	35.8%
問 102	社会・集団・家族心理学	集団過程	303	81.9%
問 36	発達心理学	乳児期	105	36.9%
問 37	発達心理学	Vygotsky の発達理論	107	40.8%
問 39	発達心理学	知能の構造（多重知能）	113	41.8%
問 48	発達心理学	心の理論	137	36.1%
問 112	発達心理学	知能の構造	335	51.5%
問 114	発達心理学	自己意識	339	30.1%
問 125	発達心理学	自我同一性	373	64.4%
問 13	神経・生理心理学	摂食行動	39	10.7%
問 86	神経・生理心理学	サーカディアンリズム	249	28.0%
問 103	神経・生理心理学	機能局在	305	12.0%

xiv

本書の構成・使い方

問題ページ

第3回公認心理師試験（12/20実施）の問題番号と配点です。
右側には，領域・職域を掲載しています。
学習しやすいように，問題と解説の表裏一体形式にしています。
問題を解いてから，解説をご覧ください。

問1 (配点：1)	【公認心理師法系】	月 日 月 日

要支援者と公認心理師の関係について，適切なものを1つ選べ。

① 心理療法の面接時間は，要支援者のニーズに合わせてその都度変えるのが良い。

② 投薬が必要となり，精神科に紹...
理的支援を継続する。

③ 知らない人に対して気後れして...
カウンセリングを引き受ける。

あなたが問題を解いた日，及び正解に達したかなどを残す欄です。○×△を書き込むなどして，自由にお使いください。

④ 大学附属の心理相談室で新規ケースのインテーク面接を行う場合，受理するかどうかは自分一人で決める。

⑤ 学校内で自殺者が出た場合の緊急介入時には，事実を伝えるのは亡くなった生徒と親しかった少数のみに限定するのが原則である。

解説ページ

辰已法律研究所が京都コムニタスと協力して実施した出口調査（全受験者 13,629 人のうち 1,703 人の受験者の解答データ）に基づく正答率と肢別解答率データを掲載しています。出口調査に協力していただいた受験生全体の正答率のデータと肢ごとの解答率です。

科目・項目（本問のテーマ）と正解欄です。

問 1	【公認心理師の職責】保健医療, 福祉, 教育, 司法・犯罪, 産業・労働との連携		肢別解答率					正答率 93.8%
			①	②	③	④	⑤	
難易度 1	正解：②	全体	3.5%	93.8%	0.2%	0.6%	1.8%	

①**不適切。** 心理療法の面接時間は，1 回 50 分などに設定して毎回面接を行う方が良い。これは治療構造と呼ばれるもので，時間に限らず，場所や料金，面接頻度なども面接開

公認心理師には求め

変えていると，要

～3 時間話そうと

もより短いときに

まうといった可能

間が負担になる場

に高い場合はリス

らの場合にもおい

えることはしない

京都コムニタスの責任において難易度表示を付けました。各解説の冒頭のパネルの左側に記載されています。ランク付けは以下の通りです。

難易度 1（全 89 問）
　基本的な出題。この問題は基本的な知識が問われていたり，選択肢において比較的迷わずに正答できるようになりましょう。
難易度 2（全 41 問）
　選択肢の絞り込みはできるが，残りの 2 択，3 択で正答に迷う問題。この難易度の問題は解けるようになりましょう。
難易度 3（全 24 問）
　正答を導き出すのが難しい問題。かなり細かい知識が問われていたりするので，なかなかここまで勉強しておくのは難しいかもしれない問題。

②**適 切。** 投薬が必要な要支援者を精神科に紹介するなど，他機関につなぐことをリファーと呼ぶ。精神科に紹介したケースについても，公認心理師法第 42 条（連携等）第 2 項の 公認心理師は，その業務を行うに当たって心理に関す

解説の重要部分を青色・太字化し強調しています。

主治の医師があるときは，その指示を受け した主治医の指示を受け，必要であれば心

本書籍に掲載の 2020 年公認心理師試験問題（12/20 実施）は，一般財団法人
日本心理研修センターの HP（http://shinri-kenshu.jp/）から転載しました。

第 3 回公認心理師試験

2020 年 12 月 20 日実施

問題と解説

問1 (配点：1)	【公認心理師法系】	月　日
		月　日

　要支援者と公認心理師の関係について，適切なものを1つ選べ。

① 　心理療法の面接時間は，要支援者のニーズに合わせてその都度変えるのが良い。

② 　投薬が必要となり，精神科に紹介したケースも，必要であれば心理的支援を継続する。

③ 　知らない人に対して気後れして話ができないという友人の母親のカウンセリングを引き受ける。

④ 　大学附属の心理相談室で新規ケースのインテーク面接を行う場合，受理するかどうかは自分一人で決める。

⑤ 　学校内で自殺者が出た場合の緊急介入時には，事実を伝えるのは亡くなった生徒と親しかった少数のみに限定するのが原則である。

4

問1	【公認心理師の職責】 保健医療，福祉，教育，司法・犯罪， 産業・労働との連携	肢別解答率					正答率93.8%	

			①	②	③	④	⑤
難易度1	正解：②	全体	3.5%	93.8%	0.2%	0.6%	1.8%

①**不適切**。 心理療法の面接時間は，1回50分などに設定して毎回面接を行う方が良い。これは治療構造と呼ばれるもので，時間に限らず，場所や料金，面接頻度なども面接開始時に設定し，基本的には設定した枠組みを維持することが公認心理師には求められる。面接時間を要支援者のニーズに合わせてその都度変えていると，要支援者が面接時間をコントロールするようになり，いつも2〜3時間話そうとする，他の要支援者のニーズとの兼ね合いで面接時間がいつもより短いときに「他の人を優先している」などの否定的な感情を抱かせてしまうといった可能性もある。ただし，要支援者が重度のうつ病で50分の面接時間が負担になる場合は面接時間を短くしたり，要支援者の自殺のリスクが非常に高い場合はリスクマネジメントとして面接頻度を増やすこともあるが，これらの場合にもおいても，要支援者のニーズに合わせて面接時間や面接時間を変えることはしない。

②**適　切**。 投薬が必要な要支援者を精神科に紹介するなど，他機関につなぐことをリファーと呼ぶ。精神科に紹介したケースについても，公認心理師法第42条（連携等）第2項の「公認心理師は，その業務を行うに当たって心理に関する支援を要する者に当該支援に係る主治の医師があるときは，その指示を受けなければならない。」に基づき，紹介した主治医の指示を受け，必要であれば心理的支援を継続することは求められる。

③**不適切**。 これは多重関係に該当する内容である。たとえ友人の母親で出会ったことがない人であったとしても，友人の母親のカウンセリングを引き受けることで，そのカウンセリングがうまく進展しないといった状況次第では，友人との関係に不利益が生じる可能性もあるため，不適切である。

④**不適切**。 これは，問題文の「要支援者と公認心理師の関係」についての内容とも言い難い選択肢であるが，大学付属の心理相談室では多くの場合，インテーク会議や受理会議と呼ばれる会議で新規ケースを受理するか，誰が担当するかを決定するため，自分一人で決めるということはしない。

⑤**不適切**。 学校内で自殺者が出た場合においては，報道などで知っている方も多いと思われるが，学校として保護者会を設定する。文部科学省 平成22年3月 子どもの自殺が起きたときの緊急対応の手引き 4 保護者への説明 において「保護者に正確な情

報を伝えることで，憶測に基づく噂が広がることを防ぎます。また，学校と保護者との協力関係を維持してください。」「保護者会（全校か当該学年だけか）を開くつもりで早めに準備してください。ただし，事実の説明についてはあらかじめ遺族の意向を確認してください。」（p.7）とあり，選択肢の「事実を伝えるのは亡くなった生徒と親しかった少数のみに限定するのが原則」は不適切である。

問2 (配点：1)　　　　【健康・医療／精神疾患】　月　日／月　日

　統合失調症の症状が増悪したクライエントへの公認心理師の介入について，適切なものを1つ選べ。

① 症状増悪時は，心理的支援を行わない。

② 幻聴に関して，幻覚であることを自覚させる。

③ 緊張病性昏迷では，身体管理が必要となる可能性があることを家族に伝える。

④ 作為体験によるリストカットは，ためらい傷程度であれば特に緊急性はない。

⑤ 服薬を拒否するクライエントに対して，薬は無理に服薬しなくてよいと伝える。

8

問2	【精神疾患とその治療】統合失調症		肢別解答率					正答率80.6%	
			①	②	③	④	⑤		
難易度1	正解：③	全体	16.6%	1.7%	80.6%	0.6%	0.3%		

①**不適切。** 統合失調症者に対する心理的支援は，心理療法や心理教育，生活技能訓練，包括的地域生活支援，デイケア，ナイトケア，オープン・ダイアローグなど多岐にわたり，クライエントの状況に応じて様々な介入が行われる。特にオープン・ダイアローグは統合失調症の急性期に対する介入技法であり効果が示されている。つまり，症状増悪時においてもアセスメントを行い，それに応じた適切な心理的支援を行っていくことが必要となる。よって，症状増悪時は心理的支援を行わないという公認心理師の介入は不適切である。

②**不適切。** 幻覚は「対象なき知覚」とよばれ，実際には存在しない外的刺激を知覚したものとして体験することである。幻視，幻聴，幻臭，幻触，幻味と五感すべてで起こりうるが，統合失調症においては幻聴が起こりやすい。もし，クライエントが幻聴を自覚している場合は，幻聴を対象とした認知行動療法において，「幻聴によって聞こえる声が言っていることは意味がなく，影響もない」と認知できるようになれば，その幻聴がクライエントの行動に影響を及ぼしにくくなる。しかし，幻聴が幻覚であることを自覚していないこの問題のようなクライエントの場合に，公認心理師が幻覚であると自覚させようとすることは，そのクライエントからすると，「実際に聞こえているのに分かってもらえない」「その声を聞いていないからそんなことが言えるんだ」という思いを抱く可能性がある。そのため，本選択肢の公認心理師が"幻覚であることを自覚させる"介入は不適切である。

③**適　切。** 緊張病はカタトニアとも呼ばれ，様々な状態を呈する症候群である。以前は統合失調症の症状の1つと考えられていたが，現在では統合失調症だけではなく，解離性障害など種々の精神疾患で生じると考えられている。主な特徴は多動と無動である。多動は，常同症や外的刺激によらない興奮，反響言語や反響動作などである。無動は，昏迷，カタレプシー，無言症などである。つまり，緊張病性昏迷は緊張病に伴って生じる昏迷のことを指す。これは，意識はあるが，動作性が低下している状態で，話しかけられても反応に乏しいという特徴を示す。症状が重い場合，全く身動きが取れない可能性もあるため，身体管理が必要であることを家族に伝えるという本選択肢は適切である。

9

④**不適切。**　作為体験とは，させられ体験とも呼ばれ，自分の思考や着想，行為などが，自分以外の他者の力によって干渉されている，または妨害されていると感じる体験である。統合失調における自殺率は健常者に比べて非常に高いことが知られており，本設問のように症状の悪化に伴う作為体験によるリストカットはためらい傷程度であったとしても緊急性が高いと判断できる。

⑤**不適切。**　本設問で問われているのは，公認心理師のクライエントへの介入である。服薬指導は医師でないと行えないため，本選択肢のような介入は不適切である。

【文献情報】
9

・子安増生監（2020）公認心理師のための精神医学 精神疾患とその治療 p.23，24 金芳堂
・松崎朝樹（2020）精神診療プラチナマニュアル第2版 p.61，62 メディカル・サイエンス・インターナショナル
・下山晴彦ら編（2019）公認心理師技法ガイド p.560-565 文光堂

| 問3 (配点：1) | 【公認心理師法系】 | 月　日 / 月　日 |

自殺予防や自殺のリスク評価について，正しいものを1つ選べ。

① 文化的・宗教的な信条は，自殺のリスクに関連しない。

② 自殺念慮に具体的な計画があると，自殺のリスクが高い。

③ 家族や身近な人に自殺者がいても，自殺のリスクが高いとは言えない。

④ 自殺予防のための情報提供などの普及啓発は，自殺の二次予防として重要である。

⑤ 自殺手段や自殺が生じた場所について繰り返し詳しく報道することは，自殺予防になる。

問3	【公認心理師の職責】 自殺の予防		肢別解答率				正答率 96.2%	
			①	②	③	④	⑤	
難易度 1	正解：②	全体	0.5%	96.2%	0.9%	2.3%	0.1%	

①誤　り。　日本精神神経学会 精神保健に関する委員会編著 日常臨床における自殺予防の手引き 平成 25 年 3 月版 において，自殺の危険因子の社会文化的因子の 1 つとして，「特定の文化的・宗教的な信条（例えば，自殺は個人的葛藤に対する崇高な解決手段だとする信念）」（p.7）が挙げられており，自殺のリスクに関連する。

②正しい。　上記文献において，自殺の計画性の有無，計画性がある場合にその計画がどの程度具体的かが自殺の切迫度を評定する際に重要なポイントとなり，「自殺念慮の具体的計画性，出現時期・持続性，強度，客観的観察，他害の可能性を評価し，いずれか一つでも存在する場合はリスクが高いと考える」（p.13）とある。

③誤　り。　上記資料において，自殺の危険因子の個人的因子の 1 つとして，「家族の自殺歴」（p.7）が挙げられている。他にも，個人的因子として，「過去の自殺企図」「精神疾患」「アルコールまたは薬物の乱用」「絶望感」「孤立感」「社会的支援の欠如」（p.7）などが挙げられている。

④誤　り。　厚生労働省 自殺総合対策大綱 〜誰も自殺に追い込まれることのない社会の実現を目指して〜 において，自殺対策における当面の重点施策の 1 つとして，「国民一人ひとりの気づきと見守りを促す」ことが挙げられており，「自殺に対する誤った認識や偏見を払拭し，命や暮らしの危機に陥った場合には誰かに援助を求めることが適当であるということの理解を促進することを通じて，自分の周りにいるかもしれない自殺を考えている人の存在に気づき，思いに寄り添い，声をかけ，話を聞き，必要に応じて専門家につなぎ，見守っていくという自殺対策における国民一人ひとりの役割等についての意識が共有されるよう，教育活動，広報活動等を通じた啓発事業を展開する。」（p.10）とある。しかし，一般の国民に対する普及啓発活動は一次予防であるため，「二次予防として重要である」という部分が誤りである。

⑤誤　り。　World Health Organization（WHO）訳 自殺総合対策推進センター 自殺対策を推進する為にメディア関係者に知ってもらいたい基礎知識 2017 年最新版 において，自殺に関する報道としてやってはいけないことの項目として，「自殺の報道記事を目立つように配置しないこと。また報道を過度に繰り返さないこと」「自殺に用いた手段について明確に表現しないこと」「自殺が発生した現場や場所の詳細を伝えないこと」（p.06）が挙げられている。また，「自殺リスクの高い人は，メディアの自殺報道の後

に模倣自殺を起こしてしまう危険性がある」（p.01）ともあり，自殺予防になるどころ
か自殺の危険因子になる。

【文献情報】
・宮脇稔ら編（2018）公認心理師カリキュラム準拠 健康・医療心理学 p.12，13 医歯薬出版株式
　会社

15

問4 (配点：1)　　【健康・医療／精神疾患】　　月　日／月　日

　ある医療機関で入院患者が自殺し，3日後に同じ病棟の患者が続けて自殺した。この病棟における自殺のポストベンションについて，最も適切なものを1つ選べ。

① 第一発見者のケアを優先する。

② 患者の担当以外の病棟スタッフは対象にならない。

③ 自殺の原因を特定し，病棟の問題を解決することが目的である。

④ 入院患者と医療スタッフが当該自殺に関する率直な感情を表現する機会を設ける。

⑤ 守秘義務のため，亡くなった患者と親しかった他の患者には自殺について伝えない。

16

問4	【健康・医療心理学】 自殺対策		肢別解答率				正答率 35.4%
			①	②	③	④	⑤
難易度 2	正解：④	全体	31.8%	0.2%	26.1%	35.4%	6.3%

　問題文にある自殺のポストベンション以外にも，プリベンション，インターベンションもあるので併せて覚えておいていただきたい。「自殺予防は，プリベンション（prevention：事前対応），インターベンション（intervention：危機介入），ポストベンション（postvention：事後対応）の3段階に分類されます。プリベンションとは，現時点で危険が迫っているわけではありませんが，その原因を取り除いたり，教育をしたりすることによって，自殺が起きるのを予防することです。インターベンションとは，今まさに起きつつある自殺の危険に介入し，自殺を防ぐことです。なお，予防に全力を挙げることは当然ですが，自殺を100%防ぐことは不可能です。そこで，ポストベンションとは，不幸にして自殺が生じてしまった場合に，遺された人々に及ぼす心理的影響を可能な限り少なくするための対策を意味しています。」（後掲の文献，p.43）

①不適切。　第一発見者のケアは重要ではあるが，自殺した人と関わりのあった患者やスタッフ等も同様にケアの対象となる。

②不適切。　患者の担当ではないスタッフであっても，同じ病棟のスタッフであれば関係者の一人であり，対象となる。特に強い動揺が見られる場合などは積極的に介入する必要がある。

③不適切。　自殺のポストベンションは，自殺が生じた際に，遺された周囲の人々に及ぼす心理的影響を，できる限り小さくするための対策である。したがって，自殺の原因を特定し，病棟の問題を解決することは，優先されるべき対策とはいえない。

④適　切。　職場でのポストベンションの原則の1つに「率直な感情を表現する機会を与える」（後掲の文献，p.45）が挙げられている。そこには自殺のポストベンションの重要な目的として，「関係者の複雑な感情をありのままに表現する機会を与えること」（後掲の文献，p.45）がある。自殺した人と何らかのつながりがある人が集まり，自分の率直な感情を語り，共有することの重要性と，話すことは強制されるものではなく，話さない自由も保証されるべき点が指摘されている。

⑤不適切。　職場でのポストベンションの原則の1つとして「自殺について事実を中立的な立場で伝える」（p.44）ことが挙げられている。自殺については事実を淡々と伝えるようにし，動揺が見られる人に対しては個別に対応していくことが望ましい。

【文献情報】
・厚生労働省 中央労働災害防止協会編著（2010）職場における自殺の予防と対応 p.43-45

| 問5 (配点：1) | 【心理学的支援法】 | 月 日 |
| | | 月 日 |

遊戯療法と最も関係が深い人物として，正しいものを1つ選べ。

① A. Ellis

② A. Freud

③ A. T. Beck

④ H. A. Murray

⑤ J. B. Watson

問5	【心理学的支援法】心理療法	肢別解答率					正答率 41.7%
			①	②	③	④	⑤
難易度 1	**正解：②**	全体	25.6%	41.7%	5.7%	23.3%	3.5%

①誤　り。　A. Ellis は米国の心理療法家であり，論理療法（現在は論理情動行動療法〈REBT〉と呼ばれることが多い）を創始した人物である。論理情動行動療法〈REBT〉は，ABCDE モデルを用い，出来事や経験に対して生じる感情や行動には，その人の持つ信念体系が影響していると捉え，非論理的な信念を粉砕し，論理的な信念を身につけることを目標とする心理療法である。

②正しい。　A. Freud は S. Freud の末娘であり，精神分析家である。父親と共にロンドンに亡命した後，精神分析を子どもに適用した児童分析を始めた。A. Freud は児童分析において，子どもへの教育的配慮や，親の協力と正しい指導の必要性について強調している。彼女は児童分析を通して，自我の防衛機制を理論化・体系化していった。

③誤　り。　A. Beck は米国の精神科医であり，認知療法の創始者である。A. Beck はうつ病の患者に対して精神分析を用いた治療を行っていたが，うつ病の患者特有の認知の歪みに気づき，そのような認知様式を治療対象とする認知療法を提唱した。

④誤　り。　H. A. Murray は米国の生理学者，心理学者であり，主題統覚検査（TAT）の考案者である。H. A. Murray は TAT の解釈法として，主人公の衝動や願望，意図など，環境に向かって発揮される力＝欲求と，環境から主人公に対して加えられる力＝圧力を正確に詳細に捉えようとする，欲求－圧力分析を提唱している。

⑤誤　り。　J. B. Watson は米国の心理学者であり，行動主義心理学を主唱した人物である。彼は心理学を，人間の行動を取り扱う自然科学の一文科と位置づけ，意識や無意識などの観察できないものを研究の対象とせず，刺激と反応（行動）という観察可能なものを対象とした。

【文献情報】
・氏原寛ら編（2004）心理臨床大事典［改訂版］p.372, 536, 537, 1399 培風館
・下山晴彦編（2014）誠信 心理学辞典［新版］p.889, 947, 950, 980 誠信書房

問6 (配点：1)	【心理学基礎・応用領域系】	月　日
		月　日

奥行きの知覚における両眼性の手がかりとして，正しいものを1つ選べ。

① 陰影

② 輻輳

③ 重なり

④ 線遠近法

⑤ きめの勾配

問6	【知覚・認知心理学】空間（運動・奥行き）の知覚	肢別解答率					正答率 36.9%	
			①	②	③	④	⑤	
難易度 1	正解：②	全体	6.8%	36.9%	10.5%	33.7%	12.0%	

　奥行き知覚の手がかりは，大きく分けて眼球運動的手がかりと，絵画的手がかりに分類され，どちらも両眼性手がかりと単眼性手がかりに細分化することができる。

　眼球運動的手がかりには，網膜上に適切な像を形成するため，水晶体（レンズ）の厚みを変化させる水晶体の調節，近くの対象を見るときに両目の眼球を内側に回転運動させる輻輳が挙げられる。調節が単眼性手がかり，つまり，片目のみでも機能する手がかりであり，輻輳が両眼性手がかり，つまり，両目で対象を見ることによって機能する手がかりである。

　両眼性の絵画的手がかりは，同じものを両目で見るときに右目と左目で見ている像がずれる両眼視差が挙げられる。単眼性の絵画的手がかりは，運動的手がかりと静止的手がかりに分かれ，運動的手がかりは，注視点より近くに見えるものは進行方向と逆に速く動き，注視点より遠くに見えるものは進行方向に沿ってゆっくり動いているように見える運動視差が挙げられる。静止的手がかりは，相対的位置，大きさ，重なり，陰影，線遠近法，遮蔽，肌理の勾配，などが挙げられる。なお，奥行き知覚の発達については，E. J. Gibson らが視覚的断崖の実験研究しており，発達心理学とのつながりも併せて押さえておきたい。

①誤　り。　陰影は奥行き知覚の単眼性手がかりであるため，誤りである。これは陰影があることによって対象に立体感が生じ，奥行きを知覚する手がかりとなる。

②正しい。　輻輳は奥行き知覚の両眼性手がかりであるため，正しい。これは両目の内転のことであり，いわゆる寄り目とよばれる現象である。近くの対象をじっと見続ける際に両目が内側に回転運動をすることで奥行きを知覚する手がかりとなる。

③誤　り。　重なりは奥行き知覚の単眼性手がかりであるため，誤りである。例えば，対象 A が対象 B の一部を覆うような場合，重なってみえることで奥行きを知覚する手がかりとなる。

④誤　り。　線遠近法は奥行き知覚の単眼性手がかりであるため，誤りである。これは絵画などで奥行きを表現するためにしばしば使用される手法である。二次元上にまず1本の水平線を引いて地平線（消失線）とし，次に線路のような奥行き方向に伸びる2本の平行線を消失線上の1点（消失点）に収斂した線として表す方法である。なお，絵画のみならず日常場面においても人間は線路や道路を見るときに，同じように網膜に投影して奥行きを知覚する手がかりとしている。

⑤**誤　り。**　きめの勾配は奥行き知覚の単眼性手がかりであるため，誤りである。勾配とはドットの密度や大きさなどが一定の割合で変化する状態をさす。つまり，きめを構成する要素であるドット，木目，布の生地などの大きさや密度が変化するよう配置されることによって，奥行きを知覚する手がかりとなる。

【文献情報】

・中島義明ら編（1999）心理学辞典 p.79，80，116，170，515 有斐閣
・鹿取廣人ら編（2015）心理学［第 5 版］p.125-130 東京大学出版会
・山村豊・高橋一公（2017）心理学［カレッジ版］p.26，27 医学書院

| 問7 (配点：1) | 【心理学研究法系】 | 月　日 |
| | | 月　日 |

統計的仮説検定の説明として，正しいものを１つ選べ。

① t検定では，自由度が大きいほど，帰無仮説の上側確率に基づく棄却の限界値は小さい。

② ２つの条件の平均に有意な差が認められない場合，それらの平均には差がないといえる。

③ K. Pearson の相関係数が0.1％水準で有意であった場合，２つの変数間に強い相関があるといえる。

④ 対応のない２群の t 検定では，各群の標準偏差が大きいほど，有意な差があるという結果が生じやすい。

⑤ K. Pearson の相関係数の有意性検定では，サンプルサイズが小さいほど，帰無仮説の上側確率に基づく棄却の限界値は小さい。

問7	【心理学研究法／心理学実験】 仮説検定	肢別解答率					正答率 8.4%	
			①	②	③	④	⑤	
難易度3	**正解：①**	全体	8.4%	24.4%	25.0%	24.8%	17.0%	

　統計的仮説検定では，研究によって主張したい，要因（性別や介入）により「差がある」や「効果がある」といった仮説を，あえて「差がない（等しい）」「効果がない」といった逆の形にして検証する。研究者が先行研究などから「AとBに差がある」ことを研究で確かめたいと考える場合，「AとBに差がある」という仮説を対立仮説と呼ぶ。帰無仮説とは，研究者が確かめようと考えている仮説が「AとBに差がある」（対立仮説）という場合に，「AとBには差が全くない」という仮説を立てることである。つまり，帰無仮説とは，棄却されること，間違いであることが証明されることが前提で立てられる仮説である。このように見ると，対立仮説だけ立てたら良いように思えるが，なぜこのような帰無仮説を立てるのかと言うと，それは統計的仮説検定の手順にある。もし，対立仮説のみを立てる場合，変数がAとBの2つで「AとBに差がある」という場合は，A＞BかA＜Bのどちらかになるが，変数がA，B，C，Dと増えれば増えるほど，どことどこに差があるのか，を調べるのに手間がかかる。しかし，「AとBとCとDに差がない」という帰無仮説を立てる場合，差がないという状況は「A＝B＝C＝D」の1つしかない。つまり，帰無仮説を立てることでそれが正しいかどうかを確かめる計算は1度で済むのであり，この帰無仮説が棄却されれば，対立仮説が正しく，「差がある」ことが統計的にはっきりするため，統計的仮説検定では，その上で，どことどこに差があるのかを明らかにするという手順を取る。つまり，「差があるかどうかわからないけど一通りやってみよう」と対立仮説のみを立てて検定を始めても，「結局はどこにも差がなかった」という結果になるよりも，「差がない」という帰無仮説は間違いであった（つまり，差がある）ということが分かった上で，検定を始めるほうが，徒労に済むことがないということである。

・帰無仮説（null hypothesis）
　　否定（棄却）されることを目的に作られた仮説である。（「無に帰する」という意味）記号で H_0 と表現される。

・対立仮説（alternative hypothesis）
　　帰無仮説が否定（棄却）されることによって採択される，本来主張したい仮説である。記号で H_1 と表現される。
　　（＊ H_0 や H_1 の「H」は仮説の英語「hypothesis」の頭文字Hをとったもの）

①正しい。 t検定では，自由度（A群のサンプルサイズ＋B群のサンプルサイズ-2）が大きい，つまり，サンプルサイズが大きいほど，帰無仮説の上側確率に基づく棄却の限界値は小さく上側確率の棄却域が広くなり，検定統計量が棄却域に入りやすい。

> ・検定統計量＝（効果量）×（サンプルサイズ）
> 　統計的検定のために用いられる標本統計量。通常，帰無仮説にそぐわず，対立仮説（主張したい仮説）に適しているほど，極端な値を示すようになる。
>
> ・棄却の限界値
> 　統計的に有意かどうかを決める基準となる値。t分布の上側確率の場合，自由度が大きいほど，棄却の限界値は小さくなる。検定統計量の値が棄却の限界値を上回り，値棄却域に入り，帰無仮説が棄却されるとき，「統計的に有意である」という。

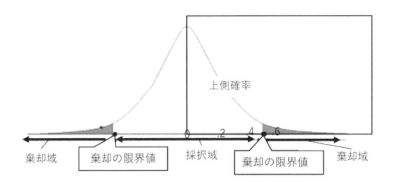

②誤　り。 「2つの条件の平均に有意な差が認められない場合，それらの平均には差がないといえる」のではなく，正しくは，「差があるとはいえない」ということがいえる。つまり，差があるかもしれないし，差がないかもしれないという曖昧な結果を示している。

③誤　り。 相関係数が有意であることと，2つの変数間の相関の強さはそれぞれ別の概念である。2つの変数間に強い相関あることを示す場合，有意水準ではなく，効果量である相関係数の値を参照する。

-0.2 ≦r≦ 0.0	0.0 ≦r≦ 0.2	→ほとんど相関なし
-0.4 ≦r≦ -0.2	0.2 ≦r≦ 0.4	→弱い相関あり
-0.7 ≦r≦ -0.4	0.4 ≦r≦ 0.7	→中程度の相関あり
-1.0 ≦r≦ -0.7	0.7 ≦r≦ 1.0	→強い相関あり

26

④誤　り。　対応のない2群のt検定では，各群の標準偏差が「大きいほど」ではなく，
小さいほど，有意な差があるという結果が生じやすい。

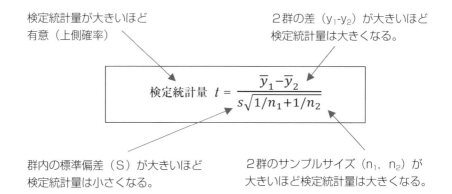

⑤誤　り。　サンプルサイズが小さいということは，自由度が小さいということであり，
帰無仮説の上側確率に基づく，棄却の限界値は大きい。さらに，棄却の限界値は大き
いということは棄却域が狭くなり，検定統計量が棄却域に入りにくいため，有意にな
りにくくなる。

【文献情報】
・山田剛史・村井潤一郎（2015）よくわかる心理統計　p.144-149　ミネルヴァ書房
・南風原朝和（2004）心理統計学の基礎　p.160-166　有斐閣アルマ

問8 (配点：1)	【心理学研究法系】	月　日
		月　日

　心理学の実験において，「XがYに及ぼす影響」の因果的検討を行うとき，正しいものを1つ選べ。

① 　Xを剰余変数という。

② 　Yを独立変数という。

③ 　研究者があらかじめ操作するのはYである。

④ 　Xは，値又はカテゴリーが2つ以上設定される。

⑤ 　結果の分析には，XとYの相関を求めるのが一般的である。

問8	【心理学研究法／心理学実験】 データ解析		肢別解答率				正答率 30.2%	
			①	②	③	④	⑤	
難易度 1	正解：④	全体	6.1%	9.0%	3.8%	30.2%	50.6%	

　実験者が，人為的・意図的な操作を加え変化させる変数を独立変数と呼び，測定される変数を従属変数と呼ぶ。「変数」という用語は，研究をする際に，変化するものを指し，実験的研究では，実験者は意図的に変数を変化させて他の変数に及ぶ効果を測定する。

X	Y
独立変数	従属変数
説明変数	目的変数
予測変数	基準変数

①誤　り。　Xは，剰余変数ではなく，独立変数である。剰余変数とは，独立変数以外で，独立変数と連動して，従属変数に影響を与える変数であり，交絡変数ともいう。

②誤　り。　Yは，独立変数ではなく，従属変数である。

③誤　り。　研究者があらかじめ操作するのは独立変数 X である。

④正しい。　心理学の実験において，通常単一の条件下（値またはカテゴリーが１つだけしかない場合）での観察や測定は想定されてない。２つ以上の異なる条件を人為的に設定し，結果の比較を行う必要がある。

⑤誤　り。　問題文にある「XがYに及ぼす影響」の因果的検討とは，「Xが原因でYがその結果」であることを検討することであり，これを因果関係と呼ぶ。この選択肢の相関関係とは，「XとYに関連がある」ことを示すものであり，XがYに影響を与えていたり，YがXに影響を与えていたりと両者に関係があることを示す。そのため，相関関係がみられたからといって因果関係が存在することの立証にはならない。

【文献情報】
・下山晴彦編（2014）誠信 心理学辞典［新版］p.34 誠信書房
・アン・サール（2005）心理学研究法入門 p.12 新曜社
・服部環（2019）読んでわかる心理統計法 p.60 サイエンス社

問9 (配点：1) 【心理学基礎・応用領域系】

月　日
月　日

100g の重さの知覚における弁別閾を測定したところ 10g であった。このときに予測される 400g の重さの知覚における弁別閾として，正しいものを1つ選べ。

① 2.5g

② 10g

③ 13.01g

④ 20g

⑤ 40g

問9	【知覚・認知心理学】 心理物理学	肢別解答率					正答率 65.6%
		全体	①	②	③	④	⑤
難易度 1	正解：⑤	全体	3.3%	17.7%	2.4%	10.8%	65.6%

　精神物理学に関する基本的な出題である。弁別閾〈丁度可知差異〉とは，感覚が生じるために必要な最小エネルギーである刺激閾〈絶対閾〉よりも強い刺激を提示した場合，感覚レベルで刺激の違いを感じることができるための最小の刺激量である。ライプチヒ大学の E. H. Weber は，触覚と運動感覚に関する一連の実験的研究を行っている。運動感覚については，2つの物の重さを比較する場合，最低どの程度の差異があればその差に気付くのかという，重さの弁別閾〈丁度可知差異〉の実験を行い，弁別閾ともとの刺激の重さとの比はほぼ一定の値 $<\Delta I / I =$ 一定$>$ をとることが示された。これがウェーバーの法則（Weber's law）であり，求められた比はウェーバー比（Weber ratio）と呼ばれる。

　この問題では，上記のウェーバーの法則に基づいて予測される弁別閾が問われている。問題文には「100gの重さの知覚における弁別閾を測定したところ10gであった」とある。つまり，ウェーバー比は 1/10 である。このような場合は，例えば，100g の鉄球を片手に持ち，もう一方の手に 90g, 95g, 105g, 110g など様々な重さの鉄球を同時に持つようなとき，90g と 110g では重さの違いを感じ取ることが可能であり，95g, 105g では違いを感じ取れないということを示している。そして，このときに予測される 400g の重さの知覚における弁別閾は，ウェーバー比が 1/10 であるため，40g となる。例えば，400g の鉄球と 420g の鉄球を同時に持っても違いは分からないが，400g の鉄球と 440g の鉄球を同時に持つ場合は違いを感じ取ることが可能である。よって，**正答は⑤である。**

　なお，同様の分野の重要キーワードである刺激閾〈絶対閾〉や刺激頂，主観的等価点，フェヒナーの法則やスティーブンスの法則，種々の測定法なども併せて押さえておきたい。

【文献情報】
・中島義明ら編（1999）心理学辞典　p.54　有斐閣
・下山晴彦編（2014）誠信 心理学辞典 [新版]　p.10　誠信書房
・服部雅史・小島治幸・北神慎司編（2015）基礎から学ぶ認知心理学－人間の認識の不思議　p.26　有斐閣

問 10 (配点：1)　　　　【心理学基礎・応用領域系】

E. C. Tolman は，ラットの迷路学習訓練において，訓練期間の途中から餌報酬を導入する実験を行っている。この実験により明らかになったこととして，最も適切なものを1つ選べ。

① 回避学習
② 観察学習
③ 初期学習
④ 潜在学習
⑤ 逃避学習

問 10	【学習・言語心理学】潜在学習		肢別解答率				正答率 71.1%	
			①	②	③	④	⑤	
難易度 1	正解：④	全体	5.5%	14.0%	8.3%	71.1%	1.0%	

①**不適切。** 　回避学習とは，あるオペラント反応（自発的な反応）を経験することにより，その状況からの回避を学習することである。実験では，ラットをある走路Aに置き，その走路に電気刺激を与える。ラットは，その電気刺激を回避するために色々な反応を示し，電気刺激のない別の走路Bに逃避する。次にラットには，電気刺激の呈示前に警告信号を呈示し，警告信号の後に走路Aに電気刺激を呈示する手続きを繰り返すと，ラットの逃避反応が生じるまでの時間は次第に短くなり，ついに警告信号が呈示されると電気刺激が呈示される前に走路Bに逃避するようになった。これが回避学習であり，この実験のような学習を能動的回避学習と呼ぶ。また，受動的回避学習は，反対にラットが走路Bに移動すると電気刺激を受けるような装置を用いて実験を行う。つまり，ラットが移動をせずにじっと動かなければ電気刺激を受けることがないという学習を受動的回避学習と呼ぶ。

②**不適切。** 　A. Bandura は，他者が何かを行うのを観察するだけでも新しい行動が学習されるとする観察学習を提唱した。これは，直接的な報酬や罰がない無強化学習やモデルと同じ行動を訓練しない無試行学習を特徴としており，オペラント条件づけでは説明が困難な学習である。

③**不適切。** 　初期学習とは，出生直後，あるいは出生間もない時期の経験が成長してからの行動に何らかの影響を及ぼすことを指す。初期学習においては，正常な刺激が与えられることと，その正常な刺激が生後のどの時期にどのくらい与えられるかが重要となり，K. Lorenz の刻印づけの研究にこの点の重要性が示唆されている。これは，カモやアヒルなどの新生ヒナが動くものに追随することを経験すると，それに対する追従が半永久的に続くというものであり，その後の他の対象に対する追随を学ぶことが出来ないものである。ここで動くものは親鳥や同種の鳥である必要は無く，人でもウサギでも動くおもちゃでもよい。更に，この現象は生後 16 時間前後で最も強く起こるが，30 時間を過ぎると起こらなくなってしまう。このような生後ごくわずかの時期のある刺激が効果的に働く時期のことを臨界期という。

④**適　切。** 　潜在学習は，B. F. Skinner, C. L. Hull らと並んで新行動主義の代表的研究者の一人である E. C. Tolman が提唱した概念である。E. C. Tolman は行動主義を出発点としながらゲシュタルト心理学の影響も受けており，環境の刺激には目標に導く手がかりが存在し，その手がかりに対して生活体の側に期待が生じることによって学習が成立するとした。ラットを用いた迷路学習訓練において，ラットは単に刺激に対し

て反応を形成しているのではなく，方向や距離などの空間情報を含んだ認知地図を形成すると考えた。認知地図は，我々が目的地にたどり着く際に頭の中で作られた地図を手掛かりにするようなものであり，目に見える形では直接現れない認知過程に生じる学習と考えられており潜在学習と呼ばれる。

⑤**不適切。**　逃避学習とは，持続的に提示されている嫌悪刺激によって生じている不快な状態を解消するために逃避反応を学習することである。実験手続きとしては，まず，生体に嫌悪刺激を与え，決められた逃避反応をすると嫌悪刺激を除去する訓練を行う。これは逃避訓練と呼ばれ，負の強化とも呼ばれる。負の強化は，例えば，頭痛や腹痛の際に服用した薬によって，痛みが治った人の場合，また同じような痛みが生じたらその薬を服用することが増えることがこれに当たる。

【文献情報】
・下山晴彦編（2014）誠信 心理学辞典［新版］p.66，85 誠信書房

　N. Chomsky の言語理論の立場として，正しいものを1つ選べ。

① 言語発達のメカニズムは，遺伝的に決定されている。

② どのような言語にも共通する普遍文法は存在しない。

③ 言語の文法は，ヒト以外の動物種にも認めることができる。

④ 句構造規則によって作られた文の表層構造は，変形規則によって深層構造となる。

⑤ 脳の中にある言語獲得装置は，報酬と罰の経験によって文法を獲得する働きを持つ。

問11	【学習・言語心理学】 文法獲得		肢別解答率			正答率42.5%	
			①	②	③	④	⑤
難易度2	正解：①	全体	42.5%	7.6%	6.6%	30.4%	12.8%

①**正しい。** N. Chomsky は1950年代後半に**生成文法**と呼ばれる言語理論を提唱した。その中で彼は**ヒトが持つ言語知識は生得的**であり，遺伝的に決定されていると考えた。

②**誤り。** 普遍文法はどの言語にも共通する規則，原理である。この**普遍文法は経験によって獲得するものではなく，生得的に備わっている**と考える。ヒトが各言語圏で英語圏なら英語文法，日本語圏なら日本語文法と，母語の文法や規則を獲得できるのは，普遍文法の働きによると考えられている。

③**誤り。** H. S. Terrace らのチンパンジーを対象とした研究や過去の研究結果の分析から，大型類人猿の手話には文法構造がないこと，ほとんどが一語文や二語文で自発的な発話が少ないことが指摘され，大型類人猿が習得した言語は，ヒトの言語とは異なるものであるとの結論が示されている。

④**誤り。** 文は単語の組み合わせによる名詞句や動詞句などから成り，この句から構成される基本的な構造がある。つまり，一般的に文法と呼ばれるような，句から構成される構造にルール（規則）が存在していることで文が作られるのであり，これを**句構造規則**と呼ぶ。この句構造規則によって作られた文は**深層構造**と呼ばれる。しかし，例えば「私はカレーを食べた」という文章を英語で表現する場合，1つの句構造規則では，「I past-eat curry.」となる。このように深層構造は意味を決定するのであるが，このままでは英語の文にならないため，具体的な音形の決定に関わる**表層構造**に変換することが必要になる。この深層構造を表層構造に変換するルールが**変形規則**と呼ばれる。この変形規則を動詞に適用することで「I ate curry.」となり，我々が言葉で表現する英文を作ることができる。

⑤**誤り。** 1950年代は B. F. Skinner の新行動主義が支配的であり，言語獲得に関しても後天的な経験による学習であるという主張がなされていた。しかし，N. Chomsky は子どもは音を模倣し，練習することによって母語を学ぶという学習理論を否定し，生得的に備わっている言語獲得装置によって，ヒトはどのような言語圏，環境に生まれても，子どもはその言語圏，環境で話されている言語を獲得することができるようになると考えた。

【文献情報】
・岩立志津夫/小椋たみ子編 (2017) よくわかる言語発達 改訂新版 p.91, 96, 104, 105 ミネルヴァ書房

問 12 (配点：1) 　　　　　【心理学研究法系】　　月　日／月　日

　質問紙法を用いたパーソナリティ検査について，正しいものを1つ選べ。

① 検査得点の一貫性のことを妥当性という。

② α係数は，検査項目の数が多いほど，低い値をとる。

③ 再検査法では，2時点の検査得点間の相関係数を用い，検査の安定性をみる。

④ 検査が測定しようとしているものを正しく測定できている程度のことを信頼性という。

⑤ 検査得点の分散に占める真の得点の分散の割合が高いほど，検査結果の解釈が妥当になる。

38

問12	【心理学研究法／心理学実験】調査法	肢別解答率					正答率 53.7%
難易度1	正解：③	全体	① 4.4%	② 8.9%	③ 53.7%	④ 19.5%	⑤ 13.2%

　信頼性とは，尺度得点の誤差が小さく，同じ被検者の得点が一貫している，安定している程度のことである。例えば，同じ人が続けざまに体重を3回測定した際に，50kg，70kg，40kgと測定するたびに体重の値が変化し一貫していなければ，信頼性が低いといえる。

　一方，妥当性とは，測定した値が測定の目的となる概念を正しく測定できるかの程度，つまり，測りたいものをどれだけ測れているかの度合いを指す。例えば，実際には体重が70kgの人が体重計で3回測定したときに，60kg，60kg，60kgとなった際には，信頼性は高いが妥当性は低いとみなされる。これは，測ろうとしているものが正確に測れていない状況であり，この場合，妥当な測定が困難である。

①誤　り。　上記解説参照。

②誤　り。　α係数は，信頼性の測定に用いられ，信頼性の側面の1つである内的整合性の高さを示している。全ての折半パターンの相関係数を算出し，その平均を求めた値である。α係数は0から1の値を取り，1に近いほど内的整合性が高いことを示す。現在，最も使用されている指標である。このα係数は尺度の検査項目数に依存するため，項目数が多い場合にはα係数の値は大きくなる傾向があるため，低い値をとるというのは誤りである。

③正しい。　再検査法は，信頼性の測定に用いられ，信頼性の側面の1つである安定性の高さを示している。ある程度時間をおいて2度測定を行い，2度の結果が類似している程度を2つの結果の相関係数を算出して求める。再検査法は，時間がかかることや学習効果が見られ結果にバイアスがかかる可能性があることが短所である。また，検査の信頼性を測定する方法としては，再検査法以外にも平行検査法や折半法がある。

④誤　り。　上記解説参照。

⑤誤　り。　信頼性係数は，真の得点（検査得点から誤差を除いた得点）の分散を検査得点の分散で割ることで求められる。つまり，この選択肢の「検査得点の分散に占める真の得点の分散の割合が高い」ということは「信頼性が高い」ということであり，検査結果の解釈の妥当性とは別である。

摂食行動を制御する分子について，正しいものを1つ選べ。

① グレリンは，食欲を抑制する。

② レプチンは，食欲を促進する。

③ オレキシンは，食欲を抑制する。

④ 肥満症では，血液中のグレリン濃度が上昇する。

⑤ 肥満症では，血液中のレプチン濃度が上昇する。

40

問13	【神経・生理心理学】摂食行動		肢別解答率				正答率 10.7%
			①	②	③	④	⑤
難易度3	正解：⑤	全体	14.2%	10.5%	34.7%	29.4%	10.7%

①**誤 り。** グレリンとは，28アミノ酸残基から構成されるペプチドである。残基はペプチドに組み込まれているアミノ酸をさし，ペプチドとは，隣り合うアミノ酸がペプチド結合によって鎖状につながったものをさす。つまり，グレリンは28のアミノ酸がペプチド結合によってつながったペプチドである。なお，約50以上つながったペプチドはタンパク質とよばれる。グレリンは成長ホルモンの分泌亢進や食欲亢進に作用するため，食欲を抑制するという本選択肢は誤りである。

②**誤 り。** レプチンとは，146アミノ酸残基から構成されるたんぱく質である。これは脂肪細胞から分泌され，食欲抑制やエネルギー消費促進を介して体脂肪量の調節を司るため，食欲を促進するという本選択肢は誤りである。

③**誤 り。** オレキシンはヒポクレチンともよばれる神経ペプチドである。神経ペプチドは神経伝達物質として働くペプチドのことをさす。オレキシンは摂食行動の促進，覚醒維持，エネルギー代謝の促進など様々な作用をもつため，食欲を抑制するという本選択肢は誤りである。なお，ナルコレプシーは，オレキシンを産生するためのニューロンが変性，あるいは，破壊されてしまうことにより，脳脊髄液中のオレキシン濃度が減少していることも押さえておきたい。

④**誤 り。** ヒトの血中グレリン濃度はBMIと逆相関するため，BMIの高い肥満症では血液中のグレリン濃度は減少する。よって，本選択肢は誤りである。肥満症ではグレリンに対する感受性が高まっていると考えられており，グレリン濃度が低下していても摂食行動が生じやすい。

⑤**正しい。** ヒトの血中レプチン濃度はBMIや体脂肪率と正の相関を示すため，BMIや体脂肪率の高い肥満症では血液中のレプチン濃度が上昇する。よって，本選択肢は正しい。レプチンは食欲を抑制するため，通常であればレプチンの増加によって体脂肪量が低下するよう調節されるが，肥満症においては，視床下部のレプチンレセプター，あるいはそれ以後の伝達経路に問題が生じているため，レプチンが多量に分泌されても食欲が抑制されず肥満になると考えられている。

【文献情報】
・山口瑞穂子編（2002）臨床看護用語辞典 p.759 医学芸術社
・下山晴彦編（2014）誠信 心理学辞典［新版］p.488 誠信書房
・岡田隆・廣中直行・宮森孝史 共著（2015）コンパクト新心理学ライブラリ14 生理心理学第2版－脳の働きから見た心の世界－ p.140-144 サイエンス社
・加藤敏ら編（2016）縮刷版 現代精神医学事典 p.128, 262, 1082 弘文堂
・高瀬堅吉（2020）心理職のための身につけておきたい生物学の基礎知識 p.13, 38 誠信書房

　自己中心性バイアスに該当する現象として，最も適切なものを1つ選べ。

① ハロー効果
② スリーパー効果
③ 自己関連づけ効果
④ フレーミング効果
⑤ スポットライト効果

問 14	【社会・集団・家族心理学】 社会的推論		肢別解答率					正答率 53.7%
			①	②	③	④	⑤	
難易度 2	正解：⑤	全体	6.0%	2.3%	32.8%	5.0%	53.7%	

　自己中心性バイアスとは，他者を評価したり，他者の自分に対する判断や他者の内的状態を推測する際に，自己や自分の内的状態を基準にすることによって偏りが生じやすい認知バイアスのことである。これは，他者を判断しようとするとき，自分の内的状態を係留点とする係留と調整のヒューリスティックによって説明される。なお，自己中心性バイアスによって生じると考えられている現象として，スポットライト効果，非現実的楽観主義，平均以上効果，透明性の錯覚などが挙げられる。

　スポットライト効果とは，自分の行為などが実際よりも周囲に注目されていると思う傾向のことである。例えば，自分が恥ずかしい服装をしていると思っていると，自分の内的状態である恥ずかしさを基準に推論を行いやすいため，実際よりも自分の服装に注目されていると思いやすい。非現実的楽観主義とは，自分自身の将来を予測する際，実際の結果，あるいは，平均的な他者よりも楽観的に認知しやすい傾向のことであり，自尊心や自己高揚動機によっても生じる。平均以上効果とは，所属する集団において自分の方が平均よりも優れているとみなす傾向のことであり，自己高揚動機によっても生じる。透明性の錯覚〈透明性錯誤〉とは，自分の思考や感情等の内面が実際以上に他者に理解されている，見透かされているように感じる傾向である。

①**不適切。**　ハロー効果とは，光背効果，後光効果とも呼ばれ，人物のある面について評価するとき，評価を一貫させようとする傾向のことである。つまり，ある人に対して良い印象（あるいは悪い印象）を抱いていると，すべての面で良く（悪く）評価しやすくなる傾向をいう。例えば，素行の良い生徒は性格も好意的に評価されやすく，素行が悪い生徒は性格も悪く評価されやすい。この現象は採用面接のような場面でも生じやすい。

②**不適切。**　スリーパー効果とは，説得に関連する用語である。これは，メッセージの送り手の信憑性と魅力の両方が低い場合でも時間経過とともに説得効果が高まるという現象である。なお，信憑性とは，メッセージの送り手が専門的知識を備えており，そのメッセージが信頼できる程度のことである。魅力とは，送り手の個人的な好感や親しみやすさの程度である。

③**不適切。**　自己関連づけ効果とは，自己に関連する情報をそうでない情報よりも想起しやすい現象である。例えば，前日に友人と食事をした際の会話を思い出そうとするとき，様々な内容の会話の中で，特に自分に関して言及した内容を思い出しやすいなどである。

④**不適切。**　フレーミング効果とは，客観的には同一の内容を示す問題であるにも関わらず，その内容をどのような枠組みで捉えるかによって人々にバイアスがかかる現象を指す。例えば，「脂肪分 25％」と「無脂肪分 75％」と表記されたヨーグルトなどに対して，どちらも成分は同じであるにもかかわらず，前者の方は非健康的，後者の方は健康的と捉えられやすい。

⑤**適　切。**　上記解説参照。

【文献情報】
・池上知子・遠藤由美（2008）グラフィック社会心理学 第2版 p.58 サイエンス社
・下山晴彦編（2014）誠信 心理学辞典［新版］p.258-260，859 誠信書房
・北村英哉・内田由紀子編（2016）社会心理学概論 p.64，65 ナカニシヤ出版
・山内弘継・橋本宰監（2006）心理学概論 p.343，344 ナカニシヤ出版
・服部雅史・小島治幸・北神慎司（2015）基礎から学ぶ認知心理学－人間の認識の不思議－p.158，159 有斐閣

問 15 (配点：1)	【心理学的支援法】	月　日
		月　日

ケース・アドボカシーの説明として，正しいものを1つ選べ。

① 患者が，医療側の説明を理解し，同意し，選択すること

② 医療側が，患者に対して行おうとしている治療について十分な説明を行うこと

③ 障害のある子どもと障害のない子どもを分けずに，特別な教育的ニーズをもつ子どもを支援すること

④ ある個人や家族がサービスの利用に際して不利益を被らないように，法的に保障された権利を代弁・擁護すること

⑤ 障害者が社会の中で差別を受けることなく，権利の平等性を基盤にして，一般社会の中に正当に受け入れられていくこと

問 15	【心理学的支援法】 個人の尊厳と自己決定の尊重	肢別解答率				正答率 80.4%	
			①	②	③	④	⑤
難易度 1	正解：④	全体	8.3%	2.6%	2.2%	80.4%	6.5%

①誤 り。 選択肢の内容は，インフォームド・コンセントを指す。インフォームド・コンセントとは，元々は医療分野において，医療側が患者に，医療行為を行う際に，その目的や内容，想定されるリスク，その対応法などを正しく説明することで，十分に理解をしてもらい，自由意思に基づいた同意や選択を行うことができるようにすることである。公認心理師の面接場面においても，医療分野に限らず，適用されている概念である。

②誤 り。 選択肢の内容は，アカウンタビリティを指す。アカウンタビリティとは，インフォームド・コンセントにおいて，患者の同意を得るために医療側に生じる説明責任を指す概念である。

③誤 り。 選択肢の内容は，インクルージョン，またはインクルーシブ教育を指す。インクルージョンの考え方では，障害のある子どもとそうでない子どもを区別して支援していくのではなく，子ども一人ひとりのニーズに応じて支援を提供していくという考え方である。インクルーシブ教育の場合，教育分野において，子ども一人ひとりの教育的ニーズに応じて，その子どもにとって理解しやすい方法や内容で教育を行う。

④正しい。 選択肢の内容は，ケース・アドボカシーを指す。そもそもアドボカシーとは権利擁護を意味する用語であり，福祉分野で用いられることが多いため障害者の権利擁護を意味する。アドボカシーには，セルフ・アドボカシーや市民アドボカシー，法的アドボカシーなどといった派生用語が存在する。その中でも，ケース・アドボカシーとは，ある個人や一つの家族が法的に保障された権利を保障するため代弁・擁護することを意味する。

⑤誤 り。 選択肢の内容は，ノーマライゼーションを指す。ノーマライゼーションの考え方は，障害者が劣悪な環境の中で生活をさせられた差別的な経緯から生じたものである。そのため，この用語は，一般社会の中で障害者が差別されることなく，一人の人間として基本的な権利を平等に持つことができるような，普通の生活を送ることを期待する考え方であり，それを実現する運動や施策をも含めて示される。

【文献情報】
・佐藤久夫ら（2016）障害者福祉の世界〔第5版〕p.139，140 有斐閣
・下山晴彦編（2014）誠信 心理学辞典〔新版〕p.50，547，665，666 誠信書房

| 問 16 (配点：1) | 【心理査定】 | 月　日
月　日 |

精神分析理論の防衛機制に関する実験的研究の結果を基盤に発展した心理検査として，最も適切なものを1つ選べ。

① SCT

② TAT

③ MMPI

④ P-F スタディ

⑤ ロールシャッハ・テスト

50

問 16	【心理的アセスメント】投影法	肢別解答率				正答率 56.3%
		①	②	③	④	⑤
難易度 3	正解：④	全体 7.8%	13.0%	8.0%	56.3%	14.8%

①**不適切。** SCT（Sentence Completion Test）は，文章完成法と呼ばれる投影法検査である。元々，C. G. Jung などによる言語連想検査から影響を受けて派生したものと考えられる。言語連想検査とは，提示された刺激語に対して，被検査者が思いついた反応語を答える投影法の心理検査である。この言語連想検査から作成されたことにより，SCT は「私は……」「私の母は……」といった不完全でどのようにも捉えやすい短い刺激語の後に文章を回答する方法となっている。SCT は，H. Ebbinghaus が知能の測定のために始め，それ以降，職業指導やパーソナリティのアセスメントを目的に使用されるようになった。

②**不適切。** TAT（Thematic Apperception Test）は，主題統覚検査と呼ばれる投影法検査である。TAT では，被検者が描かれた絵を見ることで，意識されていない動機，情動，感情，コンプレックスおよび葛藤など，無意識領域を暴露するような空想を起こし，根底にある自己抑制的な傾向を投映されることをねらう。TAT は H. Murray の欲求-圧力理論に基づいている。

③**不適切。** MMPI（Minnesota Multiphasic Personality Inventory）は，ミネソタ多面的人格目録である。550 項目からなる質問紙検査であるため，被検者の負担が大きい。MMPI は臨床尺度から成り立っているが，現在の医学的診断から考慮すると臨床尺度の妥当性に疑問が残る。そのため，医学診断のために実施される検査というよりは，臨床尺度によってパーソナリティ傾向をアセスメントするために実施されることが多い。

④**適 切。** P-F スタディ（Picture Frustration Study）とは，絵画欲求不満テストと呼ばれる投影法検査の１つである。S. Rosenzweig が自らのフラストレーション耐性理論に基づいて開発したものである。日常的に遭遇しそうな 24 のフラストレーション場面に対する被検者の反応を分析することで，フラストレーションやストレスに対する耐性，あるいは集団場面での適応力や自己主張，攻撃性など評価することができる。Rosenzweig は精神分析理論に興味をもち，S. Freud による精神分析学の，防衛機制を含む様々な概念を実験的研究によって明らかにしようと考えた。その結果，欲求不満の研究が精神力動的研究につながると考えた。

⑤**不適切。**　ロールシャッハ・テストは，H. Rorschach によって開発された投影法検査の 1 つである。H. Rorschach がインクを紙に落として偶然できたシミから作成された 10 枚の図版によって構成されている。被検者にこの図版を見てもらい，「何に見えるのか」「どのように見えるのか」を直感で自由に回答してもらう。現在では，回答内容の解釈に際して，精神分析理論を取り入れられることが多くなっている。しかし，この検査が開発された際には，精神分析理論に基づいてはいない。むしろ，Rorschach は「体験型」という構想に最も重きを置いてこの検査を開発した。

【文献情報】

・片口安史（1987）改訂 新・心理診断法 p.8-13 金子書房
・氏原寛他編（2004）心理臨床大事典 p.550-556 培風館

| 問 17 (配点：1) | 【心理査定】 | 月　日
月　日 |

　公認心理師が心理相談での記録や報告を行う際に留意することとして，最も適切なものを1つ選べ。

① 病院からの紹介状への返事は，クライエントには見せない。

② 守秘義務があるため，面接内容は自身の上司には報告しない。

③ 録音は，クライエントを刺激しないために気づかれないように行う。

④ 心理検査の報告は，検査を依頼した職種にかかわらず専門用語を使って書く。

⑤ インテーク面接の記録には，観察事項に基づいた面接時の印象も併せて記録する。

問 17	【心理的アセスメント】適切な記録	肢別解答率					正答率 97.0%
			①	②	③	④	⑤
難易度 1	正解：⑤	全体	2.2%	0.6%	0.0%	0.1%	97.0%

①**不適切。** 病院からの紹介状の返事とは，つまり，他機関からリファーされたケースについて，そのクライエントの担当者に返事を書くことである。他機関との連携においては，クライエントの同意を得たうえでクライエントに関する情報を提供することが求められる。そのため，どのような内容の返事を書いたのか，クライエントの同意を得たうえで病院に返事をすることが求められる。

②**不適切。** この場合の「上司」がどのような立場にある人かにもよると思われるが，その相談機関の中で「集団守秘義務」「チーム内守秘義務」が存在し，各ケースについてその上司が把握しておく必要性のある立場であれば，公認心理師が面接内容をその上司に報告することは必要である。ただし，この場合においてもクライエントの同意を得ることは必要であると思われるため，若干，選択肢の説明だけは「確実に不適切」とは言い難いところもある。

③**不適切。** これは瞬間で判断できる内容である。こんなことをしてはいけない。もちろん，面接場面の録音・録画は，そのための合理的な理由の説明とともに，クライエントの同意を得たうえで行わなければならない。

④**不適切。** 心理検査の報告に限らず，心理支援の報告を行う際には，他職種の専門家の方々やクライエントが理解できるように，専門用語は極力使用せずに書くことが公認心理師には求められる。

⑤**適 切。** インテーク面接の記録の際には，公認心理師がクライエントを観察したままの客観的情報だけでなく，その客観的情報に対してどのような印象を抱いたかについての主観的情報も併せて記録することが求められる。

心身症に関連した概念について，正しいものを1つ選べ。

① 慢性疼痛患者には，抗うつ剤は無効である。

② 進学や結婚は，気管支喘息の増悪に関与しない。

③ タイプA型行動パターンは，消化性潰瘍のリスク要因である。

④ 本態性高血圧症が心理的ストレスで悪化している場合は，心身症と考える。

⑤ アレキシサイミア〈失感情症〉とは，以前楽しめていた活動に対して楽しめない状態を意味する。

問18	【健康・医療心理学】心身症		肢別解答率				正答率52.7%	
			①	②	③	④	⑤	
難易度2	正解：④	全体	9.8%	3.2%	22.3%	52.7%	11.8%	

①誤　り。　厚生労働行政推進調査事業費補助金　慢性の痛み政策研究事業「慢性の痛み診療・教育の基盤となるシステム構築に関する研究」研究班　監修　慢性疼痛治療ガイドライン作成ワーキンググループ編（2018）慢性疼痛治療ガイドライン　において，「慢性疼痛とは，国際疼痛学会（IASP）で『治療に要すると期待される時間の枠を超えて持続する痛み，あるいは進行性の非がん性疼痛に基づく痛み』」（p.16）と定義される。慢性疼痛に対する薬物療法として，ノルアドレナリン・セロトニン再取り込み阻害薬（SNRI）の1つであるデュロキセチンや，三環系抗うつ薬の1つであるアミトリプチリンなどについて，鎮痛効果が確認されている。

②誤　り。　気管支喘息は，咳，喘鳴，呼吸困難が繰り返し起こり，気道狭窄と気道過敏性がみとめられる疾患である。慢性の疾患であり，患者の社会心理学的因子が症状の発症や再燃，悪化，持続に影響するとされる。進学や結婚といったライフイベントは心理社会的なストレスが生じる出来事であり，気管支喘息の憎悪に関与しないというのは，誤りである。

③誤　り。　タイプA行動パターンとは，M. Friedmanらによって発見されたもので，心筋梗塞や狭心症などの患者に見られる行動パターンのことである。虚血性心疾患との関連性が示されるものであり，消化性潰瘍のリスク要因とはいえない。

④正しい。　本態性高血圧症とは，明らかな原因が見られない高血圧であり，遺伝的要因の他，肥満やアルコール摂取といった生活習慣に関わる因子等が相互作用した結果生じるとされる。心身症とはストレスが心理的・身体的状態に影響を及ぼした結果引き起こされる様々な症状・疾患の総称である。心理的ストレスによって高血圧症の症状が悪化している場合は，心身症と考えるのが妥当である。

⑤誤　り。　アレキシサイミア〈失感情症〉とは，P. E. Sifneosによって提唱された概念で，心身症患者に特有の，感情を認知したり，それを表出したりすることのできない状態を指す。想像力や空想力に乏しく，自分の感情や葛藤状態に対する言語化ができない，事実関係をくどくどと述べる一方で，それに伴う感情表出が困難である，対人関係が貧困といった特徴を示す。

【文献情報】
・加藤敏ら編（2016）縮刷版 現代精神医学事典 p.36, 100, 192 弘文堂
・宮脇稔編（2018）公認心理師カリキュラム準拠 健康・医療心理学 p.116 医歯薬出版株式会社
・厚生労働行政推進調査事業費補助金 慢性の痛み政策研究事業「慢性の痛み診療・教育の基盤となるシステム構築に関する研究」研究班監修 慢性疼痛治療ガイドライン作成ワーキンググループ編（2018）慢性疼痛治療ガイドライン p.16, 46, 50 真興交易医書出版部

問 19 (配点：1) 【心理学基礎・応用領域系】 月 日 / 月 日

過敏性腸症候群〈IBS〉について，正しいものを1つ選べ。

① 感染性腸炎は，発症と関連しない。

② 内臓痛覚閾値の低下が認められる。

③ 我が国の有病率は，約2％である。

④ プロバイオティクスは，有効ではない。

⑤ 下痢型 IBS は女性に多く，便秘型 IBS は男性に多い。

問 19	【人体の構造と機能及び疾病】 心理的支援が必要な主な疾病	肢別解答率					正答率 42.9%	
			①	②	③	④	⑤	
難易度 1	正解：②	全体	25.4%	42.9%	25.6%	3.7%	2.2%	

厚生労働省 HP e-ヘルスネット 過敏性腸症候群 において，「過敏性腸症候群とは，通常の検査では腸に炎症・潰瘍・内分泌異常などが認められないにも関わらず，慢性的に腹部の膨張感や腹痛を訴えたり，下痢や便秘などの便通の異常を感じる症候群」とある。

①誤　り。　感染性腸炎後に発症する感染性腸炎後 IBS がある。この発症頻度は約 10%であり，この感染性腸炎後 IBS のリスク因子として，ストレス，女性，若年，急性胃腸炎中もしくは前に心理的問題を抱えている，胃腸炎の程度が強いことなどが挙げられている。

②正しい。　内臓痛覚閾値の閾値とは，刺激があることを知覚できる最少の刺激量であり，つまり，内臓痛覚閾値とは，内臓に痛みを感じる最少の刺激量という意味になる。厚生労働省 HP e-ヘルスネット 過敏性腸症候群 において，「腸の内臓神経が何らかの原因で過敏になっていることにより，引き起こされると考えられています。」とあり，内臓神経が痛みなどを知覚しやすい状態になっているため，本選択肢は適切である。

③誤　り。　過敏性腸症候群〈IBS〉の我が国の有病率は，一般人口の調査で 6.1%，インターネット調査で 13.1%，検診受診者を対象とした調査で 14.2% や 13.5% などの結果が得られている。つまり，約 2% は誤りである。

④誤　り。　過敏性腸症候群〈IBS〉にプロバイオティクスは有効であり，治療法として用いることが推奨されている。プロバイオティクスとは，ヒトの体内に自然に存在する微生物と同じ，または類似の生きた微生物，その微生物を含む薬品や食品であり，腸内細菌のバランスを改善し，ヒトの健康に利益をもたらすと考えられている。薬品には，乳酸菌やビフィズス菌などが含まれる。

⑤誤　り。　反対である。女性の方が腹痛を訴えやすく，便秘型 IBS が多く，男性の方に下痢型 IBS が多い。

【文献情報】
・日本消化器病学会編（2020）機能性消化管疾患診療ガイドライン 2020 過敏性腸症候群（IBS）（改訂第 2 版）p.2，5，18，49 南江堂

問 20 (配点：1) 　　　【公認心理師法系】　　月　日　月　日

　介護保険が適用されるサービスとして，正しいものを１つ選べ。

① 配食サービス

② 精神科訪問看護

③ 介護ベッドの購入

④ 住宅型有料老人ホーム

⑤ 通所リハビリテーション

62

問20	【関係行政論】 介護保険制度	肢別解答率					正答率 50.9%
			①	②	③	④	⑤
難易度2	正解：⑤	全体	3.9%	5.3%	34.2%	5.5%	50.9%

①誤 り。　配食サービスは「地域包括ケアシステム」の構築に重要な役割を担うものとして近年着目されているが，介護保険の適用外である（厚生労働省・農林水産省・経済産業省 平成28年3月 地域包括ケアシステム構築に向けた公的介護保険外サービスの参考事例集）。

②誤 り。　基本的に訪問看護は介護保険の適用範囲内だが，精神科訪問看護の場合は，要支援・要介護の認定を受けていても医療保険が適用される（公益財団法人 在宅医療助成 勇美記念財団「在宅医療と訪問看護のあり方検討会」(2020) 訪問看護活用ガイド p.15)。

③誤 り。　介護保険において，福祉用具は原則貸与されるものであり，例外として，「腰掛便座，自動排泄処理装置の交換可能部，入浴補助用具，簡易浴槽，移動用リフトのつり具の部分」のみ，購入に介護保険が適用される（厚生労働省告示 厚生労働大臣が定める福祉用具貸与及び介護予防福祉用具貸与に係る福祉用具の種目，厚生労働省告示 厚生労働大臣が定める特定福祉用具販売に係る特定福祉用具の種目及び厚生労働大臣が定める特定介護予防福祉用具販売に係る特定介護予防福祉用具の種目）。従って，介護ベッドの「購入」は介護保険の適用外である。

④誤 り。　住宅型有料老人ホームは，老人ホームの中で，生活支援等のサービスが付いた高齢者向けの住居施設を指す。介護サービスを行っておらず，介護が必要になった場合は，入居者自身が地域の訪問介護等を利用するため，ホーム自体は介護保険の適用外である（厚生労働省 平成30年4月2日 有料老人ホーム設置運営標準指導指針）。

⑤正しい。　介護保険法第41条第1項において，市町村は，要介護認定を受けた被保険者のうち居宅において介護を受けるものが，都道府県知事が指定する者から当該指定に係る居宅サービス事業を行う事業所により行われる居宅サービスを受けたときは，当該居宅要介護被保険者に対し，当該指定居宅サービスに要した費用について，居宅介護サービス費を支給すると規定されている。ここでいう「居宅サービス」とは，同法第8条第1項で「訪問介護，訪問入浴介護，訪問看護，訪問リハビリテーション，居宅療養管理指導，通所介護，通所リハビリテーション，短期入所生活介護，短期入所療養介護，特定施設入居者生活介護，福祉用具貸与及び特定福祉用具販売」であると定義されている。

問21 (配点：1) 　　【福祉／司法／産業】　月　日／月　日

T. Kitwood の提唱した認知症に関するパーソンセンタード・ケアの考え方について，最も適切なものを1つ選べ。

① 問題行動を示したときは，効率的に管理しなければならない。

② ケアで重要なことは，介護者自身の不安や弱さなどは考慮せず，理性的に行うことである。

③ 認知症の治療薬が開発されるまで，専門家として認知症の人にできることはほとんどない。

④ 認知症は，第一の視点として，中枢神経系の病気としてよりも障害としてみるべきである。

⑤ ケアは，安全な環境を提供し，基本的ニーズを満たし，身体的ケアを与えることが中心となる。

問21	【福祉心理学】認知症	肢別解答率					正答率 16.9%
			①	②	③	④	⑤
難易度3	正解：④	全体	1.7%	0.6%	0.1%	16.9%	80.7%

T. Kitwood が提唱した認知症に関するパーソンセンタード・ケアの考え方は，従来の認知症に関するケアの考え方に新しい考え方を提示している。T. Kitwood は，従来の考え方を「古い文化」と表現し，自身の考え方を「新しい文化」と表現して認知症患者のその人らしさを支える全人的ケアを強調した。そして，「認知症の見方」「一番知識のある人」「研究の重点」「ケアに必要なこと」「より理解が求められること」「行動障害への対応」「介護所の気持ち」といった支援で2つの考え方の違いをまとめた。その中の「認知症の見方」として，古い文化においては人格の破壊が進む中枢神経系の病気と見るが，新しい文化においては認知症を障害として見るべきであるとした。T. Kitwood は，医学的な視点に立ち，認知症を疾病と捉え治療や介助に終始するケアだけでなく，患者当人の人間的な尊厳を守りその人らしさをケアの対象に入れることが大切であると考えた。

よって，**正答は④である。**

【文献情報】
・T. Kitwood（2005）認知症のパーソンセンタードケア －新しいケアの文化へ－ p.234-238 筒井書房

　　Alzheimer 型認知症について，最も適切なものを 1 つ選べ。

① 　うつ症状が起こる。

② 　見当識は保持される。

③ 　近時記憶障害は目立たない。

④ 　具体的な幻視が繰り返し出現する。

⑤ 　注意や明晰さの著明な変化を伴う認知の変動がみられる。

問22	【福祉心理学】認知症		肢別解答率				正答率32.6%	
			①	②	③	④	⑤
難易度2	正解：①	全体	32.6%	2.8%	1.2%	1.2%	62.1%	

①**適 切。** Alzheimer 型認知症の症状は，中核症状と行動・心理症状（Behavioral and Psychological Symptoms of Dementia；BPSD）に分けられる。BPSD には，思考の障害や感情の障害，意欲・関心の障害，睡眠の障害，行動の障害などが存在する。うつ症状は感情の障害に該当するため，BPSD に分類される。

②**不適切。** Alzheimer 型認知症の中核症状としては，見当識障害が挙げられる。これは，時間や場所，場合によっては人や状況が分からなくなる症状である。HDS-R や MMSE といった検査の中には，見当識を評価する項目が含まれている。これらのことから，Alzheimer 型認知症では，見当識は保持されることはなく，むしろ見当識障害を特徴とする。

③**不適切。** 近時記憶障害に関しても見当識障害と同様に，Alzheimer 型認知症の中核症状に含まれる。例えば，つい先ほどまで話した会話の内容を忘れてしまうため，あたかも初めて話すように同じ内容の会話を繰り返すことや，正しいタイミングで服薬することを忘れたり，食事をしたことを忘れ家族に再度食事を催促するなどといったエピソードが症状として報告される。Alzheimer 型認知症では，近時記憶障害は目立たないといったことはなく，むしろ近時記憶障害を特徴とする。

④**不適切。** Alzheimer 型認知症では具体的な幻視が繰り返し出現することはない。一方，Lewy 小体型認知症では，主症状として変動制の認知機能障害や幻視，パーキンソン症状が挙げられている。Lewy 小体型認知症の幻視は，実際にないものがあたかも存在しているかのように明確に見えるとされており，繰り返し出現することが多い。

⑤**不適切。** 選択肢④の解説参照。注意や明晰さの著明な変化を伴う認知の変動という症状は Alzheimer 型認知症ではなく，Lewy 小体型認知症にみられる。一日の中で認知機能障害が明らかに確認され混乱をきたすような時間帯と，そういった混乱がほとんど確認されない時間帯とが混在し，変動していくのが特徴である。

【文献情報】
・一般社団法人日本認知症ケア学会（2016）認知症ケア標準テキスト改訂4版・認知症ケアの基礎 p.52-61 ワールドプランニング
・認知症介護研究・研修センター（2016）認知症介護実践者研修標準テキスト p.70-119 ワールドプランニング

　児童の社会的養護における家族再統合について，最も適切なものを1つ選べ。

① 家庭復帰が困難な子どもは対象ではない。

② 児童福祉施設は，家族再統合には積極的に関与しない。

③ 家庭裁判所は，申立てがあった場合，直接保護者に適切な治療や支援を受けることを命令できる。

④ 子どもが，家族の歴史や事情を知った上で，肯定的な自己イメージを持つことができるよう支援する。

⑤ 施設や里親などにおける子どもの生活が不安定になるため，分離中の実親との交流は，原則として控える。

問23	【福祉心理学】 家族再統合	肢別解答率					正答率 79.0%	
			①	②	③	④	⑤	
難易度 1	正解：④	全体	2.8%	0.4%	15.0%	79.0%	2.8%	

①**不適切。** 児童虐待防止法第 11 条（児童虐待を行った保護者に対する指導等）第 2 項において，児童虐待を行った保護者への指導については，「親子の再統合への配慮その他の児童虐待を受けた児童が家庭（家庭における養育環境と同様の養育環境及び良好な家庭的環境を含む。）で生活するために必要な配慮の下に適切に行われなければならない。」とあるが，家庭復帰の困難さによって対象とするかどうかが前提にはなっていない。保護者や家族が支援を受け入れる過程も支えつつ，施設入所や里親への委託をされている子どもを対象としても，その実現に向けて取り組むことが必要となる。またその上で，家族の「再統合」について目指す形が，家族と一緒に生活するということから，家族との関わりについて双方にとって関係を維持できるようになる形まで，それぞれの家族に対しての検討と支援が求められることになる。

②**不適切。** 家族再統合においては，児童福祉施設その実現の可能性の程度に関わらず，親子の交流が行われていることが実際であり，親子関係の改善を図るよう支援している。また，家庭復帰を目指す場合において，家庭の状況，親と子どものお互いの意向等，それぞれの段階に応じた支援を要することであり，児童相談所と児童福祉施設が家族（または親と子，それぞれ）の状態をアセスメントし，その情報を有する等の連携が必要不可欠であり，場合によってはその他関係機関が協力し合って，親と子どもの主体にした再統合の実現をサポートする。

③**不適切。** 家庭裁判所は，児童福祉法第 28 条において，児童の児童福祉施設入所措置を採ることの承認を行うことはできる。これに伴う通知を保護者に行うことができる（同法第 28 条第 2 項の 5）が，治療や支援を受けることの命令をすることはできない。また，家庭裁判所では，同法第 28 条での児童福祉施設入所措置等の審判以外に，親権停止・喪失に関する審判も扱う。保護者への対応については，児童虐待防止法第 11 条第 1 項の児童虐待を行った保護者に対する指導等に，「都道府県知事又は児童相談所長は，児童虐待を行った保護者について……当該保護者について，児童虐待の再発を防止するため，医学的又は心理学的知見に基づく指導を行うよう努めるものとする。」とある。また，同法第 11 条第 4 項において，保護者が「指導を受けないときは，都道府県知事は，当該保護者に対し，同項の指導を受けるよう勧告することができる。」とあり，都道府県による勧告や児童相談所により直接的な指導が行われる。

④**適　切**。　子どもが家族との交流，ひいては再統合を目指す過程において，子ども自身が自分なりの解釈によって状況を捉えている場合が少なくない。子どもの年齢や理解する力等を踏まえて，家族に関する説明や実情を説明しつつ，自身が大切な存在であることを認識していく過程を支えることが必要である。

⑤**不適切**。　施設への措置，または里親への委託直後，すぐに親子交流を開始することは生活の不安定となることも考えられるが，分離に至る事情は様々で虐待ばかりではない。また，虐待による事情であっても，児童虐待防止法第4条第1項や同法第11条の通り，家族再統合への適切な支援が行われることが前提にあり，保護者や子どもに対してその利用理由や見通しの説明を丁寧に行い，分離に対する心理的な負担の軽減を図るとともに，交流の開始やその後の家族の支援について児童相談所と施設や里親で方針を共有しておくことが大切となる。また，「『家庭復帰に向けた支援プラン』は親子の安全・安心な交流を慎重に見極めていくため，段階的な親子交流が原則である。」（後掲の文献，p.207）とあるため，控えるというのは不適切である。

【文献情報】
・厚生労働省雇用均等・児童家庭局総務課　子ども虐待対応の手引き（平成25年8月改正版）p.207

問 24 (配点：1) 【教育／障害者】

月　日
月　日

　学習者が自分の目標を決め，その目標を達成するために自らの計画を立て，実行段階で思考，感情及び行為をコントロールし，実行後に振り返り，自らの学習行動を評価するプロセスとして，正しいものを1つ選べ。

① 観察学習
② 自己調整学習
③ 認知的徒弟制
④ 古典的条件づけ
⑤ 有意味受容学習

問24	【教育・学校心理学】学習方略		肢別解答率				正答率87.6%	
			①	②	③	④	⑤	
難易度1	正解：②	全体	1.9%	87.6%	0.9%	0.2%	9.5%	

①**誤 り。** 観察学習とは，A. Banduraが提唱した概念であり，他者が何かを行うのを観察するだけでも新しい行動が学習されるとすることを指す。これは，直接的な報酬や罰がない無強化学習やモデルと同じ行動を訓練しない無試行学習を特徴としており，オペラント条件づけでは説明が困難な学習である。

②**正しい。** 自己調整学習は自己制御学習とも呼ばれる。自己調整学習とは，認知的方略，メタ認知的方略に加え，学習環境や利用可能性のある資源，学習者の動機づけを含めた学習方略である。具体的には，(1)計画，(2)遂行，(3)自己省察の３つの段階を循環過程として捉えており，(1)計画は，学習目標達成のためのプランニングの段階，(2)遂行は，認知的方略を活用しながら実際の学習活動を進める段階，(3)自己省察は，学習活動の進行状況や学習方法が効果的であったかなどのセルフ・モニタリングを行う段階である。その結果，必要であればプランニングの修正を行うため，(1)計画の段階に戻るという循環過程である。

③**誤 り。** 認知的徒弟制とは，職人の世界の師匠・親方と弟子の関係のように見習い修行をモデルとした教育法である。古くからある徒弟制では，弟子が師匠の仕事を目で見て覚えるといった目に見える活動の伝達が中心であるが，認知的徒弟制では，目にみることができない内的な思考過程を示すことが求められる。認知的徒弟制においては，(1)モデリング（弟子が師匠の技を観察する），(2)コーチング（弟子が学んだ技を使わせるために必要に応じてヒントを与える），(3)フェーディング（弟子の上達につれて１人でやれるようにする），(4)明瞭な表現（なぜそうするのかといった理由など，内的な思考過程を表現させる），(5)反省（弟子の技を師匠や他の弟子と比較する），(6)探求（弟子が自立した者として自分自身で課題を設定し取り組んでいく），といった学習過程がある。

④**誤 り。** 古典的条件づけはレスポンデント条件づけとも呼ばれる。特定のレスポンデント行動を誘発する無条件刺激と，本来何の反応も引き起こさない中性的な条件刺激を対呈示することによって，条件刺激単独で当該レスポンデント行動を誘発することが可能となる条件づけの操作，及び過程を指す。代表的な研究としては，I. P. Pavlovによるパブロフのイヌ，J. B. Watsonによるアルバート坊やの恐怖症の実験などが挙げられる。

⑤誤　り。　D. P. Ausubell が有意味受容学習を提唱した。**有意味受容学習とは，既存の知識から見て新しい知識が意味のあるものとして理解する学習**である。一般的に講義形式の授業で行われている，獲得すべき学習内容や知識を教師が解説する学習方法が有意味受容学習の際に用いられることが多い。

問 25 (配点：1)　　　　【教育／障害者】　　月　日　／　月　日

　学校心理学における心理教育的援助サービスの考え方について，最も適切なものを1つ選べ。

① 心理面の援助を中心に行う。

② スクールカウンセラーが単独で援助する。

③ スクールカウンセラーに援助を求める子どもを対象とする。

④ 非行をする子どもなど，援助ニーズの高い子どもを対象とする。

⑤ スクールカウンセリング活動は，学校教育の一環として位置づけられる。

問25	【教育・学校心理学】 スクールカウンセリング	肢別解答率					正答率81.2%
			①	②	③	④	⑤
難易度1	正解：⑤	全体	17.0%	0.2%	0.4%	1.2%	81.2%

①**不適切。**　学校心理学における心理教育的援助サービスでは，心理面だけでなく，学習面，社会面，進路面，健康面にも焦点を当て，援助を行う。例えば，学習面での援助が自尊感情の向上など心理面での援助にも繋がるため，心理教育的援助サービスでは，子どもをトータルに援助することを目指している。

②**不適切。**　心理教育的援助サービスは，教師やスクールカウンセラー等から構成されるチーム学校が，家庭や地域と連携を行う中で進めるものであり，スクールカウンセラーが単独で行うものではない。

③**不適切。**　学校心理学における心理教育的援助サービスは，三段階の援助サービスからなる。一次的援助サービスはすべての子どもを対象に行う心理教育などの発達を促進する，あるいは不登校やいじめなどの問題の発生を未然に予防する援助サービスである。二次的援助サービスは，児童生徒が登校をしぶったり，学習に対する意欲の低下，学級において孤立するなど，学校生活における適応がこれまで通りにはいかなくなってきているなど，今後より学校適応が困難になる可能性が高い一部の子どもの援助ニーズに応じる援助サービスである。三次的援助サービスとは，不登校やいじめ，虐待などの問題状況にあるといった特別な援助ニーズをもつ特定の子どもへの援助サービスである。スクールカウンセラーに援助を求める子どもは三次的援助サービスに該当する子どもになると考えられるが，このような子どものみを対象とするのではない。

④**不適切。**　選択肢③の解説参照。非行をする子どもなど，援助ニーズの高い子どもを対象とするのは三次的援助サービスである。

⑤**適　切。**　後掲の文献において，「学校心理学の方法は，『心理教育的援助サービス』と言い換えてもよい。」「学校心理学は学校教育の一環」（p.6）とあり，この心理教育的援助サービスは，選択肢③の解説にある三段階のサービスとアセスメント，カウンセリング，コンサルテーションなどの援助技法からなる。このアセスメント，カウンセリング，コンサルテーションは，スクールカウンセラーの役割に挙げられている活動であるため，この選択肢の内容は適切である。

【文献情報】
・日本学校心理学会編（2016）学校心理学ハンドブック［第2版］「チーム」学校の充実をめざして p.2，6　教育出版

　構成的グループエンカウンターの特徴として，最も適切なものを1つ選べ。

① グループを運営するリーダーを決めずに実施する。

② 参加者の内面的・情動的な気づきを目標としていない。

③ 特定の課題設定などはなく，参加者は自由に振る舞える。

④ レディネスに応じて，学級や子どもの状態を考慮した体験を用意できる。

⑤ 1回の実施時間を長くとらなくてはいけないため，時間的な制約のある状況には向かない。

78

問 26	【心理学的支援法】 集団療法	肢別解答率					正答率 80.0%
難易度 1	正解：④	全体	①	②	③	④	⑤
			7.5%	1.1%	5.3%	80.0%	6.0%

　エンカウンター・グループとは，C. R. Rogers が展開したパーソンセンタード・アプローチの代表的な実践プログラムである。エンカウンターとは出会いのことであり，グループでの実践を通して自己・他者・自他との出会いを体験し，心理的成長を目指すものである。このうち，構成的グループエンカウンターとは，グループの担当者がエクササイズやワークをあらかじめ用意し，比較的構造化されたプログラムを実施していくものである。

①**不適切。**　エンカウンター・グループでは，ファシリテーターと呼ばれるグループの担当者がグループの体験をサポートする。また，構成的グループエンカウンターでは，グループの担当者はそのねらいに応じてエクササイズやワークを用意し，実施する。

②**不適切。**　エンカウンター・グループの目的は，上記のように自己・他者・自他との出会いであり，自身の内面に生じる感覚や感情に気づき，そこから自己や他者に対する洞察・理解を深めることである。

③**不適切。**　構成的グループエンカウンターでは，グループの参加者は，グループの担当者があらかじめ用意したエクササイズやワークに取り組む。プログラムの進め方や時間のコントロールなどが比較的構造化されているものであり，参加者が自由に振る舞えるとはいえない。自由に振る舞えるのは，エンカウンター・グループである。

④**適　切。**　構成的グループエンカウンターは，その構造化されたプログラムから学校現場等でも活用しやすく，グループの担当者は対象となる子どもたちの年齢や発達段階，状態，課題，目的等に応じてエクササイズを選択し，プログラムを組むことができる。

⑤**不適切。**　構成的グループエンカウンターは，比較的時間のコントロールが容易であり，短時間のプログラムから，宿泊を伴うような長時間のプログラムまで，グループの目的や状況に応じて選択することができる。したがって授業時間内等の時間的制約がある場面においても実施することができる。

【文献情報】
　・野島一彦ら編（2018）公認心理師の基礎と実践3 臨床心理学概論 p.120 遠見書房
　・シュー・ウォルロンド＝スキナー著 森岡正芳ら訳（1999）心理療法事典 p.34 青土社

問 27 (配点：1)　　　　　【福祉／司法／産業】

事業場における労働者のメンタルヘルスケアについて，正しいものを1つ選べ。

① 労働者は，自己保健義務を負っている。

② 労働者の主治医が中心となって推進する。

③ 人事労務管理スタッフは，関与してはならない。

④ 産業医の中心的な役割は，事業場内で診療を行うことである。

⑤ 対象範囲を，業務に起因するストレスに限定することが大切である。

問27	【産業・組織心理学】 職場のメンタルヘルス対策		肢別解答率					正答率 59.0%
			①	②	③	④	⑤	
難易度 1	正解：①	全体	59.0%	1.6%	14.2%	17.5%	7.6%	

①正しい。　労働契約法第5条において，「使用者は，労働契約に伴い，労働者がその生命，身体等の安全を確保しつつ労働することができるよう，必要な配慮をするものとする」とある。また，労働安全衛生法第3条第1項（以下，安衛法）には，「事業者は，単にこの法律で定める労働災害の防止のための最低基準を守るだけでなく，快適な職場環境の実現と労働条件の改善を通じて職場における労働者の安全と健康を確保するようにしなければならない。また，事業者は，国が実施する労働災害の防止に関する施策に協力するようにしなければならない」とあり，事業者は労働者の安全を確保する安全配慮義務を負っている。一方，安衛法第4条に「労働者は，労働災害を防止するため必要な事項を守るほか，事業者その他の関係者が実施する労働災害の防止に関する措置に協力するように努めなければならない」と明記されており，労働者は自身の健康管理に関して義務を負っている。これが自己保健義務である。自己保健義務の例として，労働者は事業者が行う健康診断を受けなければならない（安衛法第66条第5項）。

②誤　り。　労働者の心の健康の保持増進のための指針　改正　平成27年11月30日　健康保持増進のための指針公示第6号　において，メンタルヘルスケアの推進にあたっては，「事業者が労働者等の意見を聴きつつ事業場の実態に即した取組を行うことが必要である。」（後掲の文献，p.20）とあり，主治医が中心となって推進するものではない。

③誤　り。　選択肢②の指針において，「労働者の心の健康は，職場配置，人事異動，職場の組織等の人事労務管理と密接に関係する要因によって，大きな影響を受ける。メンタルヘルスケアは，人事労務管理と連携しなければ，適切に進まない場合が多い。」（後掲の文献，p.20）とある。そのため，人事労務管理スタッフが関与しないという選択肢は不適切である。

④誤　り。　選択肢②の指針において，「産業医等は，労働者の健康管理等を職務として担う者であるという面から，事業場の心の健康づくり計画の策定に助言，指導等を行い，これに基づく対策の実施状況を把握する。また，専門的な立場から，セルフケア及びラインによるケアを支援し，教育研修の企画及び実施，情報の収集及び提供，助言及び指導等を行う。就業上の配慮が必要な場合には，事業者に必要な意見を述べる。専門的な相談・対応が必要な事例については，事業場外資源との連絡調整に，専門的な立場から関わる。さらに，ストレスチェック制度及び長時間労働者等に対する面接指導等の実施並びにメンタルヘルスに関する個人の健康情報の保護についても中心的

役割を果たすことが望ましい。」(後掲の文献，p.22) と明記されており，産業医等の中心的役割は事業所内での診療でない。

⑤誤　り。　メンタルヘルスケアの対象範囲について，選択肢②の指針において，「心の健康問題は，職場のストレス要因のみならず家庭・個人生活等の職場外のストレス要因の影響を受けている場合も多い。また，個人の要因等も心の健康問題に影響を与え，これらは複雑に関係し，相互に影響し合う場合が多い。」(後掲の文献，p.20) とあるため，業務に起因するストレスに限定すべきでない。

【文献情報】
・厚生労働省 独立行政法人労働者健康安全機構（2020）職場における心の健康づくり－労働者の心の健康の保持増進のための指針－

| 問 28 (配点：1) | 【福祉／司法／産業】 | 月　日 |
| | | 月　日 |

　F. Herzberg の 2 要因理論に関する説明として，正しいものを 1 つ選べ。

① 　達成動機は，接近傾向と回避傾向から構成される。

② 　職場の出来事で満足を与える要因を達成欲求という。

③ 　分配の公正と手続の公正は，仕事への動機づけを高める。

④ 　職場での満足を感じる要因は，仕事への動機づけを高める。

⑤ 　職場の出来事で不満足につながる要因をバーンアウトという。

84

問28	【産業・組織心理学】 動機づけ理論		肢別解答率				正答率 59.1%	
			①	②	③	④	⑤
難易度3	正解：④	全体	10.1%	2.9%	27.2%	59.1%	0.5%

①**誤　り。**　J. W. Atkinson は達成動機理論において，達成動機を接近傾向と回避傾向の関係から説明している。接近傾向とは，「成功動機」，目標への成功の「期待度」，成功への喜びなどへの価値といった「誘因価」を掛け合わせたものである。回避傾向とは，「回避動機」，目標への失敗の「期待度」，失敗への恐怖などといった「誘因価」を掛け合わせたものである。そして，達成動機は接近傾向から回避傾向を差し引くことで表されるとしている。つまり，この選択肢は F. Herzberg の2要因理論に関する説明ではない。

②**誤　り。**　F. Herzberg の2要因理論においては，職場での出来事で満足につながる要因を動機づけ要因と呼ぶため，選択肢にある達成欲求は誤りである。例えば，仕事そのものや，昇進，目標達成などがこの動機づけ要因に該当する。この要因が十分に満たされれば満足につながり，さほど満たされていなくても不満にはつながりにくい。

③**誤　り。**　動機づけと公平さの関係を説明したのは，J. Greenberg の組織的公正理論である。この理論では，公正さを分配の公正と手続の公正に分けて考えている。分配の公正とは，組織にどれだけ貢献したかということと，それに対する資源配分の結果の公正さをどう認知しているかということである。また，手続の公正とは，資源配分を決定するプロセスに対する評価を指す。これらの公正さが損なわれると，組織に対して関係を疎遠にする方向性で進む。一方，これらの公正さの高まりが認知されると，組織や仕事への動機づけが高まる。

④**正しい。**　選択肢②の解説参照。動機づけ要因が満たされれば，長いスパンでの満足につながり，動機づけの向上にもつながる。

⑤**誤　り。**　F. Herzberg の2要因理論においては，職場の出来事で不満足につながる要因を衛生要因という。これに含まれるのは，会社の経営状況や給与，上司との人間関係や上司の監督技術，作業条件などである。これらが不十分であれば，不満足につながるが，十分であっても満足につながることはない。

【文献情報】
・田中堅一郎編（2011）産業・組織心理学エッセンシャルズ改訂三版 p. 4-26 ナカニシヤ出版

85

問29 (配点：1)　　【健康・医療／精神疾患】　月　日／月　日

糖尿病について，正しいものを1つ選べ。

① 糖尿病は，1型から2型に移行することが多い。

② 糖尿病の運動療法には，無酸素運動が有効である。

③ 2型糖尿病患者に，血糖自己測定〈SMBG〉は不必要である。

④ 非定型抗精神病薬の中には，糖尿病患者に使用禁忌の薬がある。

⑤ 健診でHbA1c値が6.8%であった場合は，糖尿病の可能性は低い。

問29	【健康・医療心理学】 生活習慣と心の健康	肢別解答率						正答率 91.3%	
				①	②	③	④	⑤
難易度2	正解：④	全体	0.5%	0.8%	1.4%	91.3%	5.9%

①誤　り。　糖尿病はその成因によって，1型と2型，その他の特定の機序・疾患による糖尿病，妊娠糖尿病に分類される。したがって1型糖尿病から2型糖尿病に移行することはない。

②誤　り。　糖尿病の運動療法は，散歩やジョギング，水泳などの有酸素運動を中心として，筋肉に軽い負荷をかけて行うレジスタンス運動（無酸素運動）を組み合わせて行うことが有効とされている。そのため，無酸素運動だけでは有効とは言えない。

③誤　り。　血糖自己測定〈SMBG〉とは，患者が自分で血糖値を測定し，記録することである。血糖値は1日の中で，また日によっても変動するため，医療機関を受診した時のみの計測では血糖値の動きを把握することができない。そのため，SMBG によって血糖値の変動をより正確に把握し，インスリン用量の調節といった治療内容の細かな修正が可能となる。SMGB は1型糖尿病の他，インスリン療法を継続している2型糖尿病，妊娠糖尿病，低血糖の自覚症状がない場合等に適応される。

④正しい。　非定型抗精神病薬は，主に統合失調症患者に用いられている向精神薬である。定型抗精神病薬に比べて，副作用である錐体外路症状が生じにくいことが知られている。非定型抗精神病薬のうち，オランザピンやクエチアピンなどは糖尿病患者には禁忌であるため，本選択肢は正しい。

⑤誤　り。　HbA1c とは糖化ヘモグロビンのことであり，過去の一定期間の平均血糖値が反映される指標である。血糖値に比べてばらつきが小さく，診断や血糖コントロールの目標値として使用される指標である。正常値は 4.6〜6.2% とされ，6.5% 以上が糖尿病の診断の基準となる。したがって HbA1c 値 6.8% の場合，糖尿病の可能性が低いとはいえない。

【文献情報】
・医療情報科学研究所編（2019）病気がみえる vol.3 糖尿病・代謝・内分泌 第5版 p.13, 22, 35, 45, 63 メディックメディア
・松崎朝樹（2020）精神診療プラチナマニュアル第2版 p.193-196 メディカル・サイエンス・インターナショナル

問 30 (配点：1)　　　【心理学基礎・応用領域系】　月　日／月　日

　甲状腺機能低下症にみられる症状について，正しいものを1つ選べ。

① 下痢

② 頻脈

③ 眼球突出

④ 傾眠傾向

⑤ 発汗過多

88

問30	【人体の構造と機能及び疾病】 内分泌代謝疾患		肢別解答率				正答率 42.3%	
			①	②	③	④	⑤	
難易度2	正解：④	全体	5.3%	8.4%	28.5%	42.3%	15.4%	

　甲状腺機能低下症とは，甲状腺ホルモンの作用不足により，様々な症状がみられる疾患の総称である。病変部位により，原発性（甲状腺性），二次性（下垂体性），三次性（視床下部性）に分類される。成人の甲状腺機能低下症の原因疾患の大半は慢性甲状腺炎（橋本病）であり，中年期の女性に好発する。甲状腺機能低下症の症状として，寒がり，皮膚の乾燥，発汗低下，浮腫，筋力低下，心肥大，徐脈，便秘，傾眠傾向などが挙げられる。

　一方，甲状腺ホルモンが過剰に分泌される疾患を総称して甲状腺機能亢進症と呼ぶ。甲状腺機能亢進症のうち最も頻度が高い疾患はバセドウ病であり，20〜40歳代の女性に好発する。症状としては，びまん性甲状腺腫，眼球突出，頻脈，動悸，体重減少，発汗過多，下痢，手指振戦などがみられる。

　この問題の選択肢は，甲状腺機能低下症と甲状腺機能亢進症のそれぞれの症状の中で，甲状腺機能低下症の症状を選ぶ問題となっている。

①不適切。　下痢は甲状腺機能亢進症の症状であり，甲状腺機能低下症の症状には該当しない。甲状腺機能低下症では便秘がみられる。

②不適切。　頻脈は甲状腺機能亢進症の症状であり，甲状腺機能低下症の症状には該当しない。甲状腺機能低下症では徐脈がみられる。

③不適切。　眼球突出は甲状腺機能亢進症の症状であり，甲状腺機能低下症の症状には該当しない。

④適　切。　傾眠傾向は甲状腺機能低下症の症状に該当する。

⑤不適切。　発汗過多は甲状腺機能亢進症の症状であり，甲状腺機能低下症の症状には該当しない。甲状腺機能低下症では発汗の低下がみられる。

【文献情報】
・医療情報科学研究所編（2019）病気がみえる vol.3 糖尿病・代謝・内分泌 第5版 p.244, 254-256 メディックメディア

問31 (配点：1) 【健康・医療／精神疾患】 月 日 / 月 日

　抗精神病薬を長期間投与された患者に多くみられる副作用のうち、舌を突出させたり、口をもぐもぐと動かしたりする動きが特徴的な不随意運動として、正しいものを1つ選べ。

① バリズム

② アカシジア

③ ジストニア

④ ジスキネジア

⑤ ミオクローヌス

90

問31	【精神疾患とその治療】 副作用		肢別解答率				正答率 63.2%	
			①	②	③	④	⑤
難易度 1	正解：④	全体	0.4%	13.1%	21.8%	63.2%	1.3%

　抗精神病薬の副作用に関する基本的な出題である。抗精神病薬は定型抗精神病薬と非定型抗精神病薬に分類され，主に統合失調症や躁状態を対象とした向精神薬である。副作用として，首や上肢の筋肉のつっぱりや眼球上転を起こす急性ジストニア，舌や口唇，下顎に繰り返し不随意運動を起こす遅発性ジスキネジア，振戦や動作がゆっくりとなる，小刻み歩行などが生じるパーキンソニズム，足がムズムズしてじっとしていられないアカシジアといった錐体外路症状が挙げられる。他にも悪性症候群，過鎮静，高プロラクチン血症，起立性低血圧などがある。なお，上記のように服薬の副作用としての錐体外路症状は薬原性錐体外路症状とも呼ばれる。

①誤　り。　　バリズムとは，錐体外路症状に含まれる不随意運動の1つであり，バリスムスと呼ばれることもある。これは肩や肘などの上肢や股関節などの下肢を放り出すような激しい動きのことである。大脳半球皮質下の神経核群である大脳基底核のうち，主に視床下核の障害によって生じる。

②誤　り。　　アカシジアは抗精神病薬の副作用の1つであり，静座不能と呼ばれることもある。これは，身体全体に不快感や焦燥感が生じるために，そわそわと体幹をずっと動かす，足がムズムズしてじっと座っていられない，などが生じる。

③誤　り。　　ジストニアは抗精神病薬の副作用の1つであり，首や上肢の筋肉のつっぱりや眼球上転などの不随意運動を起こす。抗精神病薬の投与後早期や増量後早期に発現しやすいことから急性ジストニアとも呼ばれる。

④正しい。　　ジスキネジアは抗精神病薬の副作用の1つであり，舌や口唇，下顎に繰り返し不随意運動を起こす。よって本問題の内容と合致するため正しい。なお，抗精神病薬を投与後しばらく期間が経ってから発現しやすいため遅発性ジスキネジアとも呼ばれる。

⑤誤　り。　　ミオクローヌスとは，錐体外路症状に含まれる不随意運動の1つであり，急速かつ不規則に生じる筋収縮現象である。例えば，うたた寝をしている際，身体がビクッと動く体験をすることがあるが，それと同じような動きである。その収縮は，筋肉の一部から全身に至るまで多岐にわたり，原因はてんかん性やその他によるものが挙げられる。てんかん性の場合は，光や音，触覚刺激に誘発されてミオクローヌスが生じる。

【文献情報】

・山口瑞穂子編（2002）臨床看護用語辞典　p.27，600，707　医学芸術社
・加藤敏ら編（2016）縮刷版　現代精神医学事典　p.545，546　弘文堂
・姫井昭男（2019）精神科の薬がわかる本　第4版　p.93，94　医学書院
・松田修・飯干紀代子・小海宏之編（2019）公認心理師のための基礎から学ぶ神経心理学－理論から
　アセスメント・介入の実践例まで－　p.65　ミネルヴァ書房

問 32 (配点：1)　　　【公認心理師法系】

医療法で，「高度の医療技術の開発及び評価を行う能力を有すること」が要件として定められている病院として，正しいものを1つ選べ。

① 救急病院
② 精神科病院
③ 特定機能病院
④ 地域医療支援病院
⑤ 臨床研究中核病院

94

問 32	【関係行政論】医療法		肢別解答率					正答率48.1%
				①	②	③	④	⑤
難易度 1	**正解：③**		全体	0.9%	0.2%	48.1%	4.0%	46.7%

①**誤 り。** 救急病院とは，消防法第2条第9項により定められた，救急隊によって搬送される傷病者の医療を担当する病院であり，医療機関からの申出に基づいて都道府県知事が認定する。認定には次の4つの基準に該当する必要があり，3年ごとに更新が必要である（厚生労働省 救急病院等を定める省令第1条）。

> 一 救急医療について相当の知識及び経験を有する医師が常時診療に従事していること。
> 二 エックス線装置，心電計，輸血及び輸液のための設備その他救急医療を行うために必要な施設及び設備を有すること。
> 三 救急隊による傷病者の搬送に容易な場所に所在し，かつ，傷病者の搬入に適した構造設備を有すること。
> 四 救急医療を要する傷病者のための専用病床又は当該傷病者のために優先的に使用される病床を有すること。

②**誤 り。** 精神科病院とは，精神障害・精神疾患・依存症・睡眠障害・不安障害・認知障害などを主な診療対象とする診療科を指す一般的な呼称であり，医療法には規定がない。

③**正しい。** 特定機能病院とは，高度先端医療行為を必要とする患者に対応する病院のことである。設立は医療法第4条の2第1項に基づいて厚生労働大臣が承認する。設立要件は以下の9つである。

> 一 高度の医療を提供する能力を有すること。
> 二 **高度の医療技術の開発及び評価を行う能力を有すること。**
> 三 高度の医療に関する研修を行わせる能力を有すること。
> 四 医療の高度の安全を確保する能力を有すること。
> 五 その診療科名中に，厚生労働省令の定めるところにより，厚生労働省令で定める診療科名を有すること。
> 六 厚生労働省令で定める数以上の患者を入院させるための施設を有すること。
> 七 その有する人員が第22条の2の規定に基づく厚生労働省令で定める要件に適合するものであること。
> 八 第21条第1項第2号から第8号まで及び第10号から第12号まで並びに第22条の2第2号，第5号及び第6号に規定する施設を有すること。
> 九 その施設の構造設備が第21条第1項及び第22条の2の規定に基づく厚生労働省令並びに同項の規定に基づく都道府県の条例で定める要件に適合するものであること。

④誤　り。　地域医療支援病院とは，地域の病院，診療所などを後方支援することを目的とする病院のことである。設立は医療法第4条基づいて都道府県知事が承認する。設立要件は以下の6つである。

一　他の病院又は診療所から紹介された患者に対し医療を提供し，かつ，当該病院の建物の全部若しくは一部，設備，器械又は器具を，当該病院に勤務しない医師，歯科医師，薬剤師，看護師その他の医療従事者（以下単に「医療従事者」という。）の診療，研究又は研修のために利用させるための体制が整備されていること。
二　救急医療を提供する能力を有すること。
三　地域の医療従事者の資質の向上を図るための研修を行わせる能力を有すること。
四　厚生労働省令で定める数以上の患者を入院させるための施設を有すること。
五　第21条第1項第2号から第8号まで及び第10号から第12号まで並びに第22条第1号及び第4号から第9号までに規定する施設を有すること。
六　その施設の構造設備が第21条第1項及び第22条の規定に基づく厚生労働省令並びに同項の規定に基づく都道府県の条例で定める要件に適合するものであること。

---

⑤誤　り。　臨床研究中核病院とは，日本発の革新的医薬品・医療機器の開発などに必要となる質の高い臨床研究を推進するため，国際水準の臨床研究や医師主導治験の中心的役割を担う病院であり，医療法第4条の3に基づいて厚生労働大臣が承認する。要件は以下の10個である。

一　特定臨床研究（厚生労働省令で定める基準に従って行う臨床研究をいう。以下同じ。）に関する計画を立案し，及び実施する能力を有すること。
二　他の病院又は診療所と共同して特定臨床研究を実施する場合にあっては，特定臨床研究の実施の主導的な役割を果たす能力を有すること。
三　他の病院又は診療所に対し，特定臨床研究の実施に関する相談に応じ，必要な情報の提供，助言その他の援助を行う能力を有すること。
四　特定臨床研究に関する研修を行う能力を有すること。
五　その診療科名中に厚生労働省令で定める診療科名を有すること。
六　厚生労働省令で定める数以上の患者を入院させるための施設を有すること。
七　その有する人員が第22条の3の規定に基づく厚生労働省令で定める要件に適合するものであること。
八　第21条第1項第2号から第8号まで及び第10号から第12号まで並びに第22条の3第2号，第5号及び第6号に規定する施設を有すること。
九　その施設の構造設備が第21条第1項及び第22条の3の規定に基づく厚生労働省令並びに同項の規定に基づく都道府県の条例で定める要件に適合するものであること。
十　前各号に掲げるもののほか，特定臨床研究の実施に関する厚生労働省令で定める要件に適合するものであること。

公認心理師の業務について，不適切なものを1つ選べ。
① 必要に応じて，他の保健医療の専門家と協力する。
② 心理療法の料金については，心理療法を始める段階で合意しておく必要がある。
③ 心理療法の効果に焦点を当て，限界については説明を行わず，心理療法を開始する。
④ 心理的アセスメントには，心理検査の結果だけではなく，関与しながらの観察で得た情報も加味する。
⑤ クライエントが，被虐待の可能性が高い高齢者の場合は，被害者保護のために関係者との情報共有を行う。

問33	【公認心理師の職責】 自己責任と自分の限界	肢別解答率					正答率98.0%
			①	②	③	④	⑤
難易度1	正解：③	全体	0.0%	0.4%	98.0%	0.5%	1.1%

①**適　切**。　クライエントが医療機関を受診している場合など，必要に応じて，他の保健医療の専門家と協力する，連携をとることは公認心理師の業務において，適切である。これは，公認心理師法第42条（連携等）第1項において，「公認心理師は，その業務を行うに当たっては，その担当する者に対し，保健医療，福祉，教育等が密接な連携の下で総合的かつ適切に提供されるよう，これらを提供する者その他の関係者等との連携を保たなければならない。」と規定されていることからも言える。

②**適　切**。　インフォームド・コンセントに関わる選択肢である。**インフォームド・コンセントは，クライエントの**(1)**「接近権（知る権利）の保障」**，(2)**「自己決定権（決める権利）の保障」**と，公認心理師の(3)**「還元義務（伝える義務）の遂行」からなる**。(1)**接近権（知る権利）の保障**に関しては，心理支援の場面において，時間，場所，料金などの外的治療構造，守秘義務などの内的治療構造，どのような心理検査を行うのか，どのような心理療法やカウンセリングが行えるのか，どのような仮説・目標を立てているか，心理支援の内容について，クライエントには公認心理師に説明を求めることが保障されていることである。先に，(3)**還元義務（伝える義務）の遂行**については，心理支援の場面において，公認心理師が支援の内容に関して，クライエントに適切な説明を行うことである。その上で，(2)**自己決定権（決める権利）の保障**は，心理支援の場面において，公認心理師から支援の内容に関する説明を受けた後で，クライエントがその支援を受けるか否かを決定する権利の保障である。もちろん，この自己決定権には，支援を拒否する権利も含まれる。選択肢の料金に関しては，料金とその支払い方法，キャンセルの場合に料金が発生するかどうか，などを含め，公認心理師からクライエントに説明し，心理療法を始める段階で合意をしておくことが必要である。

③**不適切**。　これも選択肢②と同様，インフォームド・コンセントに関わる内容である。心理療法の効果だけではなく，その限界やリスク，それらの根拠，他に何か可能な心理療法や方法があれば，その方法の効果と限界やリスク，それらの根拠などについて説明するとともに，公認心理師が心理療法を行わない場合のリスクやクライエントにとっての利益が存在するのであれば，それらについて説明することも必要である。

④**適　切**。　関与しながらの観察とは，H. S. Sullivan が提唱した概念である。心理支援の場面において，観察者（支援者）とクライエントがひとつの対人的な場を形成する際には，観察者（支援者）も場の一部であって，その影響を無視した観察はあり得ない，とする考え方である。公認心理師には，関与しながらの観察で得た情報も加味し

て心理アセスメントを行うことが求められる。

⑤**適　切。**　選択肢①の解説参照。クライエントが被虐待の可能性が高い高齢者の場合，関係機関と情報共有，連携を行うことは適切である。また，高齢者虐待の防止，高齢者の養護者に対する支援等に関する法律〈高齢者虐待防止法〉に規定されている通告義務，通告努力義務に関しても確認をしておいていただきたい。

【文献情報】
・金沢吉展（2018）公認心理師の基礎と実践① 公認心理師の職責 p.53 遠見書房

| 問 34 (配点：1) | 【公認心理師法系】 | 月　日 |
| | | 月　日 |

　対人援助職のセルフケアと自己点検において重要な感情労働について，不適切なものを1つ選べ。

① 感情労働は，第三の労働形態である。

② 感情労働は，A. Hochschild によって定義された概念である。

③ 感情労働とは，職業上，自己の感情をコントロールすることが要求される労働のことである。

④ 感情労働における深層演技とは，クライエントの感情を無意識的に自分の感情として感じることである。

⑤ 感情労働における表層演技は，自らの感情とは不一致でも他者に表出する感情を望ましいものにしようとすることである。

問34	【公認心理師の職責】 支援者のメンタルヘルス	肢別解答率					正答率43.3%	
			①	②	③	④	⑤
難易度2	正解：④	全体	25.2%	13.6%	9.6%	43.3%	8.1%

①**適　切。**　感情労働は，肉体労働，頭脳労働に次いで，第三の労働形態と言われている。

②**適　切。**　感情労働は，A. Hochschild が燃え尽き症候群と関連する概念として，航空機の客室乗務員を対象に行った研究から提唱した。

③**適　切。**　感情労働とは，端的に表すと，感情を管理する労働という意味であり，顧客や支援対象者といった他者に対して，表情や態度で特定の感情を表すことを職業上要求されるため，自己の感情をコントロールすることを職務とする労働のことである。

④**不適切。**　感情労働における深層演技とは，特定の感情を自ら誘発し，その感情を自分自身の真の感情として自発的に表出することである。例えば，役者の方々がその役に入り込んでその場面における感情を本心から表出するなど，その場面における適切な感情を自分の内から生じている感情として表出することである。

⑤**適　切。**　選択肢の内容の通りである。感情労働における表層演技とは，自分に生じている感情とは不一致であっても，笑顔や丁寧な振る舞いをする，謝罪をするなど表情や態度で表している感情を抱いているように見せることである。

【文献情報】
・下山晴彦編（2014）誠信 心理学辞典［新版］p.320 誠信書房
・矢澤美香子・松野航大編（2020）役立つ！ 産業・組織心理学 仕事と生活につかえるエッセンス p.160, 161 ナカニシヤ出版

問 35 (配点：1)　　　　【公認心理師法系】　　月　日／月　日

専門職連携を行う際の実践能力として，不適切なものを１つ選べ。

① 自分の職種の思考，行為，感情及び価値観について省みることができる。

② 他の職種の思考，行為，感情及び価値観について理解することができる。

③ 他の職種との関係の構築，維持及び成長を支援及び調整することができる。

④ 他の職種の役割を理解し，自分の職種としての役割を全うすることができる。

⑤ 患者の意向よりも，他の職種との間での共通の目標を最優先にして設定することができる。

問35	【公認心理師の職責】 関係者等との連携等		肢別解答率					正答率99.1%
			①	②	③	④	⑤	
難易度1	正解：⑤	全体	0.1%	0.1%	0.3%	0.3%	99.1%	

①**適　切**。　公認心理師は，自らの職種の思考，行為，感情及び価値観について顧みることと共に自らの責任と限界についても把握した上で，他機関の専門職と連携を行えることが必要である。

②**適　切**。　公認心理師は，患者に地域にある援助資源を適切に提供するために，他職種の問題に対する捉え方や他職種がどのようなサービスを行っているかなど，思考，行為，感情及び価値観について理解することが求められる。

③**適　切**。　公認心理師は，他職種との関係を構築することと共に，その関係を維持することで患者に包括的な支援を提供することができる必要がある。

④**適　切**。　選択肢①・②の解説参照。専門職連携を行う上で公認心理師は，他職種の役割を理解した上で，他職種の専門性を尊重しつつ，自分の職種の役割を担うことが求められる。

⑤**不適切**。　公認心理師が他職種と連携をとることは，あくまで患者の利益を優先するためである。そのため，秘密保持義務を前提としつつ，患者の意向を尊重した上で，他職種と連携を行うことが求められる。

問 36 (配点：1)　　【心理学基礎・応用領域系】

乳児期の認知発達に関する研究手法である馴化・脱馴化法について，不適切なものを1つ選べ。

① 乳児の弁別能力の発達を調べることができる。

② 吸てつ〈sucking〉反応の変化を指標とすることができる。

③ 刺激に対する注視時間の回復を指標とすることができる。

④ 乳児の再認記憶の有無を確かめるために使うことができる。

⑤ 実験手法の1つとして，乳児に対して2つの刺激を同時に対呈示することができる。

問36	【発達心理学】 乳児期		肢別解答率					正答率 36.9%
			①	②	③	④	⑤	
難易度2	正解：⑤	全体	3.5%	45.2%	5.8%	8.5%	36.9%	

①**適　切。**　馴化・脱馴化法では，特定の刺激を繰り返し呈示することで馴化（慣れ）を生じさせ，その後，別の刺激を呈示して乳児の反応を観察する。馴化によって乳児の反応は低下するが，別の刺激を呈示した際に反応の回復がみられたとすると，乳児は両者の刺激を弁別していると考えられている。

②**適　切。**　吸てつ〈sucking〉反応とは原始反射の1つで，哺乳瓶などが乳児の口に入ったときにそれを強く吸う反応行動を指す。乳児の吸てつ〈sucking〉反応を利用した方法は吸てつ法とも呼ばれ，馴化・脱馴化法と組み合わせて用いられることもある。吸てつ反応は馴化によって減少するが，脱馴化によって反応が回復する。

③**適　切。**　視覚刺激においては，注視時間を指標にすることができる。その他に馴化・脱馴化法で用いられる指標としては，心拍数の変化や視線の動きなどが挙げられる。

④**適　切。**　視覚刺激を繰り返し呈示することで馴化が生じた場合，乳児はその刺激を同一の刺激として知覚している。すなわち，視覚刺激に対する馴化がみられるならば，乳児はその視覚刺激を再認していると言える。

⑤**不適切。**　馴化・脱馴化法は，1つの刺激を繰り返し呈示することで馴化を生じさせ，その後に別の刺激を呈示することで反応の回復の変化を観察する方法である。この選択肢にある同時に2つの刺激を繰り返し対呈示する方法は選好注視法であり，この方法を用いることで両刺激間にみられる注視時間の偏りから，乳児の弁別能力や興味を測定することができる。

【文献情報】
・本郷一夫編（2018）公認心理師の基礎と実践［第12巻］発達心理学 p.20-22, 30-32 遠見書房
・山口真美・金沢創・河原純一郎編（2019）公認心理師の基礎と実践［第6巻］心理学実験 p.215-219 遠見書房
・下山晴彦ら編（2014）誠信 心理学辞典［新版］p.190 誠信書房

L. S. Vygotsky の発達理論に含まれる概念として，不適切なものを 1 つ選べ。

① 内言

② 自己中心性

③ 精神内機能

④ 高次精神機能

⑤ 発達の最近接領域

問37	【発達心理学】 Vygotsky の発達理論	肢別解答率					正答率 40.8%	
			①	②	③	④	⑤	
難易度 1	正解：②	全体	9.1%	40.8%	14.0%	29.4%	6.6%	

①**適　切**。　L. S. Vygotsky は，子どもの言葉は外言，すなわち，他者とのコミュニケーションの道具としての社会語から発生し，これを出発点として2つの方向に発達するとした。1つは社会語がより上手になるという方向，もう1つは独り言の出現である。この独り言が困難な課題に直面したときによくみられ，これが子どもの行動調節の働きをし，課題解決を促進するとしている。つまり，外言から頭の中で思い浮かべるだけで発声を伴わない形の内言が派生し，これによって行動をコントロールすることが可能になっていくと考えた。

②**不適切**。　自己中心性とは，J. Piaget が提唱した概念で，前操作期において，子どもが自分の視点から離れられず，他者のことも自分の視点から考えたり，理解しようとしたりする心性である。

③**適　切**。　L. S. Vygotsky は，ヒトの心理的活動は低次精神機能と高次精神機能に分けられると考えた。低次精神機能は，知覚や注意，記憶といった他の哺乳類にもみられる個別の認知機能であり，高次精神機能はヒトにのみみられる個別の認知機能の相互作用による統合的な機能であり，言語や言語による思考などが当てはまる。そして，子どもの高次精神機能は，はじめ精神間機能として現れ，後の精神内機能として現れると考えた。つまり，生後間もなくから大人と乳児の「間」で生じる言語的コミュニケーションによって，乳児に言語が投げかけられ，そして，幼児期後半には子どもは言語を用いた思考を行うことが可能になっていく。これが，言語が子どもの中に内化された状態であり，精神内機能として現れる状態である。

④**適　切**。　選択肢③の解説参照。

⑤**適　切**。　子どもは，模倣をしたり，親や教師や仲間から教えてもらったり，ヒントをもらったりして，新しい問題に対処していき，次第に自分1人の力でやり遂げるようになっていく。この点に関して，L. S. Vygotsky は，発達の水準を2つに分けて考えた。1つは「現在の発達の水準」であり，もう1つは「発達の最近接領域」である。現在の発達の水準は，ある子どもが1人の力で解くことができる課題がどの程度かによって定義される。発達の最近接領域は，まだ1人の力では解くことはできないが，他者の助けによって解答・解決することが可能になり，しかもそれを1人の力で解決まで発展させていく可能性をもった発達の範囲である。

【文献情報】
・下山晴彦ら監修（2019）公認心理師スタンダードテキストシリーズ⑫ 発達心理学 p.56-60 ミネルヴァ書房
・本郷一夫編（2018）公認心理師の基礎と実践［第12巻］発達心理学 p.36 遠見書房
・開一夫/齋藤慈子編（2018）ベーシック発達心理学 p.8，146 東京大学出版会

| 問 38 (配点：1) | 【心理査定】 | 月　日 |
| | | 月　日 |

インテーク面接におけるアセスメントについて，不適切なものを1つ選べ。

① クライエントの生活における適応状態を確認する。

② 支援を受けることについての動機づけを確認する。

③ クライエントの問題に関連する情報を初回で漏れなく収集する。

④ 客観的な情報収集に努めながら，クライエントの語りを共感的に聴く。

⑤ クライエントの問題の心理的要因だけではなく，生物的要因や社会的要因についても評価する。

問38	【心理的アセスメント】 インテーク面接	肢別解答率					正答率 98.8%
			①	②	③	④	⑤
難易度 1	正解：③	全体	0.1%	0.2%	98.8%	0.6%	0.3%

　この問題は，インテーク面接，アセスメントの基本問題である。多くの受験生が正答できた問題であろう。

①**適　切**。　クライエントは何らかの問題を抱えて相談に訪れるが，その中において，どの程度生活に適応できているのか，適応が難しい状態なのか，適応状態を確認しておくことは，クライエントの問題の見立てのためにも必要な情報である。

②**適　切**。　クライエントが自発的に来談したのか，それとも誰かに連れられて来談したのかによって，来談の動機づけの高さは違ってくる。心理支援を受けることに対する動機づけの高低によって，対応も変わってくるため，動機づけの高さを確認しておくことは必要である。

③**不適切**。　インテーク面接では，クライエントの問題に関連する情報を収集することも目的の1つには含まれるが，目的はそれだけではない。クライエントが次回以降も相談に来ようと思えるような関係性の構築（ラポールの形成）も重要な目的の1つである。また，インテーク面接にも時間に限りがあるため，漏れなく情報を収集すること自体が困難である。そのため，情報収集だけに重きを置いていると，クライエントが何を感じているか，クライエントとどのような関係性を構築しているかについて，公認心理師として目を向けることが不十分になる可能性もあり，包括的なアセスメントが難しくなるため，不適切である。

④**適　切**。　クライエントの語りの中で，いつ，誰が，何をしたのか，何が起こったのか，それはどこで起こったことなのか，などに関する客観的な情報を収集することは重要なことであり，その上で，クライエントがその客観的な出来事について，どのようなことを考えたり，どのような気持ちを抱いたかについて，公認心理師として共感的に聴くという態度は必要である。

⑤**適　切**。　これは，生物心理社会モデルの視点である。公認心理師は心理職だからといって，心理面だけに焦点を当てて話を聴くわけではない。公認心理師として，生物的要因や社会的要因についても評価する視点を持ち合わせておくことが求められる。

問 39 (配点：1)　　　【心理学基礎・応用領域系】

H. Gardner が多重知能理論で指摘した知能に含まれるものとして，不適切なものを1つ選べ。

① 空間的知能

② 言語的知能

③ 実用的知能

④ 対人的知能

⑤ 論理数学的知能

114

問 39	【発達心理学】 知能の構造（多重知能）	肢別解答率					正答率 41.8%
			①	②	③	④	⑤
難易度 1	正解：③	全体	9.0%	2.8%	41.8%	26.1%	19.9%

　H. Gardner の多重知能理論における知能には，言語的知能，論理数学的知能，音楽的知能，空間的知能，身体運動的知能，内省的知能，対人的知能，博物的知能の８つが挙げられる。H. Gardner は，これらの８つの知能が相互に独立して影響し合い知的活動を構成していると考える。また，知能検査で測定できるとされる知能だけでなく，内省的知能や音楽的知能といった自己理解に関するものや芸術的な事柄に関するものも含まれている。

　選択肢③の実用的知能とは，R. J. Sternberg の鼎立理論における概念である。R. J. Sternberg は，知能をコンポーネント理論，経験理論，文脈理論の３つからなると考えた。コンポーネント理論とは，流動性知能と結晶性知能に関するものである。経験理論とは，新奇場面に対する対処能力に関する理論である。文脈理論では，実用的知能，または実際的知能を人と環境との相互関係における，環境を調節したり，適応したり，別の環境を選び直したりし，最適な環境を整える能力であると考えている。

　よって，**正答は③である。**

・無藤隆ら（2004）心理学 p.168, 186 有斐閣
・下山晴彦編（2014）誠信 心理学辞典［新版］p.208-210 誠信書房
・下山晴彦ら監修（2019）公認心理師スタンダードテキストシリーズ⑫ 発達心理学 p.112-115 ミネルヴァ書房

115

| 問 40 (配点：1) | 【福祉／司法／産業】 | 月　日 |
| | | 月　日 |

　職場の心理専門職として管理監督者研修を行うこととなった。研修内容に盛り込む内容として，不適切なものを1つ選べ。

① セルフケアの方法

② 労働者からの相談対応

③ 代表的な精神疾患の診断法

④ 職場環境などの評価及び改善の方法

⑤ 健康情報を含む労働者の個人情報の保護

116

問40	【産業・組織心理学】職場のメンタルヘルス対策	肢別解答率					正答率 93.7%	
			①	②	③	④	⑤	
難易度1	正解：③	全体	1.5%	0.3%	93.7%	3.7%	0.8%	

　メンタルヘルスケアを推進するための教育研修については，厚生労働省 独立行政法人労働者健康安全機構（2020）職場における心の健康づくり－労働者の心の健康の保持増進のための指針－ 参照。

　上記資料の労働者の心の健康の保持増進のための指針 平成27年11月30日改正 健康保持増進のための指針公示第6号　6　メンタルヘルスケアの具体的進め方 (1)メンタルヘルスケアを推進するための教育研修・情報提供 イ 管理監督者への教育研修・情報提供 において，以下のように挙げられている（p.23）。

イ　管理監督者への教育研修・情報提供
　（中略）
　① メンタルヘルスケアに関する事業場の方針
　② 職場でメンタルヘルスケアを行う意義
　③ ストレス及びメンタルヘルスケアに関する基礎知識
　④ 管理監督者の役割及び心の健康問題に対する正しい態度
　⑤ 職場環境等の評価及び改善の方法
　⑥ 労働者からの相談対応（話の聴き方，情報提供及び助言の方法等）
　⑦ 心の健康問題により休業した者の職場復帰への支援の方法
　⑧ 事業場内産業保健スタッフ等との連携及びこれを通じた事業場外資源との連携の方法
　⑨ セルフケアの方法
　⑩ 事業場内の相談先及び事業場外資源に関する情報
　⑪ 健康情報を含む労働者の個人情報の保護等

---

①**適　切**。　上記解説の⑨の通りである。セルフケアを促進するための研修については，管理監督者のみならず全ての労働者に対して行うことが求められる。

②**適　切**。　上記解説⑥の通りである。管理監督者が労働者のメンタルヘルスを管理するうえで，労働者からの相談に応対することが求められる。

③**不適切**。　抑うつなどの代表的な精神疾患についての理解を深めることは大切であるが，その診断方法や診断基準を知ることは管理監督者の職務を越えた内容であり，また，公認心理師の業務にも診断は含まれないため，不適切である。

④**適　切**。　上記解説⑤の通りである。管理監督者の業務として，メンタル不調の未然防止を図るための職場環境等の把握と改善がある。

⑤**適　切**。　上記解説⑪の通りである。上記資料の 7　メンタルヘルスに関する個人情報の保護への配慮　において，「健康情報を含む労働者の個人情報の保護に関しては，個人情報の保護に関する法律（平成 15 年法律第 57 号）及び関連する指針等が定められており，個人情報を事業の用に供する個人情報取扱事業者に対して，個人情報の利用目的の公表や通知，目的外の取扱いの制限，安全管理措置，第三者提供の制限などを義務づけている」（p.24，25）。

問41 (配点：1)　　【健康・医療／精神疾患】

睡眠薬に認められる副作用として，通常は<u>みられないもの</u>を1つ選べ。

① 奇異反応

② 前向性健忘

③ 反跳性不眠

④ 持ち越し効果

⑤ 賦活症候群〈アクティベーション症候群〉

問 41	【精神疾患とその治療】副作用	肢別解答率					正答率58.4%
			①	②	③	④	⑤
難易度 1	正解：⑤	全体	15.3%	14.3%	3.1%	8.6%	58.4%

　向精神薬の副作用に関する基本的な出題である。賦活症候群〈アクティベーション症候群〉については，これまでの公認心理師試験においても頻出事項であるため，確実に押さえておきたいキーワードである。また，選択肢①から④の奇異反応，前向性健忘，反跳性不眠，持ち越し効果は，ベンゾジアゼピン系睡眠薬の副作用として生じやすいものである。加えて，依存，筋弛緩作用もベンゾジアゼピン系睡眠薬の副作用として併せて押さえておきたい。

①**みられる。**　奇異反応は，逆説反応ともよばれ，薬を摂取あるいは投与した際，期待される作用とは反対の作用が出現する現象である。例えば，ベンゾジアゼピン系睡眠薬を飲んだ際，期待される作用は不安や不眠の軽減，つまり，眠りやすくなるという作用であるが，全く逆の反応である焦燥感，不安，敵意，興奮，攻撃性などが出てくる反応をいう。通常このような反応が生じる確率は5％以下であるが，大量服薬やアルコールと同時に摂取した場合，高齢などにより脳に脆弱性がある場合は生じやすいことが知られている。

②**みられる。**　前向性健忘とは，新しい経験を貯蔵する能力が失われるような健忘のことである。一方，ある時点以前の記憶が失われる健忘は逆行性健忘とよばれる。ベンゾジアゼピン系睡眠薬の副作用としての前向性健忘は，例えば，大量に睡眠薬を摂取した後の出来事を何も思い出せなくなったり，アルコールと一緒に睡眠薬を飲んだ後の出来事を全く覚えていない，などが挙げられる。

③**みられる。**　反跳性不眠とは，睡眠薬を飲むことによって寝れるようになっている状態の際，急に薬を飲むのを減らす，あるいは，止めることによって，薬を飲む以前よりも強く不眠の症状が出る現象である。非ベンゾジアゼピン系睡眠薬よりベンゾジアゼピン系睡眠薬の方が生じやすく，長時間作用型睡眠薬より短時間作用型睡眠薬の方が生じやすいことが知られている。

④**みられる。**　持ち越し効果とは，薬の効果が期待される時間以上に，効果が継続して現われる現象のことをいう。例えば，睡眠薬を飲んだ次の日の朝や日中においても，寝ぼけるような状態であったり，眠気があるような場合である。特に，中間作用型や長時間作用型睡眠薬において生じやすいことが知られている。

⑤みられない。　賦活症候群〈アクティベーション症候群〉とは，抗うつ薬の投与早期や増量の際に生じることがある副作用である。よって，睡眠薬に認められる副作用として，通常はみられないものであるため，本選択肢が正答である。賦活症候群〈アクティベーション症候群〉の症状は，不安・焦燥，不眠，易刺激性・衝動性亢進，パニック発作などであり，自殺や他害行為との関連が示唆されている。なお，選択的セロトニン再取り込み阻害薬〈SSRI〉や選択的セロトニン・ノルアドレナリン再取り込み阻害薬〈SNRI〉などの抗うつ薬は三環系抗うつ薬や四環系抗うつ薬に比べて副作用が少ないが，賦活症候群〈アクティベーション症候群〉に関しては，どの抗うつ薬においても起こることが知られている。

【文献情報】

・加藤敏ら編（2016）縮刷版 現代精神医学事典 p.9, 187, 556, 627, 855, 856 弘文堂
・姫井昭男（2019）精神科の薬がわかる本 第4版 p.47-51 医学書院

123

問 42 (配点：1)　　　　【公認心理師法系】　　月　日／月　日

　高齢者虐待の防止，高齢者の養護者に対する支援等に関する法律〈高齢者虐待防止法〉について，誤っているものを1つ選べ。

① 市町村は，高齢者を虐待した養護者に対する相談，指導及び助言を行う。

② 養護者又は親族が高齢者の財産を不当に処分することは虐待に該当する。

③ 国民には，高齢者虐待の防止や養護者に対する支援のための施策に協力する責務がある。

④ 警察署長は，高齢者の身体の安全の確保に万全を期するために，市町村長に援助を求めなければならない。

⑤ 身体に重大な危険が生じている高齢者虐待を発見した者は，速やかに，そのことを市町村に通報しなければならない。

問42	【関係行政論】 高齢者虐待防止法	肢別解答率					正答率 75.1%	
			①	②	③	④	⑤	
難易度 1	正解：④	全体	4.5%	1.7%	14.7%	75.1%	3.9%	

①**正しい。** 　高齢者虐待防止法第6条において「市町村は，養護者による高齢者虐待の防止及び養護者による高齢者虐待を受けた高齢者の保護のため，高齢者及び養護者に対して，相談，指導及び助言を行うものとする。」と規定されている。つまり，虐待を受けた高齢者だけでなく，高齢者虐待を行った養護者に対しても相談，指導及び助言は行われる。

②**正しい。** 　同法第2条第4項第2号において「養護者又は高齢者の親族が当該高齢者の財産を不当に処分することその他当該高齢者から不当に財産上の利益を得ること。」と規定されている。これは，高齢者虐待に挙げられている身体的虐待，介護・世話の放棄・放任，心理的虐待，性的虐待，経済的虐待の中の経済的虐待に該当する。

③**正しい。** 　同法第4条において「国民は，高齢者虐待の防止，養護者に対する支援等の重要性に関する理解を深めるとともに，国又は地方公共団体が講ずる高齢者虐待の防止，養護者に対する支援等のための施策に協力するよう努めなければならない。」と規定されている。

④**誤　り。** 　同法第12条第2項において「市町村長は，高齢者の生命又は身体の安全の確保に万全を期する観点から，必要に応じ適切に，前項の規定により警察署長に対し援助を求めなければならない。」と規定されている。つまり，**高齢者の身体の安全の確保に万全を期するため援助を求めるのは，警察署長が市町村長に対してではなく，市町村長が警察署長に対してであり，役割が逆になっている。**

⑤**正しい。** 　同法第7条第1項において「養護者による高齢者虐待を受けたと思われる高齢者を発見した者は，当該高齢者の生命又は身体に重大な危険が生じている場合は，速やかに，これを市町村に通報しなければならない。」と規定されている。また，同法第21条第2項において「前項に定める場合のほか，養介護施設従事者等による高齢者虐待を受けたと思われる高齢者を発見した者は，当該高齢者の生命又は身体に重大な危険が生じている場合は，速やかに，これを市町村に通報しなければならない。」と規定されている。これらのことから，養護者による高齢者虐待も養介護施設従事者等による高齢者虐待も，高齢者の生命又は身体に重大な危険が生じている場合は，速やかに，市町村に通報しなければならない。

問 43 (配点：1)	【福祉／司法／産業】	月　日
		月　日

　口唇裂口蓋裂，皮膚血管腫，熱傷などによる可視的差違がもたらす心理社会的問題について，最も適切なものを１つ選べ。

① 　家族への依存性が強くなるため，社会的ひきこもりとなることが多い。

② 　可視的差違は，子どもの自尊感情の低下を招くリスク要因にはならない。

③ 　可視的差違を有する子どもの多くは，年齢に応じた心理社会的発達を遂げることが難しい。

④ 　家族や友人だけではなく，広く社会一般の反応や受容の在り方は，子どもが可視的差違に適応していくに当たり重要な要因となる。

問43	【福祉心理学】 障害受容	肢別解答率				正答率 94.2%
			①	②	③	④
難易度 1	正解：④	全体	1.8%	0.9%	1.4%	94.2%

　この問題は一見すると難しくみえるし，知識としてここまで学習して正答を導き出すには困難であるが，日本語的な読み取りで解答可能な問題となっている。

　可視的差異（visible difference: VD）とは，口唇裂口蓋裂，皮膚血管腫，熱傷などにより客観的に外見における問題の原因が見える状態のことを指す。同時に，その原因となる症状のことを「状態（condition）」と表現する。

①**不適切。**　可視的差異を有する人の社会的不安と社会回避の平均値は文献的正常基準よりも有意に高いとする報告（Rumsey ら，2004）や，可視的差異を有する子どもが仲間からの拒絶の可能性を減らすために社会的ひきこもりに陥る可能性があるとする指摘（Endriga and Kapp-Simon，1999）はある。しかし，これらは家族への依存性が強くなるためではないため，不適切である。

②**不適切。**　可視的差異は，子どもの自尊感情の低下とネガティブな自己認知をもたらすリスク要因となる。可視的差異を持つ人々の多くが全般性不安や抑うつを呈するとされており，その根底にはネガティブな自己認知や自尊感情の低下があるとされる。

③**不適切。**　可視的差異を有する子どもたちの多くは，年齢に応じた発達を遂げ，かつ重大な心理的問題を伴わないという報告がある（Endriga and Kapp-Simon，1999）。

④**適　切。**　可視的差異の問題について考える際，まずは個への支援が注目されやすいが，障害の社会モデルという視点に立てば社会の変化も不可欠である。特に顔や身体の外見は，人体において社会的な機能を持つため，単に個へのアプローチだけでは効果を発揮しない。当事者の権利擁護や社会啓発といった活動を通じて，社会一般の反応や受容の在り方を改めていくことは子どもが可視的差異に適応していくにあたり重要なテーマとなる。

【文献情報】
・原田輝一・真覚健編（2018）アピアランス＜外見＞問題と包括的ケア構築の試み－医療福祉連携と心理学領域とのコラボレーション－ p.234 福村出版
・原田輝一・真覚健訳 ニコラ・ラムゼイ，ダイアナ・ハーコート（2017）アピアランス〈外見〉の心理学－可視的差異に対する心理社会的理解とケア p.146-187 福村出版

| 問 44 (配点：1) | 【心理学的支援法】 | 月　日 |
| | | 月　日 |

　ナラティブ・アプローチに基づく質問として，最も適切なものを1つ選べ。

① 　その出来事が起こったとき，どのような考えが頭をよぎりましたか。

② 　今話されていたことですが，それを今ここで感じることはできますか。

③ 　その罪悪感は，どのようにお母さんとの関係を邪魔しているのですか。

④ 　寝ている間に問題が全て解決したとしたら，どのように目覚めると
　　思いますか。

128

問44	【心理学的支援法】 ナラティブ・アプローチ	肢別解答率			正答率 17.2%	
			①	②	③	④
難易度2	正解：③	全体	43.6%	19.6%	17.2%	19.2%

①**不適切。** これは認知療法における質問のパターンといえる。認知療法ではクライエントの自動思考（ある状況において自然と浮かんでくる考え）を同定しようとするが，その際に「その時，どんな考えが頭に浮かびましたか」といった質問を投げかける。このような質問をソクラテス式質問法という。

②**不適切。** これはゲシュタルト・セラピーにおける質問のパターンといえる。ゲシュタルト・セラピーでは，過去や未来を想像するのではなく，「今，ここ」の時点で表れている未解決の問題に焦点をあて，気づきを促そうとする。

③**適 切。** ナラティブ・アプローチでは，問題の外在化という技法を用いる。これは，クライエントを苦しめている問題を同定し，それをクライエント本人から切り離して捉えようとするものである。その際，問題が同定されたら，セラピストはクライエントに，その問題によって「どのように困らせられているか」について質問する。これを影響相対化質問という。代表的な質問としては，「あなたが○○（例えば，母親）との関係をよくしようとしていくとき，何が邪魔をしているのですか？」などが挙げられる。このような質問をすることによって，クライエントとその問題との間に心理的スペースが生じ，クライエントの主体性の回復に繋がっていく。

④**不適切。** 「寝ている間に問題が全て解決したとしたら……」という質問は，ミラクル・クエスチョンと呼ばれる。これは，ブリーフ・セラピーにおける技法の1つであり，クライエントが問題に圧倒されている現実から離れ，問題が解決した状態をイメージすることを促すものである。

【文献情報】
・杉原保史ら編著（2019）公認心理師標準テキスト 心理学的支援法 p.152，182 北大路書房
・岩壁茂編 責任編集 『臨床心理学』編集委員会編（2017）臨床心理学第 17 巻第 4 号 通巻 100 号 必携保存版 臨床心理学実践ガイド p.460，461 金剛出版
・岩壁茂編（2015）カウンセリングテクニック入門 プロカウンセラーの技法 30 臨床心理学増刊第 7 号 p.92，93 金剛出版
・国重一浩（2013）ナラティブ・セラピーの会話術 ディスコースとエイジェンシーという視点 p.64 金子書房

問 45 (配点：1)	【心理学研究法系】	月　日
		月　日

　心理療法やカウンセリングの効果研究の方法について，最も適切なものを1つ選べ。

① 要因統制に基づく実験的な研究であることが必須である。

② 一事例実験にみられる介入効果を評価する場合には，因子分析が用いられることが多い。

③ 特定の心理療法を行う実験群と未治療の統制群を設定して，効果の比較を行う必要がある。

④ メタ分析では，ある介入法に基づく複数の効果研究について，効果サイズを算出することができる。

問45	【心理学研究法／心理学実験】実践的研究	肢別解答率				正答率34.6%
			①	②	③	④
難易度1	正解：④	全体	4.6%	11.8%	48.2%	34.6%

①**不適切。** 実際のクライエントが対象である以上，心理療法やカウンセリングの効果研究では厳密に要因を統制することは困難である。したがって「必須である」は誤りである。

②**不適切。** 一事例実験のような対象者が1名の場合の効果研究では，ベースライン期（介入を行わない期間）と処遇期（介入を行う期間）を組み合わせ，それぞれの期間の結果を比較して効果を検証する。なお，因子分析は，観測変数に共通する潜在因子を探索するための方法である（例：30個の質問紙の項目を，因子分析によって3つの因子にグループ分けをする）ため，一事例実験では用いられない。

③**不適切。** 実際のクライエントに対して未治療の統制群を設定することは，クライエントに治療しない期間を設けることになるため，倫理上問題がある。特定の心理療法を行う実験群と別の心理療法を行う統制群に分ける等，倫理的な配慮と手続きの厳密性を両立させるように工夫を行う必要がある。

④**適 切。** メタ分析は，同じテーマを扱った多数の効果研究について，介入群と統制群との差異（例：数値化された症状の差）を標準化して効果サイズを算出することで，結果を数量的に集約する手法である。

| 問 46 (配点：1) | 【教育／障害者】 | 月　日 |
| | | 月　日 |

　合理的配慮について，適切なものを1つ選べ。

① 公平性の観点から，入学試験は合理的配慮の適用外である。

② 合理的配慮の対象は，障害者手帳を持っている人に限られる。

③ 合理的配慮によって取り除かれるべき社会的障壁には，障害者に対する偏見も含まれる。

④ 発達障害児がクールダウンするために部屋を確保することは，合理的配慮には含まれない。

問46	【障害者（児）心理学】 合理的配慮	肢別解答率				正答率 86.0%	
			①	②	③	④
難易度 1	正解：③	全体	0.4%	0.5%	86.0%	13.0%

①**不適切**。　内閣府 HP 合理的配慮等具体例データ集 合理的配慮サーチ 教育 において，一例として「入学試験において，別室受験，時間延長，読み上げ機能等の使用を許可する」ことが挙げられている。また，文部科学省のインクルーシブ教育システム構築モデル事業において取り組まれている「インクル DB（インクルーシブ教育システム構築支援データベース）」においても，入学試験における合理的配慮が紹介されている。

②**不適切**。　合理的配慮とは，障害者基本法第4条第2項において「社会的障壁の除去は，それを必要としている障害者が現に存し，かつ，その実施に伴う負担が過重でないときは，それを怠ることによって前項の規定に違反することとならないよう，その実施について必要かつ合理的な配慮がされなければならない。」と規定されているところに由来している。この条文に記される「障害者」とは，同法第2条第1号において「身体障害，知的障害，精神障害（発達障害を含む。）その他の心身の機能の障害（以下『障害』と総称する。）がある者であって，障害及び社会的障壁により継続的に日常生活又は社会生活に相当な制限を受ける状態にあるものをいう。」と規定されているものであり，障害者手帳を持っている人と限定する旨の記述はない。そのため，合理的配慮の対象は障害者手帳を持っている人と限定して解釈することはできない。

③**適　切**。　社会的障壁は，障害者基本法第2条第2号において「社会的障壁　障害がある者にとって日常生活又は社会生活を営む上で障壁となるような社会における事物，制度，慣行，観念その他一切のものをいう。」と規定されている。この事物，制度，慣行，観念の具体例については，内閣府 HP 障害を理由とする差別の解消の推進に関する法律についてのよくあるご質問と回答＜国民向け＞において，「社会における事物（通行，利用しにくい施設，設備など），制度（利用しにくい制度など），慣行（障害のある方の存在を意識していない慣習，文化など），観念（障害のある方への偏見など）その他一切のもの」とあり，観念の中に障害者に対する偏見が含まれている。

④**不適切**。　文部科学省中央教育審議会 特別支援教育の在り方に関する特別委員会（第3回）配布資料 資料3：合理的配慮について 別紙2「合理的配慮」の例 9．LD，ADHD，自閉症等の発達障害 において，発達障害を対象とした合理的配慮として「個別指導のためのコンピュータ，デジタル教材，小部屋等の確保」「クールダウンするための小部屋等の確保」「口頭による指導だけでなく，板書，メモ等による情報掲示」が挙げられている。よって，発達障害児がクールダウンするために部屋を確保することは合理的配慮に含まれる。

問 47 (配点：1)　　【心理学基礎・応用領域系】　月　日／月　日

知覚や意識について，誤っているものを1つ選べ。

① 共感覚は，成人より児童に生じやすい。

② 幻覚は，意識清明時にも意識障害時にも生じる。

③ 入眠時幻覚がみられる場合は，統合失調症が疑われる。

④ 事故などで，四肢を急に切断した場合，ないはずの四肢の存在を感じることがある。

問47	【知覚・認知心理学】意 識		肢別解答率			正答率80.2%	
			①	②	③	④	
難易度1	正解：③	全体	9.9%	6.8%	80.2%	3.1%	

①**正しい。** 共感覚とは，ある特定の感覚刺激に対して本来生じる感覚に加えて，他の種類の感覚が同時に引き起こされる現象のことである。例えば，「ド」という音を聞いたときに，同時に「ド」と赤色が見えるなどである。この例のような聴覚から色覚が同時に生じる色聴共感覚や，文字を見たときに色覚が同時に生じる色字共感覚が共感覚者の多数を占めている。また，共感覚は女性にみられやすく，成人よりも児童に生じやすいことが知られている。ある仮説では，成人へと成長していくにしたがって，本来人間が持っていた共感覚の能力が他の能力によって抑制されていくためと考えられている。よって，共感覚は成人より児童に生じやすいとする本選択肢は正しい。

②**正しい。** 幻覚とは，「対象なき知覚」とも呼ばれ，実際には存在しない外的刺激を知覚したものとして体験することである。幻視，幻聴，幻臭，幻触，幻味と五感すべてで起こりうる。例えば，幻視であれば，夜の廊下を歩いている際，実体としては何もないのに人の顔が見えるというような場合である。幻覚は意識清明時，いわゆる意識がはっきりしている状態において，また意識障害時，いわゆる意識がなかったり，意識狭窄や意識変容が生じている状態においても生じることが知られている。一般的には，意識清明時では幻聴が生じやすく，意識障害時には幻視が生じやすい。よって，幻覚は意識清明時にも意識障害時にも生じるという本選択肢は正しい。なお，幻覚と似た言葉に錯覚があるが，これは実際に存在する外的刺激を誤って知覚することである。錯視，錯聴がみられることが多い。例えば，錯視であれば，夜の廊下を歩いている際，実際に存在するカーテンを人の顔と見間違えるような場合である。

③**誤 り。** 入眠時幻覚がみられる場合はナルコレプシーが疑われるため，本選択肢は誤りである。ナルコレプシーとは，日中の耐え難い眠気により，突然レム睡眠が出現する疾患であり，DSM-5では睡眠－覚醒障害群に分類される。主な症状は，睡眠発作，カタプレキシー，入眠時幻覚，睡眠麻痺である。睡眠発作は状況に関わらず耐え難い睡眠欲求が生じることである。カタプレキシーは情動脱力発作とも呼ばれ，感情の高ぶりに伴って脱力が生じる。非常に似た言葉にカタレプシーがあるので注意が必要である。入眠時幻覚は眠りに陥るときに幻視などの幻覚が生じることである。睡眠麻痺はいわゆる金縛りのことである。

④**正しい。** 事故や切断手術などによって身体の一部を失った後，実在しない身体の部位の存在を感じることを幻肢や幻影肢という。例えば，交通事故が原因で足を失った後，実際にはすでに足がないにも関わらず，足があると本人が感じるような場合であ

る。成人の場合，身体部位を失った直後に大多数の人が経験し，半数は幻肢痛とよばれる痛みを感じることが知られている。よって，事故などで四肢を急に切断した場合，ないはずの四肢の存在を感じることがあるという本選択肢は正しい。

【文献情報】
・中島義明ら編（1999）心理学辞典 p.183 有斐閣
・加藤敏ら編（2016）縮刷版 現代精神医学事典 p.225, 226, 284, 285, 291 弘文堂
・子安増生・丹野義彦・箱田裕司監（2021）有斐閣 現代心理学辞典 p.163, 200, 209 有斐閣
・高橋三郎・大野裕監訳（2014）DSM-5 精神疾患の分類と診断の手引き p.304-306 医学書院

136

問 48 (配点：1) 　　【心理学基礎・応用領域系】　月　日 ／ 月　日

「心の理論」について，<u>不適切なもの</u>を 1 つ選べ。

① 　自他の心の在りようを理解し把握する能力である。

② 　標準誤信念課題によって獲得を確認することができる。

③ 　D. Premack がヒトの幼児の発達研究を通して初めて提案した。

④ 　「信念−欲求心理学」の枠組みに基づき，人々の行動を予測すると考えられている。

問48	【発達心理学】 心の理論	肢別解答率			正答率36.1%
		①	②	③	④
難易度1	正解：③	全体 7.2%	12.3%	36.1%	44.0%

①適　切。　心の理論は，他者が自分とは異なる欲求や信念，意図などを有している存在であると捉え，そのような他者の心の状態を類推する能力をいう。

②適　切。　標準誤信念課題は，心の理論を獲得しているか確かめる方法として用いられる。誤信念課題の代表的なものとしてサリー・アン課題が知られており，一般に4歳半頃には高い正答率がみられるが，自閉スペクトラム症児ではその獲得が遅れることが指摘されている。

③不適切。　心の理論とは，アメリカの動物学者のD. Premackがチンパンジーなどの霊長類が他の仲間の心の状態を推測しているかのように行動することに注目し，提唱した概念である。D. Premackの提唱を受けて，J. Pernerらが誤信念課題を用いて幼児の心の理論の発達を調査している。

④適　切。　「信念−欲求心理学」では，人は他者の心的状態の予測にあたり，欲求や信念といった概念を用いていると想定する。心の理論は，他者の欲求や信念などを類推する能力として位置づけており，信念−欲求心理学の枠組みに基づいている。

【文献情報】
・本郷一夫編（2018）公認心理師の基礎と実践［第12巻］発達心理学 p.36，37 遠見書房
・下山晴彦ら編（2014）誠信 心理学辞典［新版］p.206，207，494 誠信書房

問 49 (配点：1)　　【福祉／司法／産業】

2018 年（平成 30 年）の高齢者による犯罪について，<u>誤っているもの</u>を 1 つ選べ。

① 刑務所入所時点で 65 歳以上である女性の罪名の 80％以上が窃盗である。

② 刑法犯による検挙人員中に占める 65 歳以上の者の比率は，約 10％である。

③ 刑法犯による検挙人員中に占める 65 歳以上の者の比率を男女別で比較した場合，男性よりも女性の方が大きい。

④ 窃盗による検挙人員の人口に占める比率を，20 歳以上 65 歳未満と 65 歳以上とで比較した場合，後者の方が大きい。

問49	【司法・犯罪心理学】 非行・犯罪の理論	肢別解答率					正答率28.9%
				①	②	③	④
難易度3	正解：②	全体	5.8%	28.9%	49.0%	15.8%	

この問題は難しい。犯罪に限らず，このような割合などのデータが出題されることは
あるので，少しは確認しておいていただきたい。法務省 令和元年版 犯罪白書 第4編 平
成における各種犯罪の動向と各種犯罪者の処遇 第8章高齢者犯罪 参照。

①正しい。 平成30年の刑務所入所時点で65歳以上である女性のうち，89.2%の罪名が
窃盗である（4-8-2-5図）。

②誤 り。 平成30年の刑法犯の検挙人員中に占める高齢者（65歳以上の者）の比率は
21.7%である（4-8-1-1図）。

③正しい。 平成30年の女性の刑法犯の検挙人員中に占める高齢者の割合は33.9%と発
表されている（4-8-1-1図）。男性の刑法犯の検挙人員中に占める高齢者の割合は約
18.5%である（同図より算出）ので，男性より女性の方が割合が大きい。

④正しい。 平成30年の窃盗による検挙人員の人口に占める比率（10万人あたりの人
数）は，20歳以上65歳未満は82.2人，65歳以上70歳未満は86.4人，70歳以上は90.7
人である（4-8-1-4図）。

精神保健及び精神障害者福祉に関する法律〈精神保健福祉法〉につい
て，誤っているものを1つ選べ。

① 裁判官は，精神障害者又はその疑いのある被告人に無罪又は執行猶
予刑を言い渡したときは，その旨を都道府県知事に通報しなければな
らない。

② 警察官は，精神障害のために自傷他害のおそれがあると認められる
者を発見したときは，最寄りの保健所長を経て都道府県知事に通報し
なければならない。

③ 保護観察所の長は，保護観察に付されている者が精神障害者又はそ
の疑いのある者であることを知ったときは，その旨を都道府県知事に
通報しなければならない。

④ 矯正施設の長は，精神障害者又はその疑いのある者を釈放，退院又
は退所させようとするときは，あらかじめその収容者の帰住地の都道
府県知事に通報しなければならない。

問 50	【関係行政論】精神保健福祉法		肢別解答率		正答率 33.4%	
			①	②	③	④
難易度 2	正解：①	全体	33.4%	34.1%	17.1%	14.6%

①誤　り。　精神保健福祉法第 24 条第 1 項において，「**検察官**は，精神障害者又はその疑いのある被疑者又は被告人について，不起訴処分をしたとき，又は裁判（懲役若しくは禁錮の刑を言い渡し，その刑の全部の執行猶予の言渡しをせず，又は拘留の刑を言い渡す裁判を除く。）が確定したときは，速やかに，その旨を都道府県知事に通報しなければならない。」とある。よって，**裁判官ではなく検察官**が正しい。

②**正しい。**　同法第 23 条において，「警察官は，職務を執行するに当たり，異常な挙動その他周囲の事情から判断して，精神障害のために自身を傷つけ又は他人に害を及ぼすおそれがあると認められる者を発見したときは，直ちに，その旨を，最寄りの保健所長を経て都道府県知事に通報しなければならない。」と規定されている。

③**正しい。**　同法第 25 条において，「保護観察所の長は，保護観察に付されている者が精神障害者又はその疑いのある者であることを知ったときは，速やかに，その旨を都道府県知事に通報しなければならない。」と規定されている。

④**正しい。**　同法第 26 条において，「矯正施設（拘置所，刑務所，少年刑務所，少年院，少年鑑別所及び婦人補導院をいう。以下同じ。）の長は，精神障害者又はその疑のある収容者を釈放，退院又は退所させようとするときは，あらかじめ，左の事項を本人の帰住地（帰住地がない場合は当該矯正施設の所在地）の都道府県知事に通報しなければならない。一 本人の帰住地，氏名，性別及び生年月日　二 症状の概要　三 釈放，退院又は退所の年月日　四 引取人の住所及び氏名」と規定されている。

問51 (配点：1)　　　【公認心理師法系】　　月　日／月　日

　入院患者が公認心理師の面接を受けるために，病棟の面接室に車椅子で入室した。車椅子から面接室の椅子に移乗する際に看護師と公認心理師が介助したが，車椅子から転落した。健康被害は起こらなかった。

　それを診断した主治医の他に，インシデントレポートの作成者として，適切なものを2つ選べ。

① 看護師
② 病院長
③ 公認心理師
④ 病棟看護師長
⑤ 医療安全管理責任者

問51	【関係行政論】 医療事故防止	肢別解答率					正答率 54.9%	
		[No. 1]	①	②	③	④	⑤	
		全体	67.8%	18.1%	4.3%	8.7%	0.8%	
難易度2	正解： [No.1] ①， [No.2] ③	[No.2]	①	②	③	④	⑤	
		全体	0.6%	1.1%	55.5%	7.8%	34.1%	

　インシデントレポートは，事故に至る可能性のあった出来事（インシデント）が発生した場合に，再発および重大事故の発生の予防およびリスクマネジメントの観点からの分析のために作成する報告書である。そのため，反省を促したり，責任を追及したりするものではない。また，インシデントレポートはその事象に関係した者（発見者および当事者）が基本的に作成する。よって，**問題文に「看護師と公認心理師が介助したが，車椅子から転落した」とあるため，正答は①・③である。**

　なお，医療法施行規則第1条の11においては，病院や診療所などは，医療に係る安全管理のための指針を整備すること，医療に係る安全管理のための委員会を開催すること，医療に係る安全管理のための職員研修を実施すること，医療機関内における事故報告等の医療に係る安全の確保を目的とした改善のための方策を講ずることが規定されており，インシデントレポートそのものに法根拠はないが，これらの医療安全管理の対策の一環として行われている病院が多い。

問 52 (配点：1)　　【健康・医療／精神疾患】　　月　日／月　日

DSM-5の全般不安症／全般性不安障害の症状について，正しいものを2つ選べ。

① 易怒性
② 抑うつ
③ 強迫念慮
④ 社交不安
⑤ 睡眠障害

問52	【精神疾患とその治療】 神経症性障害，ストレス関連障害及び 身体表現性障害（F4）	肢別解答率				正答率 2.1%	
		[No.1]	①	②	③	④	⑤
		全体	6.6%	42.4%	32.6%	18.3%	0.1%
難易度3	正解： [No.1] ①， [No.2] ⑤	[No.2]	①	②	③	④	⑤
		全体	0.0%	2.1%	4.2%	59.1%	34.4%

　DSM-5の全般不安症／全般性不安障害とは，仕事や学業，生活上のことなど，多数の出来事または活動について過剰な不安と心配が半年以上続いており，かつその心配を抑制することが困難であることを特徴とする障害である。また，不安のみならず，落ち着きのなさ，疲れやすい，集中できない，易怒性，筋肉の緊張，睡眠障害といった症状がみられる。

①正しい。　DSM-5における診断基準に「不安および心配は，以下の6つの症状のうち3つ……を伴っている」「(1)落ち着きのなさ，緊張感，または神経の高ぶり　(2)疲労しやすいこと　(3)集中困難，または心が空白になること　(4)易怒性　(5)筋肉の緊張　(6)睡眠障害（入眠または睡眠維持の困難，または，落ち着かず熟睡感のない睡眠）」が挙げられており，易怒性は全般不安症／全般性不安障害の症状に該当する。

②誤　り。　抑うつとは一般に精神運動活動が抑えられている状態をさすが，DSM-5の全般不安症／全般性不安障害の症状には含まれない。

③誤　り。　強迫念慮とは繰り返し，執拗に浮かんでくる思考や心的イメージ，衝動のことをさす。DSM-5の全般不安症／全般性不安障害の症状には含まれない。

④誤　り。　社交不安は恥ずかしい思いをするかもしれないという社会状況，あるいは行為状況に対する顕著で持続的な不安のことをさす。DSM-5の全般不安症／全般性不安障害の症状には含まれない。

⑤正しい。　選択肢①の解説参照。睡眠障害はDSM-5の全般不安症／全般性不安障害の症状に該当する。

【文献情報】
・高橋三郎・大野裕監訳（2014）DSM-5　精神疾患の分類と診断の手引き　p.118-119　医学書院
・加藤敏ら編（2016）縮刷版　現代精神医学事典　p.93，233，450，638　弘文堂

問 53 (配点：1) 　　　【福祉／司法／産業】 　月　日　／　月　日

被害者支援の制度について，正しいものを2つ選べ。

① 被害者支援センターは，法務省が各都道府県に設置している。

② 受刑者の仮釈放審理に当たって，被害者は意見を述べることができる。

③ 財産犯の被害に対して，一定の基準で犯罪被害者等給付金が支給される。

④ 刑事事件の犯罪被害者は，裁判所に公判記録の閲覧及び謄写を求めることができる。

⑤ 日本司法支援センター〈法テラス〉は，被疑者・被告人がしょく罪の気持ちを表すための寄附を受けない。

問53	【司法・犯罪心理学】犯罪被害者支援	肢別解答率					正答率 16.7%	
		[No.1]	①	②	③	④		⑤
		全体	46.6%	21.9%	21.6%	9.5%		0.1%
難易度2	正解：〔No.1〕②，〔No.2〕④	[No.2]	①	②	③	④		⑤
		全体	0.4%	5.5%	11.0%	64.9%		17.7%

①誤　り。　被害者支援センターは公益社団法人や一般社団法人などの民間団体であり，法務省とは関係ない。法務省の所轄で設置されているのは，選択肢⑤にある日本司法支援センター〈法テラス〉である。

②正しい。　更生保護法第38条第1項において，「仮釈放を許すか否かに関する審理を行うに当たり，法務省令で定めるところにより，被害者等（審理対象者が刑を言い渡される理由となった犯罪により害を被った者(以下この項において「被害者」という。)又はその法定代理人若しくは被害者が死亡した場合若しくはその心身に重大な故障がある場合におけるその配偶者，直系の親族若しくは兄弟姉妹をいう。次項において同じ。）から，審理対象者の仮釈放に関する意見及び被害に関する心情（以下この条において「意見等」という。）を述べたい旨の申出があったときは，当該意見等を聴取するものとする。」と規定されている。

③誤　り。　犯罪被害者給付金とは，財産犯ではなく，殺人事件被害者の遺族や障害事件被害者に支給されるものである。根拠法は「犯罪被害者等給付金の支給等による犯罪被害者等の支援に関する法律」である。

④正しい。　犯罪被害者保護法第3条第1項において，「刑事被告事件の係属する裁判所は，第一回の公判期日後当該被告事件の終結までの間において，当該被告事件の被害者等若しくは当該被害者の法定代理人又はこれらの者から委託を受けた弁護士から，当該被告事件の訴訟記録の閲覧又は謄写の申出があるときは，検察官及び被告人又は弁護人の意見を聴き，閲覧又は謄写を求める理由が正当でないと認める場合及び犯罪の性質，審理の状況その他の事情を考慮して閲覧又は謄写をさせることが相当でないと認める場合を除き，申出をした者にその閲覧又は謄写をさせるものとする。」と規定されている。また，少年事件に関しては，少年法第5条の2に同様の規定がある。

⑤誤　り。　法テラスHP「しょく罪寄附のご案内」参照。道路交通法違反や覚せい剤取締法違反などの「被害者のいない刑事事件」や「被害者に対する弁償ができない刑事事件」などの場合に，被疑者・被告人が反省の気持ちを表すために公的な団体等に対して寄附を行うことを「しょく罪寄附」といい，法テラスもその寄附先の1つとなっている。

トラウマや心的外傷後ストレス障害〈PTSD〉に関連するものとして，適切なものを2つ選べ。

① PTSD の生涯有病率は，男性の方が高い。

② PTSD 関連症状に，薬物療法は無効である。

③ 心的外傷的出来事による身体的影響は少ない。

④ 治療開始の基本は，クライエントの生活の安全が保障されていることである。

⑤ 複雑性 PTSD は，複数の，又は長期間にわたる心的外傷的出来事への暴露に関連する，より広範囲の症状を示す。

問54	【福祉心理学】 心的外傷後ストレス障害〈PTSD〉	肢別解答率				正答率89.4%	
		[No.1]	①	②	③	④	⑤
		全体	5.5%	2.5%	2.0%	89.5%	0.4%
難易度1	正解： [No.1] ④， [No.2] ⑤	[No.2]	①	②	③	④	⑤
		全体	0.0%	0.3%	0.1%	7.7%	91.8%

　心的外傷後ストレス障害〈PTSD〉に関連する事項の基本的出題である。本選択肢⑤に関しては，これまでも概念としては提唱されていたものの，DSM-5では記載されておらず難しいかと思われるが，その他の選択肢により容易に解答は導き出せる問題である。

①**不適切。**　心的外傷後ストレス障害〈PTSD〉の生涯有病率は男性より女性の方が高いことが知られているため，PTSDの生涯有病率は男性の方が高いとする本選択肢は不適切である。女性の方が高い要因の1つとして，女性は強姦やドメスティックバイオレンス〈DV〉といった対人暴力などの心的外傷的出来事に曝露される危険性がより高いことが挙げられている。なお，性別を問わないアメリカにおける生涯有病率は約8％前後，日本を含むアジアや欧州，アフリカ，ラテンアメリカなどの国では約1％前後とされている。

②**不適切。**　PTSDに対する薬物療法は，第一選択として選択的セロトニン再取り込み阻害薬〈SSRI〉が推奨されている。また，他の抗うつ薬や非定型抗精神病薬，抗てんかん薬などの治療報告も挙げられている。加えて，必要に応じて抗不安薬を用いることもあるが，その際は依存性に十分留意する必要がある。よって，PTSD関連症状に薬物療法は無効であるとする本選択肢は不適切である。

③**不適切。**　DSM-5の診断基準に記載されている症状として，侵入症状の項には「(3)心的外傷的出来事が再び起こっているように感じる，またはそのように行動する解離症状」「(5)心的外傷的出来事の側面を象徴するまたはそれに類似する，内的または外的なきっかけに対する顕著な生理学的反応」とあり，覚醒度と反応性の著しい変化の項には「(4)過剰な驚愕反応」「(6)睡眠障害」とあり，これらは心的外傷的出来事との関連によって生じるものである。例えば，フラッシュバックに対する動悸や発汗，心的外傷的出来事の後に眠れなくなるなどである。よって，心的外傷的出来事による身体的影響は少ないとする本選択肢は不適切である。

④**適　切。**　PTSDの治療では，その回復を援助していくに当たっては，まず，環境調整と心理教育が重要である。環境調整では，物理的かつ心理的な安全を保障することが肝要となる。例えば，DVによる心的外傷的出来事を受けたクライエントが，加害者と離れるなどであるが，実際は様々な要因ですぐに離れることができないケースもあ

るため，あくまで基本の考え方として押さえておきたい。心理教育では，一般的に心的外傷の出来事により生じた症状は特異な現象ではないこと，体験した出来事への正常な反応であること，一定時間が経過することで自然軽快する可能性がしばしばあること，一定期間が経過しても自然軽快しない場合にはトラウマに焦点を当てた認知行動療法や，眼球運動による脱感作と再処理法〈EMDR〉の実施の検討が望ましいこと，などを伝える。よって，治療開始の基本はクライエントの生活の安全が保障されていることであるという本選択肢は適切である。

⑤**適 切。** 複雑性 PTSD とは，ICD-11 では診断名の１つとなっている。ICD-11 における複雑性 PTSD の心的外傷的出来事は，基本的には，複数回，または長期にわたるものとされている。これは，例えば，長期間にわたって親から暴力を受けていた，何度も配偶者から暴力を振るわれた，などが含まれる。その症状は ICD-11 においては，PTSD の症状（再体験症状，回避症状，持続する現在の脅威）に加えて，新たに感情調節不全，陰性自己概念，対人関係困難の３つから成る自己組織化の困難が示されている。なお，持続する現在の脅威は DSM-5 での過覚醒と驚愕反応のことである。以上より，複雑性 PTSD は，複数の，又は長期間にわたる心的外傷的出来事への暴露に関連する，より広範囲の症状を示すという本選択肢は適切である。

【文献情報】
・下山晴彦ら編（2016）公認心理師必携 精神医療・臨床心理の知識と技法 p.79-81 医学書院
・高橋三郎・大野裕監訳（2014）DSM-5 精神疾患の診断・統計マニュアル p.274-276 医学書院
・子安増生監（2020）公認心理師のための精神医学 精神疾患とその治療 p.85, 86 金芳堂
・加藤隆弘・神庭重信編（2020）公認心理師の基礎と実践㉒［第 22 巻］精神疾患とその治療 p.34-36 遠見書房
・大江美佐里・前田正治（2019）PTSD 関連疾患－DSM-5 との比較を軸に－ p.255-260 精神医学 第 61 巻第 3 号 ICD-11 のチェックポイント 医学書院

問 55 (配点：1)　　　【公認心理師法系】

月　日
月　日

　少年鑑別所が法務少年支援センターという名称を用いて行う地域援助について，正しいものを2つ選べ。

① 公認心理師が，相談を担当する。

② 必要に応じて心理検査や知能検査を実施する。

③ 相談対象は，未成年，その保護者及び関係者に限られる。

④ 学校や関係機関の主催する研修会や講演会に職員を講師として派遣する。

⑤ 個別の相談は，保護観察所内に設置されている相談室で行うことを原則とする。

問 55	【関係行政論】 少年鑑別所	肢別解答率					正答率 53.6%	
		[No.1]	①	②	③	④	⑤	
		全体	10.6%	60.7%	13.4%	15.1%	0.1%	
難易度 1	正解： [No.1] ②， [No.2] ④	[No.2]	①	②	③	④	⑤	
		全体	0.0%	1.7%	2.9%	74.3%	21.0%	

　法務省矯正局による法務少年支援センター地域援助パンフレット（関係機関の方向け）（平成31年4月作成）によると，法務少年支援センターの行っている支援は，「1 能力・性格の調査，2 問題行動の分析や指導方法等の提案，3 御本人や御家族に対する心理相談，4 事例検討会（ケース会議）等への参加，5 研修・講演　6 法教育授業等」であるとされている。**選択肢②は上記1，選択肢④は上記5にあたる**。また，同パンフレット内で，「法務少年支援センターでは，未成年に限らず，成人の方の御相談等にも応じています。」とあるので，選択肢③は誤りである。

　また，令和元年版 子供・若者白書の「参考資料6 主な青少年相談機関の概要」の「少年鑑別所」の欄で，相談に応じる者は「心理臨床の専門家や医師等」とされており，公認心理師に限らないので，選択肢①は誤りである。さらに，同欄で，相談形態について「主として電話相談，来所相談による」とあり，来所相談に限らないので，選択肢⑤は誤りである。

　よって，**正答は②・④である。**

問 56 (配点：1)　　　　【公認心理師法系】　　月　日／月　日

学校保健安全法及び同法施行規則について，正しいものを2つ選べ。

① 通学路の安全点検について，学校は一義的な責務を有する。

② 児童生徒等の健康診断を毎年行うかどうかは，学校長が定める。

③ 学校においては，児童生徒等の心身の健康に関し，健康相談を行う。

④ 市町村の教育委員会は，翌学年度の入学予定者に就学時の健康診断を行う。

⑤ 児童生徒等の健康診断の結果が児童生徒と保護者に通知されるのは，30日以内と定められている。

問56	【関係行政論】 学校保健安全法	肢別解答率				正答率 52.9%	
		[No.1]	①	②	③	④	⑤
		全体	26.5%	1.5%	62.2%	9.4%	0.1%
難易度2	正解： [No.1] ③， [No.2] ④	[No.2]	①	②	③	④	⑤
		全体	0.3%	0.3%	13.1%	65.9%	20.1%

①**誤　り。**　学校保健安全法第27条において，「学校においては，児童生徒等の安全の確保を図るため，当該学校の施設及び設備の安全点検，児童生徒等に対する通学を含めた学校生活その他の日常生活における安全に関する指導，職員の研修その他学校における安全に関する事項について計画を策定し，これを実施しなければならない。」と規定されている。学校が「安全点検」について「一義的」な責務を有しているのは，「当該学校の施設及び設備」に関することであり，通学路に関しては，児童生徒等に対する安全に関する指導の責務を有する。

②**誤　り。**　同法第13条第1項において，「学校においては，毎学年定期に，児童生徒等（通信による教育を受ける学生を除く。）の健康診断を行わなければならない。」とあり，実施するかどうかに関して学校長の裁量は認められていない。

③**正しい。**　同法第8条（健康相談）において，「学校においては，児童生徒等の心身の健康に関し，健康相談を行うものとする。」と規定されている。また，同法第9条（保健指導）において，「養護教諭その他の職員は，相互に連携して，健康相談又は児童生徒等の健康状態の日常的な観察により，児童生徒等の心身の状況を把握し，健康上の問題があると認めるときは，遅滞なく，当該児童生徒等に対して必要な指導を行うとともに，必要に応じ，その保護者……に対して必要な助言を行うものとする。」とあり，「健康上の問題があると認められるとき」は「保健指導」に当たることも合わせて覚えておきたい。

④**正しい。**　同法第11条において，「市（特別区を含む。以下同じ。）町村の教育委員会は，学校教育法第17条第1項の規定により翌学年の初めから同項に規定する学校に就学させるべき者で，当該市町村の区域内に住所を有するものの就学に当たって，その健康診断を行わなければならない。」と規定されている。

⑤**誤　り。**　同法施行規則第9条第1項において，「学校においては，法第13条第1項の健康診断を行ったときは，21日以内にその結果を幼児，児童又は生徒にあっては当該幼児，児童又は生徒及びその保護者（学校教育法（昭和22年法律第26号）第16条に規定する保護者をいう。）に，学生にあっては当該学生に通知する」と規定されている。つまり，30日以内ではなく21日以内である。

問 57 (配点：1)	【公認心理師法系】	月　日
		月　日

　雇用の分野における男女の均等な機会及び待遇の確保等に関する法律〈男女雇用機会均等法〉に規定されているセクシュアル・ハラスメントについて，正しいものを2つ選べ。

① 業務上明らかに不要なことや遂行不可能なことを強制すること

② 異性に対して行われるものであって，同性に対するものは含まないこと

③ 職場において行われる性的な言動により，労働者の就業環境が害されること

④ 業務上の合理性がなく，能力や経験とかけ離れた程度の低い仕事を命じることや仕事を与えないこと

⑤ 職場での性的な言動に対して，労働者が拒否的な態度をとったことにより，当該労働者がその労働条件につき不利益を受けること

158

問57	【関係行政論】 男女雇用機会均等法	肢別解答率					正答率94.3%
		[No.1]	①	②	③	④	⑤
		全体	2.2%	1.1%	95.1%	1.3%	0.2%
難易度1	正解：[No.1] ③， [No.2] ⑤	[No.2]	①	②	③	④	⑤
		全体	0.0%	0.0%	1.6%	1.8%	96.4%

　令和2年6月1日に適用された「事業主が職場における性的な言動に起因する問題に関して雇用管理上講ずべき措置等についての指針（平成18年厚生労働省告示第615号）」において，厚生労働省は，職場におけるセクシュアルハラスメントを「対価型」と「環境型」の2つに区分しており，選択肢③は「環境型」，選択肢⑤は「対価型」の説明である。よって，**正答は③・⑤である。**

　また，同文書内で，「職場におけるセクシュアルハラスメントには，同性に対するものも含まれるものである。」とされていることから，選択肢②は誤りである。

　選択肢①と④は，厚生労働省 令和2年1月15日「事業主が職場における優越的な関係を背景とした言動に起因する問題に関して雇用管理上講ずべき措置等についての指針（令和2年厚生労働省告示第5号）」における，パワーハラスメントの類型の一部で，セクシュアルハラスメントに関するものではないので，誤りである。類型の中で，選択肢①が「過大な要求」，選択肢④が「過小な要求」の説明にあたる。

　同文書ではパワーハラスメントの他の類型として，「身体的な攻撃（暴行・傷害）」「精神的な攻撃（脅迫・名誉毀損・侮辱・ひどい暴言）」「人間関係からの切り離し（隔離・仲間外し・無視）」「個の侵害（私的なことに過度に立ち入ること）」が挙げられている。

問 58 (配点：1) 　　　　　【公認心理師法系】　　月　日／月　日

公認心理師を養成するための実習で学ぶ際に重視すべき事項として，適切なものを2つ選べ。

① 自らの訓練や経験の範囲を超えたクライエントも積極的に引き受けるようにする。

② 実習で実際のクライエントに援助を提供する場合には，スーパービジョンを受ける。

③ 実習で担当したクライエントに魅力を感じた場合には，それを認識して対処するように努める。

④ 業務に関する理解や書類作成の方法を学ぶことよりも，クライエントへの援助技法の習得に集中する。

⑤ クライエントとのラポール形成が重要であるため，多職種との連携や地域の援助資源の活用に注目することは控える。

160

問58	【公認心理師の職責】生涯学習への準備	肢別解答率				正答率 88.0%	
		[No.1]	①	②	③	④	⑤
		全体	3.4%	95.8%	0.5%	0.0%	0.1%
難易度 1	正解： [No.1] ②， [No.2] ③	[No.2]	①	②	③	④	⑤
		全体	0.0%	3.3%	88.1%	7.5%	0.9%

　問題文には「公認心理師を養成するための実習」とあるため，公認心理師資格を取得する以前の大学，大学院での実習における学びについての出題である。このような実習の経験をしていなくても，この問題は常識的な判断，あるいは日本語表現で正答を導き出せる問題である。

①**不適切。**　実習の段階において，自身の訓練や経験の範囲を超えたクライエントを引き受けることは，そのクライエントにとって重大な不利益を生じさせる可能性もあるため，これは不適切である。

②**適　切。**　大学や大学院で外部実習，内部実習でクライエントを担当する場合，そのケースについてスーパービジョンを受けることは必須である。

③**適　切。**　クライエントに魅力を感じた場合に，意識的，無意識的にそのクライエントとの面接時間が長くなる，面接時間以外にもそのクライエントのことを考え続けるなどによって，支援者－クライエント関係以上の感情が支援者に増幅する可能性もある。その場合，いわゆる多重関係に発展してしまう危険性もあり，そのような多重関係はクライエントに不利益を生じさせうる危険性があるため，倫理的に禁止されている。そのようにならないためにも，そのような感情を認識して，対処するように努めることが必要であり，そのためにもスーパービジョンを受けることが重要である。

④**不適切。**　この選択肢のように「○○よりも，○○」という内容の場合，前者も重要な内容であれば，不適切になる可能性が大きい。この選択肢も同様，業務に関する理解や書類作成の方法を学ぶこともちろん重要であるため，比較して，援助方法を習得することが重要とは言えず，どちらも学びには必要なことである。

⑤**不適切。**　この選択肢も④と同様である。クライエントとのラポールの形成も，多職種連携や地域資源の活用もどちらもクライエントの援助には重要である。

問 59 (配点：3)	【事例－その他】	月　日
		月　日

　石けんの香りが机を清潔に保とうとする行動に影響を与えるかについて実験を行った。香りあり条件と香りなし条件を設けて，机の上の消しくずを掃除する程度を指標として検討した。その結果，全体的には香りあり条件と香りなし条件の差が検出されなかったが，尺度で測定された「きれい好き」得点が高い群は，全体として「きれい好き」得点が低い群よりもよく掃除をした。さらに，高い群では香りあり条件と香りなし条件の差は明瞭でなかったが，低い群では，香りあり条件が香りなし条件よりも掃除をする傾向が顕著に観察された。

　この実験の結果の理解として，正しいものを1つ選べ。

① 　交互作用はみられなかった。
② 　実験要因の主効果は有意であった。
③ 　「きれい好き」要因の主効果は有意ではなかった。
④ 　実験要因の主効果と交互作用が有意であった可能性が高い。
⑤ 　「きれい好き」要因の主効果と交互作用が有意であった可能性が高い。

問59	【心理学研究法／心理学実験】結 果		肢別解答率					正答率33.3%
			①	②	③	④	⑤	
難易度2	正解：⑤	全体	8.3%	4.8%	34.4%	18.7%	33.3%	

この問題は2要因計画に関する事例問題である。2つ以上の要因を組み合わせた実験計画のことを要因計画という。この実験では，(1)石けんの香り（あり／なし）要因（実験要因）と，(2)きれい好き得点（高い／低い）要因（「きれい好き」要因）が，それぞれ机の清潔を保とうとする行動（結果）に与える影響を検討している。

結果を整理すると，

・実験要因である石けんの香りあり条件と香りなし条件では机を清潔に保とうとする行動に差が検出されなかった。

・「きれい好き」得点が高い群は，「きれい好き」得点が低い群よりもよく掃除をした。

・「きれい好き」得点が高い群は，石けんの香りあり条件となし条件で机を清潔に保とうとする行動に差が明瞭ではなかった。

・「きれい好き」得点が低い群では，石けんの香りあり条件がなし条件よりもよく掃除をした。

となる。

①誤　り。　交互作用とは，複数の要因の組み合わせによる結果（従属変数）への影響のことを指す。この事例では上記解説にも述べたように，(1)石けんの香り（あり／なし）要因（実験要因）と(2)きれい好き得点（高い／低い）要因の2要因である。事例中には，「きれい好き」得点が「高い群では香りあり条件と香りなし条件の差は明瞭でなかったが，低い群では，香りあり条件が香りなし条件よりも掃除をする傾向が顕著に観察された」とあり，「きれい好き」得点の低群で「石けんの香り」あり条件となし条件で掃除をするという行動に差がみられた。つまり，要因の組み合わせが結果に影響を与えているため，交互作用がみられたと判断できる。

②誤　り。　主効果とは，1つの要因だけで影響する効果のことである。この実験は「石けんの香りが机を清潔に保とうとする行動に影響を与えるか」について行っており，実験要因は「石けんの香り」である。事例中には，「全体的には香りあり条件と香りなし条件の差が検出されなかった」とあるため，実験要因である石けんの香り条件が机を清潔に保とうとする行動，つまり掃除をすることに影響を与えるという結果は得られていないため，主効果が有意であったといえない。

③**誤　り。**　事例中には，「尺度で測定された「きれい好き」得点が高い群は，全体として「きれい好き」得点が低い群よりもよく掃除をした」とあり，「きれい好き」要因だけで「よく掃除をする」という行動に影響を与えているため，主効果は有意であったといえる。

④**誤　り。**　選択肢②の解説参照。実験要因の主効果は有意ではなかったため，この選択肢は誤りである。

⑤**正しい。**　選択肢①と選択肢③の解説参照。

【文献情報】
・豊田秀樹（2017）心理統計法　p.158　放送大学教育振興会

| 問 60 (配点：3) | 【事例－福祉領域】 | 月 日 |
| | | 月 日 |

　15歳の女子A，中学3年生。Aが人の目が怖くて教室に入れないということで，学校からの勧めもあり，公認心理師Bがいる市の相談センターに母親Cから相談申込みの電話があった。Cの話によると，学校ではいじめなどの大きな問題はないが，1か月前から不登校状態が続いているという。母子並行面接ということで受理し，面接を行うことになった。インテーク面接当日，Aは，担当であるBとの面接が始まる際に，Cとの分離に不安を示した。インテーク面接の最中も，Aの緊張は高く，なかなか自分の状態について語ることができなかった。

　Bが行うインテーク面接とその後の初期対応として，最も適切なものを1つ選べ。

① 　AとCとの関係性が面接に影響するため，母子同室面接は行わない。

② 　Aが未成年であるため，Aの在籍校にはAが来所したことを報告する。

③ 　人の目が怖い理由や原因についてAに尋ね，まずはそれを意識化させる。

④ 　面接に期待していることをAに尋ね，Bが最善の努力をすることを伝える。

⑤ 　言語面接が可能である場合，身体に作用するリラクセーション技法は用いない。

問60	【心理的アセスメント】 インテーク面接	肢別解答率					正答率 74.0%
			①	②	③	④	⑤
難易度1	正解：④	全体	9.0%	6.6%	9.1%	74.0%	1.3%

①**不適切。** 事例中の記述に「母子並行面接ということで受理し，面接を行うことになった。インテーク面接の当日，Aは，担当であるBとの面接が始まる際に，Cとの分離に不安を示した。インテーク面接の最中も，Aの緊張は高く，なかなか自分の状態について語ることができなかった。」とある。Aが安心して話せる環境を設定することも検討していくことが必要な状態であるため，「母子同室面接を行わない」と判断して対応することは不適切である。

②**不適切。** Aとその母親Cは学校からの勧めもあって市の相談センターに相談の申込みをしている。そのため，今後，公認心理師Bが学校と連携をする状況は必要と考えられるが，その際には，AやCの同意を得たうえで行うことが求められる。「Aが未成年」という理由で同意を得ずにBが学校に報告することは適切な対応とは言えない。

③**不適切。** 事例中の記述に「インテーク面接の最中も，Aの緊張は高く，なかなか自分の状態について語ることができなかった。」とある。問題文には「Bが行うインテーク面接とその後の初期対応」とあり，このような状態のAに対して，この段階で人の目が怖い理由や原因について尋ねて，意識化させることは時期尚早であり，Aにそれを語ってもらうこと自体が困難である。

④**適 切。** インテーク面接では，まずクライエントの主訴やニーズを把握することから始めることが求められる。そのため，「面接に期待していることをAに尋ね」ることは，適切な対応である。Aの場合，緊張が高く自分の状態について語ることが難しい，Cとの分離に不安を示していることなどから，面接に期待していることもすんなりと答えられない可能性もあるが，Aの期待を聴き，それに対してBが最善の努力をすることを伝えることはAにとっても安心できる可能性があるため，インテーク面接における対応としては，適切と言える。

⑤**不適切。** 事例中の記述に「Aの緊張は高く，なかなか自分の状態について語ることができなかった。」とあることから，言語面接が可能であるか判断が難しい。例え可能であったとしても，緊張が高いクライエントであるため，リラクセーション技法を用いないという判断をこの段階ですることは不適切である。

問 61 (配点：3) 【事例－医療領域】

月　日
月　日

　30歳の男性A，自営業。Aは独身で一人暮らし。仕事のストレスから暴飲暴食をすることが多く，最近体重が増えた。このままではいけないと薄々感じていたAは，中断していたジム通いを半年以内に再開するべきかどうかを迷っていた。その折，Aは健康診断で肥満の指摘を受けた。

　J. O. Prochaska らの多理論統合モデル〈Transtheoretical Model〉では，Aはどのステージにあるか。最も適切なものを1つ選べ。

① 維持期
② 実行期
③ 準備期
④ 関心期（熟考期）
⑤ 前関心期（前熟考期）

問61	【健康・医療心理学】 生活習慣と心の健康	肢別解答率				正答率66.1%	
			①	②	③	④	⑤
難易度1	正解：④	全体	0.5%	1.6%	13.3%	66.1%	18.4%

　J. O. Prochaska らの多理論統合モデルとは，主要な心理療法の諸理論を比較分析し，それらの中心的な要素を取り入れて構築された，心理療法統合の代表的モデルの１つである。この多理論統合モデルの中心的概念に「変容ステージ」がある。変容ステージとは，個人が行動変容する際の態度や意志，行動について６つの時期によって分けたもので，それぞれ「前関心期（前熟考期）」「関心期（熟考期）」「準備期」「実行期」「維持期」「完了期」と呼ばれる。それぞれのステージについては，下図の厚生労働省 HP e-ヘルスネット 行動変容ステージモデル を参照。

　事例中の記述に「このままではいけないと薄々感じていたAは，中断していたジム通いを半年以内に再開するべきかどうか迷っていた」とあり，「６か月以内に行動を変えようと思っている」時期であることから，**選択肢④関心期（熟考期）が適切である。**

図. 行動変容ステージモデル（厚生労働省 HP e-ヘルスネットより）

【文献情報】
　・岩壁茂編（2015）カウンセリングテクニック入門 プロカウンセラーの技法30 臨床心理学増刊第7号 p.146-148 金剛出版

問 62 (配点：3)	【事例－医療領域】	月　日
		月　日

　30歳の女性A，会社員。Aは，精神科病院において入院治療を受けている。20代後半より抑うつエピソードを繰り返していたが，医療機関の受診歴はなかった。入院の1か月ほど前から口数が多くなり，卒業後交流のなかった高校時代の友人たちに電話やメールで連絡を取るようになった。衝動的な買い物が増え，職場での尊大な態度が目立つようになった。心配した家族の支援で入院となり，1か月が経過した。症状は改善しつつあるが，依然として口数は多く，睡眠は不安定である。Aは，仕事を休んでいることへの焦りを主治医に訴えている。

　この時点での公認心理師のAへの支援として，最も適切なものを1つ選べ。

① 障害年金制度について情報を提供する。

② 幼少期の体験に焦点を当てた心理面接を行う。

③ 会社の同僚に対する謝罪の文章をAと一緒に考える。

④ 毎日の行動記録を表に付けさせるなどして，生活リズムの安定を図る。

⑤ Aの同意を得て，復職の時期について職場の健康管理スタッフと協議する。

170

問62	【心理学的支援法】認知行動理論	肢別解答率					正答率86.6%	
			①	②	③	④	⑤	
難易度1	正解：④	全体	1.5%	3.5%	0.2%	86.6%	8.2%	

　事例中の記述にAは「入院の1か月ほど前から口数が多くなり，卒業後交流のなかった高校時代の友人たちに電話やメールで連絡を取るようになった。衝動的な買い物が増え，職場での尊大な態度が目立つようになった。」とある。これらの記述は躁病エピソードの症状に当てはまる。躁病エピソードは，気分の持続的高揚感，易怒性，意欲亢進，自尊心の肥大，睡眠欲求の減少，誇大妄想，多弁，観念奔逸，注意散漫，精神運動焦燥，行為心拍（じっとしていられない），社会的逸脱行動，食欲亢進，性欲亢進等が特徴である。また，Aは「精神科病院において入院治療を受けている」「20歳後半より抑うつエピソードを繰り返していた」ともある。以上より，Aは双極Ⅰ型障害により入院治療を受けているものと考えられる。双極Ⅰ型障害は，抑うつエピソードの有無は関係なく，少なくとも1回の躁病エピソードの存在により定義される。躁病エピソードは，社会的または職業的機能に著しい障害を引き起こしている，あるいは自傷他害のおそれがあり入院を必要とするほど重篤な状態である。入院治療により，Aの症状は改善しつつあるものの，依然として多弁や睡眠の不安定さが残存しており，復職に向けての焦りもうかがえる状態である。

①**不適切。**　Aの「仕事を休んでいることへの焦り」が，金銭的な焦りを指しているかは分からないため，障害年金制度についての話をすることはAのニーズからは離れた支援となってしまうことが考えられる。

②**不適切。**　日本うつ病学会によると，双極性障害の躁病エピソード，抑うつエピソードは寛解するが，再発を繰り返すことによって心理的・社会的な後遺症を引き起こすため，再発予防（維持療法）が重要である。双極性障害の治療の中心は薬物療法であるが，双極性障害の再発防止には，心理教育，集団心理教育，対人関係－社会リズム療法，家族焦点化療法，認知行動療法といった心理社会的治療が有効である。また，本選択肢にあるような幼少期の体験に焦点を当てる精神分析療法や来談者中心療法の有効性は証明されていないため，不適切である。

③**不適切。**　症状が改善しつつある状態で，休業していることへの焦りを感じているAに対して，同僚への謝罪文を考えるという支援はAのニーズに沿っていないと考えられる。また，謝罪文を考える中で，躁状態で起こしたことへの後悔や申し訳なさから抑うつ的になってしまう恐れも考えられるため，公認心理師からこのような提案はすべきでない。

④**適　切**。　選択肢②の解説参照。双極性障害が改善しつつあるAにとって必要な支援は，気分や生活の安定を図ることであり，それが将来的に復職に進んでいくためにも大切である。

⑤**不適切**。　厚生労働省 独立行政法人労働者健康安全機構 2020〜メンタルヘルス対策における職場復帰支援〜 改訂 心の健康問題により休業した労働者の職場復帰支援の手引き Return 3 職場復帰支援の各ステップ において，「＜第2ステップ＞主治医による職場復帰可能の判断」がある。つまり，休業中のAが復職するためには，主治医の許可が必要となる。Aの症状は残存している状態であり，再発のリスクもあるAに対して，主治医抜きで復職について具体的な話を進めていくことは職場復帰支援の流れから逸脱する。然るべき手順を踏んで復職へ向けての支援を行っていくことが大切である。

【文献情報】
・日本うつ病学会 気分障害の治療ガイドライン作成委員会（2020）日本うつ病学会治療ガイドライン Ⅰ．双極性障害 2020 p.14，17

問 63 (配点：3)

【事例－産業領域】

月　日
月　日

　45歳の男性A，市役所職員。Aは上司の勧めで健康管理室を訪れ，公認心理師Bが対応した。Aの住む地域は1か月前に地震により被災し，Aの自宅も半壊した。Aは自宅に居住しながら業務を続け，仮設住宅への入居手続の事務などを担当している。仮設住宅の設置が進まない中，勤務はしばしば深夜に及び，被災住民から怒りを向けられることも多い。Aは「自分の態度が悪いから住民を怒らせてしまう。自分が我慢すればよい。こんなことで落ち込んでいられない」と語る。その後，Aの上司からBに，Aは笑わなくなり，ぼんやりしていることが多いなど以前と様子が違うという連絡があった。

　この時点のBのAへの対応として，最も適切なものを1つ選べ。

① 　Aの上司にAの担当業務を変更するように助言する。

② 　Aの所属部署職員を対象として，ロールプレイを用いた研修を企画する。

③ 　災害時健康危機管理支援チーム〈DHEAT〉に情報を提供し，対応を依頼する。

④ 　Aに1週間程度の年次有給休暇を取得することを勧め，Aの同意を得て上司に情報を提供する。

⑤ 　Aに健康管理医〈産業医〉との面接を勧め，Aの同意を得て健康管理医〈産業医〉に情報を提供する。

174

問63	【健康・医療心理学】災害時等の心理的支援	肢別解答率				正答率94.1%
			①	②	③	④	⑤
難易度1	正解：⑤	全体	0.6%	0.2%	3.8%	1.2%	94.1%

①**不適切。**　Aの上司に担当業務を変更するよう助言する前に，そのことについてAと話し合う必要がある。Aが，現状と今の業務に関して限界を感じ業務変更の意思を持っているか分からない段階で，Aに同意なしに上司に助言するのは公認心理師として不適切な対応である。

②**不適切。**　事例中のAの「自分の態度が悪いから住民を怒らせてしまう」という発言を根拠にBがロールプレイを用いた研修の企画をしていると考えられるが，Aの態度が悪いから住民を怒らせてしまっているかについては，事例からは不明である。また，Aの状態からAの否定的な認知，思い込みによって，このようにAが思っているという可能性も十分考えられる。そのため，この時点でロールプレイを用いた研修を企画することは不適切である。

③**不適切。**　厚生労働省 平成30年3月20日 災害時健康危機管理支援チーム活動要領について において，災害時健康危機管理支援チーム（DHEAT）は，「災害が発生した際に，被災都道府県の保健医療調整本部及び被災都道府県等の保健所が行う，被災地方公共団体の保健医療行政の指揮調整機能等を応援するため，専門的な研修・訓練を受けた都道府県等の職員により構成する応援派遣チームをいう。その主な業務は，災害発生時の健康危機管理に必要な情報収集・分析や全体調整などが円滑に実施されるよう，被災都道府県の保健医療調整本部及び被災都道府県等の保健所を応援することである。」（p.2）と定義されている。つまり，DHEATは各職員のメンタルヘルスケアなどの実務が役割ではないため，不適切である。

④**不適切。**　事例中，Aは「自分が我慢すればよい。こんなことで落ち込んでいられない」と語っている。また，後日，上司からの連絡では，「Aは笑わなくなり，ぼんやりしていることが多いなど以前と様子が違う」ともある。これらの情報からAは休みたいという気持ちを持っていないとも受け取れるが，上司からの情報では，休息も必要な状態とも受け取れる。Aの気持ちも重要であるが，Aの状態を悪化させないためにもAに休暇の取得を勧める場合，Aは市役所職員という公務員の立場であるため，年次有給休暇を取得するという方法よりも，病気休暇を取得する方法が優先される。この選択肢にあるような1週間程度の休暇の場合，医師の診断書が必要になる場合が多いため，まずは，医師との面接を勧めることが対応として適切である。

⑤**適　切**。　厚生労働省 職場における心の健康づくり～労働者の心の健康の保持増進の
ための指針～ ラインによるケアとしての取組み内容 において，「ラインによるケアで
大切なのは，管理監督者が『いつもと違う』部下に早く気付くことです。『いつもと違
う』という感じをもつのは，部下がそれまでに示してきた行動様式からズレた行動を
するからです。それまで遅刻をしたことなどなかった部下が遅刻を繰り返したり，無
断欠勤をしたりするようになった状態です。」(p.16) とある。さらに,「『いつもと違う』
部下に対しては，管理監督者は職務上何らかの対応をする必要があります。また，そ
の背後に病気が隠れている可能性があるので，病気でないことを確認する必要もあり
ます。しかし，病気の判断は管理監督者にはできません。これは，産業医もしくはそれ
にかわる医師の仕事です。ですから，管理監督者が『いつもと違う』と感じた部下の話
を聴き，産業医のところへ行かせる，あるいは管理監督者自身が産業医のところに相
談に行く仕組みを事業場の中に作っておくことが望まれます。事業場によっては，保
健師，看護師，心理相談担当者，公認心理師，産業カウンセラーまたは臨床心理士が産
業医との仲介役を果たす形をとることもありえます。このように，『いつもと違う』部
下への気付きと対応は，心の健康問題の早期発見・早期対応として，きわめて重要な
ことです。」（p.17）とある。以上から，Aへの対応として，この選択肢が適切である。

問 64 (配点：3)　　　【事例－医療領域】

1歳半の男児A。母親BがAの高熱とけいれん発作を訴えて，病院に来院し，Aは入院することとなった。これまでに複数の病院に通院したが，原因不明とのことであった。Bは治療に協力的で献身的に付き添っていたが，通常の治療をしてもAは回復しなかった。Bは片時もAから離れずに付き添っていたが，点滴管が外れたり汚染されたりといった不測の事態も生じた。ある日突然，Aは重症感染症を起こし重篤な状態に陥った。血液検査の結果，大腸菌など複数の病原菌が発見された。不審に思った主治医がBの付き添いを一時的に制限すると，Aの状態は速やかに回復した。

Aの状態と関連するものとして，最も適切なものを1つ選べ。

① 医療ネグレクト

② 乳児突然死症候群

③ 乳幼児揺さぶられ症候群

④ 反応性アタッチメント障害

⑤ 代理によるミュンヒハウゼン症候群

178

問64	【精神疾患とその治療】成人のパーソナリティ及び行動の障害（F6）		肢別解答率				正答率81.6%
			①	②	③	④	⑤
難易度1	正解：⑤	全体	12.3%	0.3%	3.2%	2.5%	81.6%

①**不適切。** 厚生労働省 医療ネグレクトにより児童の生命・身体に重大な影響がある場合の対応について（平成24年3月9日雇児総発0309第2号厚生労働省雇用均等・児童家庭局総務課長通知）によれば，医療ネグレクトとは，保護者が児童に必要とされる医療を受けさせない行為のことを指す。本事例において，母親Bは男児Aの治療に協力的であるため，医療ネグレクトはAの状態と関連するものとして不適切である。

②**不適切。** 乳児突然死症候群（SIDS：sudden infant death syndrome）とは，乳幼児突然死症候群やベビーベッド死などとも呼ばれ，通常1歳未満の乳児が睡眠中に予期せず，原因不明により突然死することをいう。リスク要因として，男児，未熟児，受動喫煙，うつぶせ寝などが挙げられている。本事例のAの状態との関連は見受けられないため，不適切である。

③**不適切。** 厚生労働省雇用均等・児童家庭局総務課 子ども虐待対応の手引き（平成25年8月改正版）において，乳幼児揺さぶられ症候群（シェイクン・ベビー・シンドローム）は，「子どもの頭部が，暴力的に揺さぶられることによって，回転性の著しい加速と減速が繰り返されることにより生じる頭部外傷である。その結果，嘔吐，意識混濁，けいれん，呼吸困難・呼吸停止などの症状を呈し，重篤な場合は死に至る。重篤な場合には短時間で症状が出ることが多いが，中には半日以上経過して症状が出現することもある。後遺症として，視力低下，失明，知的障害，四肢麻痺などが残り，子どもへ医療ケアや療育訓練の必要性が生じる場合もある。」（p.265）とある。よって，本事例のAの状態との関連は見受けられないため，不適切である。

④**不適切。** 反応性アタッチメント障害／反応性愛着障害とは，DSM-5において，「心的外傷およびストレス因関連障害群」に分類される。特徴の1つとして，大人の養育者に対して非常に警戒的な態度がみられる。これは，恐怖等の感情の発生に関連する扁桃体が傷つくことにより，常に警戒態勢となっているためと考えられている。本事例において，Aに上述のような様子は確認できないため，Aの状態と関連するものとして不適切である。なお，反応性アタッチメント障害と同様，心的外傷およびストレス因関連障害群の中に脱抑制型対人交流障害が分類されているが，こちらは，見慣れない大人に対しても無警戒で近づく，過度に馴れ馴れしい言動を取るといった特徴をもつ。反応性アタッチメント障害も脱抑制型対人交流障害も，親などから不適切な養育（マルトリートメント）を受けることによって発症することがあるため，併せて押さえておきたい。

⑤**適　切。**　ミュンヒハウゼン症候群とは，身体的・精神的症状がないにも関わらず，周囲の関心を集めるために，病気や障害を負っているとの虚偽の報告をするものである。DSM-5では，身体症状症および関連症群に含まれ，作為症〈虚偽性障害〉とよばれる。また，周囲の関心を集めるために，自分の子どもを病気に仕立て上げるような場合，代理ミュンヒハウゼン症候群，DSM-5では他者に負わせる作為症〈代理人による虚偽性障害〉と呼ばれる。厚生労働省雇用均等・児童家庭局総務課　子ども虐待対応の手引き（平成25年8月改正版）によれば，**代理ミュンヒハウゼン症候群は「両親または養育者によって，子どもに病的な状態が持続的に作られ，医師がその子どもにはさまざまな検査や治療が必要であると誤診するような，巧妙な虚偽や症状の捏造によって作られる子ども虐待の特異な形」**（p.268）との記載がなされている。本事例では，母親Bが片時も離れずに付き添っている際には，男児Aは治療をしても回復せず，加えて点滴管が外れたり汚染されたりという不測の事態が生じていた。しかし，Bの付き添いが一時的に制限された際には，Aの状態は速やかに改善しているため，BがAを献身的に看病する姿を見せているふりをして，Aが病気になるような何らかの行動をしていた可能性が想定される。以上より，Aの状態と関連するものとして代理によるミュンヒハウゼン症候群が最も適切である。

【文献情報】
・高橋三郎・大野裕監訳（2014）DSM-5　精神疾患の分類と診断の手引き　p.137-139，158，159 医学書院
・友田明美（2017）マルトリートメントに起因する愛着形成障害の脳科学的知見　p.31 予防精神医学
・松崎朝樹（2020）精神診療プラチナマニュアル第2版　p.90 メディカル・サイエンス・インターナショナル
・加藤敏ら編（2016）縮刷版 現代精神医学事典　p.793 弘文堂

| 問 65 (配点：3) | 【事例－司法領域】 | 月　日
月　日 |

9歳の男児A，小学3年生。Aは，学校でけんかした級友の自宅に放火し，全焼させた。負傷者はいなかった。Aはこれまでにも夜間徘徊で補導されたことがあった。学校では，座って授業を受けることができず，学業成績も振るわなかった。他児とのトラブルも多く，養護教諭には，不眠や食欲不振，気分の落ち込みを訴えることもあった。Aの家庭は，幼少期に両親が離婚しており，父親Bと二人暮らしである。家事はAが担っており，食事は自分で準備して一人で食べることが多かった。時折，Bからしつけと称して身体的暴力を受けていた。

家庭裁判所の決定により，Aが入所する可能性が高い施設として，最も適切なものを1つ選べ。

① 自立援助ホーム

② 児童自立支援施設

③ 児童心理治療施設

④ 児童発達支援センター

⑤ 第三種少年院（医療少年院）

問65	【関係行政論】家庭裁判所	肢別解答率					正答率48.5%	
			①	②	③	④	⑤	
難易度1	正解：②	全体	0.2%	48.5%	46.7%	0.9%	3.5%	

この事例では，小学3年生の9歳の男児Aが級友宅に放火し，全焼させている。つまり，この年齢における家庭裁判所の決定として，どの施設に送致するのが最も適切かを選択する問題となっている。

家庭裁判所では，犯罪少年（罪を犯した14歳以上20歳未満の少年），触法少年（刑罰法令に触れる行為をしたが，その行為の時14歳未満であったため，法律上，罪を犯したことにならない少年），ぐ犯少年（20歳未満で，保護者の正当な監督に従わないなどの不良行為があり，その性格や環境からみて，将来罪を犯すおそれのある少年）による少年事件を取扱う。9歳のAは触法少年に当たる。

また，触法少年及び14歳未満のぐ犯少年については，児童福祉法上の措置が優先される。保護者のない児童又は保護者に監護させることが不適当であると認められる児童を発見した者は，これを市町村，都道府県の福祉事務所又は児童相談所に通告しなければならない（児童福祉法第25条）。家庭裁判所は，都道府県知事又は児童相談所長から送致を受けたときに限り，その少年を審判に付することができる。よって，Aは都道府県知事又は児童相談所長より送致され，家庭裁判所による調査や審判を経て，処分が決定したことがわかる。そして，Aは選択肢にあるいずれかの施設に入所する可能性があることから，家庭裁判所は保護処分の決定を下したことが推測される。

保護処分には，保護観察，児童自立支援施設・児童養護施設送致，少年院送致の3種類がある。保護観察は，「少年が保護観察官や保護司の指導・監督を受けながら社会内で更生できると判断された場合」（裁判所HP　少年事件の処分について）に付されるが，Aが起こした事件の重大さやAの家庭状況から考えると，保護観察は適当ではない。また，少年院送致に関しても入所可能な下限の年齢は「おおむね12歳以上」であるため，9歳のAは該当しない。そのため，Aに対する保護処分としては，児童自立支援施設・児童養護施設送致が適切である。よって，**正答は②である**。

①**不適切**。　自立援助ホームとは，児童福祉法第6条の3，児童福祉法第33条の6「児童自立生活援助事業」として第2種社会福祉事業に位置付けられている施設である。対象は義務教育を終了した満20歳未満の児童等や，大学等に在学中で満22歳になる年度の末日までにある者（満20歳に達する日の前日に自立援助ホームに入居していた者に限る）である。児童養護施設等を退所したもの又はその他の都道府県知事が必要と認めたものに対し，共同生活を営む住居において，相談その他の日常生活上の援助，生活指導，就業の支援等が行われる。

②**適　切。**　児童自立支援施設とは，児童福祉法第44条に定められた児童福祉施設の1つである。不良行為を行う，又は行うおそれのある児童及び家庭環境その他の環境上の理由により生活指導等を要する児童を入所対象とする施設である。通所，家庭環境の調整，アフターケアといった機能を有しつつ，非行ケースへの対応や，他の施設で対応が難しくなったケースの受け皿としての役割を果たす。少年法に基づく家庭裁判所の保護処分等により入所する場合もある。

③**不適切。**　児童心理治療施設とは，児童福祉法第43条の2に定められた児童福祉施設の1つである。家庭環境，学校における交友関係その他の環境上の理由により社会生活への適応が困難となった児童を，短期間，入所させ，又は保護者の下から通わせて，社会生活に適応するために必要な心理に関する治療及び生活指導を主として行い，あわせて退所した者について相談その他の援助を行うことを目的とする施設である。

④**不適切。**　児童発達支援センターとは，児童福祉法第43条に定められた児童福祉施設の1つである。地域の障害のある児童を通所させて，日常生活における基本的動作の指導，自活に必要な知識や技能の付与または集団生活への適応のための訓練を行う施設である。福祉サービスを行う「福祉型」と，福祉サービスに併せて治療を行う「医療型」がある（同法第43条の1，および2）。

⑤**不適切。**　第三種少年院（医療少年院）とは，少年院法第4条の3に定められた少年院の1つである。少年院は，家庭裁判所から保護処分として送致された少年に対し，その健全な育成を図ることを目的として矯正教育，社会復帰支援等を行う法務省所管の施設である。第三種少年院は，保護処分の執行を受ける者であって，心身に著しい障害があるおおむね12歳以上26歳未満の者を対象とし，専門的に医療が行われる。

【文献情報】
・裁判所 HP　少年事件　処分の種類

　13歳の男子A，中学1年生。Aの学校でのテストの成績は中程度よりもやや上に位置している。試験に対しては出題される範囲をあらかじめ学習し，試験に臨む姿もよくみられる。しかし，その試験を乗り切ることだけを考え，試験が終わると全てを忘れてしまう質の低い学習をしているように見受けられる。勉強に対しても，ただ苦痛で面白くないと述べる場面が目につき，学習した内容が知識として定着していない様子も観察される。

　現在のAの状況の説明として，最も適切なものを1つ選べ。

① リテラシーが不足している。

② メタ記憶が十分に発達していない。

③ 深化学習や発展学習が不足している。

④ 機械的暗記や反復練習が不足している。

⑤ 具体的操作期から形式的操作期へ移行できていない。

問66	【教育・学校心理学】学習方略		肢別解答率					正答率 78.6%	
			①	②	③	④	⑤		
難易度1	正解：③	全体	11.7%	6.2%	78.6%	1.1%	2.4%		

　事例のAのような試験が終わると全てを忘れてしまうような質の低い学習を「ごまかし勉強」と呼ぶ。ごまかし勉強では，深化学習や発展学習をあまり行わず，機械的暗記と反復練習による勉強に頼ることになるため，試験が終わると忘れ，勉強が楽しいと思えないことが多くなる。以上から，**正答は③**である。

①**不適切。**　リテラシーとは識字，文章を読み書きする能力のことを指す。これは生活や学習を支える基礎となる能力である。事例中の記述には「Aの学校での成績は中程度よりもやや上に位置している。」とあり，リテラシーが不足しているとは言えない。

②**不適切。**　メタ記憶とは，ある物事について覚えている，あるいは覚えていないという認識や，自分がどの程度覚えられるのか，ある物事を覚えるためにはどうしたらいいといったことなど，記憶についての知識のことを指す。Aは「成績は中程度よりもやや上」で「試験に対しては出題される範囲をあらかじめ学習し，試験に臨む」とあり，どれくらいの量（範囲）ならどのくらいの時間で覚えられるか，といったことが分かっていなければ，中程度よりやや上の成績を取ることは難しいと考えられる。そのため，メタ記憶が十分に発達していないとは言い難い。

③**適　切。**　深化学習とは，新しい学習内容を学ぶときに，その用語や概念の意味を理解したり，その用語に関連する知識を体系的に把握したり，これまでの知識との関係を理解したりすることを指す。また，発展学習とは，与えられた知識について，その知識が活用できる場面について考えたり，異なる分野の概念との関係について考えたり，その知識に関して生じた疑問について明らかにするような学習行動を指す。Aの状況としては，深化学習や発展学習が不足していることは明らかであるため，適切である。

④**不適切。**　機械的暗記や反復練習はその言葉通り，その用語や概念の意味について理解することなく，とにかく繰り返し学習をして覚えようとする学習である。Aの状況はこれらが不足しているのではなく，これらの学習方法を多用しているため，不適切である。

⑤**不適切。**　具体的操作期や形式的操作期はJ. Piagetが提唱した発達理論の第3段階と第4段階である。6・7歳～11・12歳頃までの具体的操作期は，直接目で見ることができたり，手で触ったりすることができる具体的な事柄や，イメージすることができる事柄について理解できる段階で，11・12歳以降の形式的操作期になると，具体的な現実から離れて，言葉や記号などを用いて抽象的，仮説的，論理的な思考が可能に

なる。数学の証明のように,「AはBである。BはCである。よってAはCである」といった命題的思考や「もし〜ならば,〜である」といった仮説演繹的思考が可能になる。Aがテストの成績で中程度よりもやや上に位置するためには,このような思考ができていることも必要になる。そのため,「移行ができていない」とは言い難いため,不適切である。

【文献情報】
・中澤潤編(2008)よくわかる教育心理学 p.47, 62, 63 ミネルヴァ書房

問 67 (配点：3)	【事例－司法領域】	月　日
		月　日

　21歳の男性A。Aは実母Bと二人暮らしであった。ひきこもりがちの無職生活を送っていたが，インターネットで知り合った人物から覚醒剤を購入し，使用したことが発覚して有罪判決となった。初犯であり，BがAを支える旨を陳述したことから保護観察付執行猶予となった。

　保護観察官がAに対して行う処遇の在り方として，最も適切なものを1つ選べ。

① 　自助の責任を踏まえつつ，Aへの補導援護を行う。

② 　Bに面接を行うことにより，Aの行状の把握に努める。

③ 　Aが一般遵守事項や特別遵守事項を遵守するよう，Bに指導監督を依頼する。

④ 　改善更生の在り方に問題があっても，Aに対する特別遵守事項を変更することはできない。

⑤ 　就労・覚醒剤に関する特別遵守事項が遵守されない場合，Aへの補導援護を行うことはできない。

190

問67	【司法・犯罪心理学】 保護観察制度		肢別解答率			正答率46.1%	
			①	②	③	④	⑤
難易度1	正解：①	全体	46.1%	16.9%	23.5%	1.6%	11.8%

①**適 切**。　更生保護法第49条（保護観察の実施方法）第1項において，「保護観察は，保護観察対象者の改善更生を図ることを目的として，第57条及び第65条の3第1項に規定する指導監督並びに第58条に規定する補導援護を行うことにより実施するものとする。」とある。また同法58条において，補導援護の方法とは，「保護観察における補導援護は，保護観察対象者が自立した生活を営むことができるようにするため，その自助の責任を踏まえつつ，次に掲げる方法によって行うものとする。1　適切な住居その他の宿泊場所を得ること及び当該宿泊場所に帰住することを助けること。2　医療及び療養を受けることを助けること。3　職業を補導し，及び就職を助けること。4　教養訓練の手段を得ることを助けること。5　生活環境を改善し，及び調整すること。6　社会生活に適応させるために必要な生活指導を行うこと。7　前各号に掲げるもののほか，保護観察対象者が健全な社会生活を営むために必要な助言その他の措置をとること。」となっている。よって，保護観察付執行猶予のAに対する保護観察官の処遇の在り方としては，選択肢①が適切である。

②**不適切**。　同法第57条（指導監督の方法）第1項において，「保護観察における指導監督は，次に掲げる方法によって行うものとする。1　面接その他の適当な方法により保護観察対象者と接触を保ち，その行状を把握すること。」とあるため，Aの実母Bに面接を行うことによるのではなく，A本人に面接を行うことにより，行状の把握に努める。

③**不適切**。　遵守事項とは，保護観察対象者が保護観察期間中に遵守しなければならない事項である。保護観察対象者に共通して更生保護法第50条で定められている**一般遵守事項**と，個々の対象者の状況に応じて，改善・更生のために必要と認められる範囲内で更生保護法第51条に定められる**特別遵守事項**に分類される。同法第57条第1項第2号において，「保護観察対象者が一般遵守事項及び特別遵守事項（以下『遵守事項』という。）を遵守し，並びに生活行動指針に即して生活し，及び行動するよう，必要な指示その他の措置をとること。」とある。また，同法第61条（保護観察の実施者）第1項において，「保護観察における指導監督及び補導援護は，保護観察対象者の特性，とるべき措置の内容その他の事情を勘案し，保護観察官又は保護司をして行わせるものとする。」とあり，実母Bに指導監督を依頼するのではなく，指導監督及び補導援護は保護観察官又は保護司が行う。

④**不適切。**　同法第 52 条（特別遵守事項の設定及び変更）第 6 項において，「保護観察所の長は，前項の場合のほか，保護観察付執行猶予者について，法務省令で定めるところにより，当該保護観察所の所在地を管轄する地方裁判所，家庭裁判所又は簡易裁判所に対し，定めようとする又は変更しようとする特別遵守事項の内容を示すとともに，必要な資料を提示して，その意見を聴いた上，特別遵守事項を定め，又は変更することができる。ただし，当該裁判所が不相当とする旨の意見を述べたものについては，この限りでない。」とある。Aの改善更生に問題がある場合，Aの改善更生に特に必要と認められる範囲で具体的に変更することができる。

⑤**不適切。**　同法第 51 条（特別遵守事項）第 2 項において，「特別遵守事項は，次条に定める場合を除き，第 52 条の定めるところにより，これに違反した場合に第 72 条第 1 項，刑法第 26 条の 2，第 27 条の 5 及び第 29 条第 1 項並びに少年法第 26 条の 4 第 1 項に規定する処分がされることがあることを踏まえ，次に掲げる事項について，保護観察対象者の改善更生のために特に必要と認められる範囲内において，具体的に定めるものとする。」とある。この中の刑法第 26 条の 2 第 1 項において，「次に掲げる場合においては，刑の全部の執行猶予の言渡しを取り消すことができる。」とあり，同条同項第 2 号において，「保護観察に付せられた者が遵守すべき事項を遵守せず，その情状が重いとき。」とある。つまり，遵守事項を保護観察対象者が遵守しない場合，保護観察付執行猶予者であれば執行猶予の取消しの処分がとられることがある。

193

問 68 (配点：3)	【事例－産業領域】	月　日
		月　日

32歳の女性A，会社員。Aは，感情の不安定さを主訴に社内の心理相談室に来室し，公認心理師Bが面接した。職場で良好な適応状況にあったが，2か月前から動悸をしばしば伴うようになった。その後，異動してきた上司への苛立ちを強く自覚するようになり，ふとしたことで涙が出たり，これまで良好な関係であった同僚とも衝突することがあった。最近では，緊張して発汗することがあり，不安を自覚するようになった。

Bが優先的に行うべきAへの対応として，最も適切なものを1つ選べ。

① 休職を勧める。
② 瞑想を教える。
③ 認知行動療法を勧める。
④ 医療機関の受診を勧める。
⑤ カウンセリングを導入する。

問 68	【精神疾患とその治療】 精神科等医療機関へ紹介すべき症状	肢別解答率				正答率 74.7%	
			①	②	③	④	⑤
難易度 1	正解：④	全体	0.1%	0.5%	4.6%	74.7%	19.9%

　まず，選択肢②，③，⑤（特に③と⑤）はほぼ同様の選択肢であることに気付いただろうか。選択肢③の認知行動療法は，選択肢⑤のカウンセリング（心理療法）の一つの方法であるため，選択肢⑤が正解になれば，選択肢③も正解になってしまう。また，選択肢②瞑想も認知行動療法のマインドフルネス心理療法などで取り入れられているため，同様である。そのため，この時点で選択肢②，③，⑤は消える。

　事例中の記述にAは「2か月前から動悸をしばしば伴う」とある。このように動悸や頭痛などの身体症状が発現している場合には，他の身体疾患（心臓疾患，脳疾患等）に罹患している可能性を捨てきれないため，事例中の情報だけでAの状態について判断をすることは控えるべきである。また，事例中には「上司への苛立ちを強く自覚するようになり，ふとしたことで涙が出たり，これまで良好な関係であった同僚とも衝突することがあった。最近では，緊張して発汗することがあり，不安を自覚するようになった。」との記述もある。これらの情報からAは，不安や苛立ちを感じる，感情のコントロールができなくなる，自律神経症状（動悸，発汗）が見られるという症状を伴ううつ病に罹患している可能性も考えられる。そのため，まずは医療機関を受診し，他の身体疾患や統合失調症の除外をした後で，主治医と連携を図りながら心理療法を実施する必要があるため，**正答は④である。**

　また，選択肢①についても，Aが医療機関を受診後，休職が必要な状態であれば，主治医から診断書等を出してもらうため，この事例の段階で休職を勧めるという判断も性急である。

問 69 (配点：3)　　　　【事例―医療領域】　　月　日　／月　日

　16歳の女子A，高校1年生。Aは，食欲不振，るい瘦のため1週間前から入院中である。高校に入学し，陸上部に入部した後から食事摂取量を減らすようになった。さらに，毎朝6時から走り込みを始めたところ，4か月前から月経がなくなり，1か月前から倦怠感を強く自覚するようになった。入院後も食事摂取量は少なく，「太ると良い記録が出せない」と食事を摂ることへの不安を訴える。中学校までは適応上の問題は特になく，学業成績も良好であった。自己誘発嘔吐や下剤の乱用はない。身長は159cm，体重は30kg，BMIは11.9である。

　公認心理師のAへの支援として，不適切なものを1つ選べ。

① 食事へのこだわりを外在化する。

② Aの家族に治療への参加を促す。

③ 部活動への葛藤について傾聴する。

④ 栄養士の助力を得て食事日記を付けることを勧める。

⑤ 点滴を受けて，栄養状態を速やかに改善するように勧める。

問69	【精神疾患とその治療】生理的障害及び身体的要因に関連した行動症候群（F5）	肢別解答率				正答率51.4%
		①	②	③	④	⑤
難易度1	正解：⑤	全体 31.2%	4.8%	4.1%	8.3%	51.4%

　本事例は，神経性やせ症／神経性無食欲症が疑われる事例である。事例中にAの情報として「高校に入学し，陸上部に入部した後から食事摂取量を減らすようになった。さらに，毎朝6時から走り込みを始めたところ，4か月前から月経がなくなり」「身長は159cm，体重は30kg，BMIは11.9である」との記述がある。これは，DSM-5における神経性やせ症／神経性無食欲症の診断基準A「必要量と比べてカロリー摂取を制限し，年齢，性別，成長曲線，身体的健康状態に対する有意に低い体重に至る。」に該当する。また，事例中の「入院後も食事摂取量は少なく，『太ると良い記録が出せない』と食事を摂ることへの不安を訴える」との記述は，診断基準B「有意に低い体重であるにもかかわらず，体重増加または肥満になることに対する強い恐怖」およびC「現在の低体重の深刻さに対する認識の持続的欠如」に該当すると考えられる。なおかつ，自己誘発性嘔吐や下剤の乱用はない。Aの非常に低いBMI値から，現在の重症度は最重度（成人だとBMI<15 kg/㎡未満）といえる。

　以上より，この事例は神経性やせ症／神経性無食欲症の摂食制限型，最重度が疑われるAに対する公認心理師の支援として，不適切なものを選ぶという問題である。最重度のケースであるため，何よりも体重を増加させていくという視点が必要であるが，問題文は「公認心理師がまず行う対応として」といった問われ方がされておらず，このように支援の時系列については問われていないことも解答する上で重要となる。

①適　切。　外在化とは，自分の悩んでいることや心の状態を客観的に観察することができるようになることをいう。例えば，ケース・フォーミュレーションを行う際，問題がどのように形成・維持されているのかを図式化してクライエントと共有することがある。このような過程を通して問題の外在化が可能となる。神経性やせ症のケースでは，どのような行動が生活の支障となっているのか，クライエントに食生活に関することや日々の生活について記入してもらい，改善点や問題点を共有した上で，課題に取り組むことも有効な支援の1つである。よって，公認心理師のAへの支援として，食事へのこだわりを外在化することは適切である。

②適　切。　神経性やせ症に関する心理療法として，家族療法や再養育療法などが挙げられている。家族療法では，家族のクライエントへの態度やクライエントの食生活への援助に着目し，機能不全に陥っている家族の関係をより健全な関係へと変容させていくことを目指す。再養育療法では，クライエントがどのようなことを求めているの

か，母が察して対応したり，クライエントの身体を洗うなど，親子の情緒的な交流を重要視して促す。これらは家族が参加する心理療法である。よって，公認心理師のAへの支援として，Aの家族に治療への参加を促すことは適切である。

③**適　切。**　Aは陸上部へ入部した後から食事を減らしており，また「太ると良い記録が出せない」とも訴えている。そのため，何かしら部活動への葛藤を抱いている可能性が疑われ，それを傾聴することは公認心理師の関わりとして適切である。特に，神経性やせ症のケースでは治療に対する動機づけが低いことが多く，関わる治療者との関係構築は動機づけの重要な要因の1つである。

④**適　切。**　選択肢①の解説で記述したように，**食事日記などを付けることは問題の外在化を可能とする。**そのため，食事日記はクライエントと支援者の間で問題や改善点を共有し，課題に取り組みやすくなることを可能にする。よって，公認心理師のAへの支援として，栄養士の助力を得て食事日記を付けることを勧めることは適切である。

⑤**不適切。**　本事例はAの身長，体重，BMIなどにより，神経性やせ症の最重度が疑われるケースであるため，体重や栄養状態の改善という視点およびアセスメントは非常に重要である。しかし，点滴等は医療行為であるため，それらを最終的に実施するかどうか判断するのは医師の役割である。事例において医師がどのような判断をしているかは不明であるため，公認心理師がAに点滴を受けるよう勧めるのは不適切である。なおかつ，**最重度の状態の場合，再栄養症候群（refeeding syndrome）の危険性に**も**留意する必要がある。再栄養症候群とは，**本事例のように重度の痩せ状態であるところに急に多くの栄養を摂取すると，**低リン血症が生じ，けいれんや心停止などが起**こることをいう。つまり，痩せているからといって体重や栄養状態を回復させようと，急に多くの栄養を摂取させるのは多大なリスクを伴う。そのため，血液検査や心電図をチェックしながら少しずつ栄養を摂取させていくことが必要となる。よって，本選択肢の，栄養状態を速やかに改善するように勧めるという部分からも不適切となる。

【文献情報】
・加藤敏ら編（2016）縮刷版　現代精神医学事典　p.119，125　弘文堂
・姫井昭男（2019）［第4版］精神科の薬がわかる本　p.93-95　医学書院
・下山晴彦監（2017）臨床心理フロンティアシリーズ　認知行動療法入門　p.38，39　講談社
・下山晴彦編（2016）公認心理師必携　精神医療・臨床心理の知識と技法　p.88，89　医学書院
・加藤隆弘・神庭重信編（2020）公認心理師の基礎と実践㉒［第22巻］精神疾患とその治療　p.129-132　遠見書房
・下山晴彦ら編（2019）公認心理師技法ガイド　p.583　文光堂
・子安増生監（2020）公認心理師のための精神医学　精神疾患とその治療　p.91-93　金芳堂

198

問 70 (配点：3) 　　　【事例－医療領域】　　　月　日／月　日

　72歳の男性A。Aは，高血圧症で通院している病院の担当医に物忘れが心配であると相談した。担当医の依頼で公認心理師Bが対応した。Aは，1年前より徐々に言いたいことがうまく言葉に出せず，物の名前が出てこなくなった。しかし，日常生活に問題はなく，趣味の家庭菜園を楽しみ，町内会長の役割をこなしている。面接時，軽度の語健忘はみられるが，MMSEは27点であった。2か月前の脳ドックで，頭部MRI検査を受け，軽度の脳萎縮を指摘されたという。

　BのAへの助言として，不適切なものを1つ選べ。

① 高血圧症の治療を続けてください。

② 栄養バランスのとれた食事を心がけてください。

③ 運動習慣をつけて毎日体を動かすようにしてください。

④ 生活習慣病の早期発見のために定期的に健診を受けてください。

⑤ 認知症の予防に有効なお薬の処方について，医師に相談してください。

問 70	【福祉心理学】 包括的アセスメント		肢別解答率				正答率 65.7%
			①	②	③	④	⑤
難易度 1	正解：⑤	全体	6.7%	1.4%	9.0%	17.0%	65.7%

　この事例は認知症の疑いがある症例について，事例中の情報や MMSE の得点から判断し，どのような助言が適切かを選択する問題である。

　MMSE（Mini Mental State Examination）は，1975 年に M. F. Folstein らによって作成された簡便な認知症のスクリーニング・テストである。言語性検査（時間・場所の見当識，復唱など）と動作性検査（図形の模写，指示に従って動作を行うなど）の11 項目からなる。検査時間が 10 分程度であり，またその実施・採点が簡便であるため，認知症の疑いを判断する国際的に有用なスクリーニング検査として多く利用されている。認知症疾患診断ガイドラインにおいて，30 点満点中，カットオフ値は 23/24 に設定されており，23 点以下であれば認知症が疑われる。事例中の情報では A の MMSE は 27点であり，この値から即座に認知症を疑うことはできない。A は「1 年前より徐々に言いたいことがうまく言葉に出せず，物の名前が出てこなくなった」と軽度の語健忘が見られたり，MRI 検査での軽度の脳萎縮といった所見はあるものの，日常生活に問題はなく，趣味や町内会長の役割もこなしていることから，認知症を強く疑うことは妥当とはいえない。

　よって，現段階において，選択肢⑤のように公認心理師 B が A を認知症の疑いがあると判断して，認知症の予防に有効な薬の処方を医師に相談するよう A に助言することは，適切とはいえない。

　以上より，正答は⑤である。

【文献情報】
・日本神経学会監修（2017）認知症疾患診断ガイドライン 2017 p.25，56 医学書院

201

問71 (配点：3)　　【事例－教育領域】　　月　日／月　日

　22歳の男性A，大学4年生。Aは12月頃，就職活動も卒業研究もうまくいっていないという主訴で学生相談室に来室した。面接では，気分が沈んでいる様子で，ポツリポツリと言葉を絞り出すような話し方であった。「就職活動がうまくいかず，この時期になっても1つも内定が取れていない。卒業研究も手につかず，もうどうしようもない」と思い詰めた表情で語っていた。指導教員からも，日々の様子からとても心配しているという連絡があった。

　Aの自殺のリスクを評価する際に優先的に行うこととして，不適切なものを1つ選べ。
① 絶望感や喪失感などがあるかどうかを確認する。
② 就職活動の方向性が適切であったかどうかを確認する。
③ 現在と過去の自殺の念慮や企図があるかどうかを確認する。
④ 抑うつ状態や睡眠の様子など，精神的・身体的な状況を確認する。
⑤ 就職活動や卒業研究の現状を，家族や友人，指導教員に相談できているかどうかを確認する。

問71	【公認心理師の職責】 リスクアセスメント	肢別解答率					正答率93.0%	
			①	②	③	④	⑤	
難易度1	正解：②	全体	0.9%	93.0%	4.8%	0.2%	0.9%	

①**適 切**。　後掲の文献の１．自殺に傾いた人の心理と行動【自殺に傾いた人の心の状態と行動】において、「無力感，絶望感にとらわれていて，孤立無援感に陥りやすい。」（p.4）とある。そのため，Aの自殺のリスクアセスメントとして，絶望感や喪失感の確認を優先的に行うことは適切である。

②**不適切**。　就職活動の方向性の適切さはAを包括的にアセスメントする際には情報として収集していく必要はある。しかし，他の４つの選択肢の内容と比較して，これを確認することがAの自殺のリスクアセスメントの際に優先的に行うこととは言えない。

③**適 切**。　後掲の文献の２．自殺の危険因子【自殺の危険因子として知られているもの】において，「自殺をしようという意思（自殺念慮）をもっている。死ぬことを考えている（『死ぬことができるなら』，『死んでしまいたい』：希死念慮）。」「過去に自殺未遂をしたことがある。」（p.4）が挙げられている。そのため，現在と過去の自殺の念慮や企図を確認することは適切である。

④**適 切**。　後掲の文献の１．自殺に傾いた人の心理と行動【自殺に傾いた人の心の状態と行動】において，「自殺に傾く過程で，多くの人が精神疾患を発症している。」「精神不安定や不快な気持ち，不安を取り除くためにアルコールや薬物を過量に使用し，冷静な判断を欠いている状態で自殺が企図されたり，結果として自殺に到ることが少なくない。」（p.4）とある。そのため，Aの精神的・身体的な状況を確認することは適切である。

⑤**適 切**。　後掲の文献の２．自殺の危険因子【自殺の危険因子として知られているもの】において，「相談相手や助けてくれる人がなく，孤立をしている。」が挙げられている。そのため，Aが現状を近しい存在の誰かに相談できているかを確認することは適切な対応である。

【文献情報】
・自殺に傾いた人を支えるために －相談担当者のための指針－ －自殺未遂者，自傷を繰り返す人，自殺を考えている人に対する支援とケア－ 平成20年度厚生労働科学研究費補助金 こころの健康科学研究事業 自殺未遂者および自殺者遺族等へのケアに関する研究 平成21年（2009年）1月31日

問 72 (配点：3)	【事例－医療領域】	月　日
		月　日

　8歳の男児A，小学2年生。授業についていけないという保護者からの主訴で，児童精神科クリニックを受診した。家庭生活では問題なく，勉強も家で教えればできるとのことであった。田中ビネー知能検査ではIQ69，Vineland-Ⅱでは，各下位領域のv評価点は9〜11であった。

　Aの評価として，最も適切なものを1つ選べ。

① 　知的機能が低く，適応行動の評価点も低いため，知的能力障害の可能性が高い。

② 　知的機能は低いが，適応行動の評価点は平均的であるため，知的能力障害の可能性は低い。

③ 　保護者によると，家庭生活では問題ないとのことであるが，授業についていけないため，学習障害の可能性が高い。

④ 　保護者によると，勉強も家で教えればできるとのことであるが，授業についていけないため，学校の教授法に問題がある可能性が高い。

問72	【心理的アセスメント】 知能検査	肢別解答率					正答率45.1%
			①	②	③	④	
難易度2	正解：①	全体	45.1%	43.4%	9.6%	1.7%	

　問題文の田中ビネー知能検査とは，田中寛一によって日本で標準化されたビネー式知能検査である。また，Vineland-Ⅱ（Vineland Adaptive Behavior Scales Second Edition）は，適応行動を評価する検査のことである。この検査における適応行動は，個人的及び社会的充足を満たすのに必要な日常活動の遂行と定義される。

　この問題は，事例中に示される検査数値を正しく解釈することが求められている。まず，田中ビネー知能検査の結果に関して，8歳児に対して行う場合に算出される検査結果は「IQ＝精神年齢÷生活年齢×100」によって導かれるものである。検査結果から知的水準が生活年齢相応と判断できる場合はIQ100前後であるため，AのIQ69という結果は，詳細な程度までは判断できないが，知的水準は生活年齢の水準よりも低いことが解釈できる。また，Vineland-Ⅱの結果について，各下位領域のv評価点が1～9を「低い」，10～12を「やや低い」，13～17を「平均的」，18～20を「やや高い」，21～24を「高い」と記述分類している。このことから，Aのv評価点は9～11という結果は，適応行動の水準を平均よりも低い，もしくはやや低いと解釈することができる。

①**適　切。**　事例中に示される検査結果の数値から，知的機能は低く，適応行動の評価も低いと判断することができる。また，知的能力障害に関しては，DSM-5から知的水準と適応水準を包括的に検討し診断することが求められるが，知的水準の目安として70±5のIQの値が診断基準の一つであるとされる。つまり，検査結果からAは知的能力障害の可能性が高いと判断できる。

②**不適切。**　Vineland-Ⅱのv評価点の結果から，「適応行動の評価点は平均的」であると解釈することはできない。

③**不適切。**　学習に関しては，事例中の記述に「授業についていけない」という主訴や「勉強も家で教えればできる」とあるものの，具体的に学習障害の可能性が高いと判断できるような読字，書字表出，算数における著しい困難さは確認することができない。また，IQ69より知的機能に遅れがある可能性が考えられるということは全般的な遅れがある可能性を示しているという点からも，上記に挙げた学習障害の特徴にみられる部分的な困難さがある可能性が高いとは言い難い。

④**不適切。**　選択肢③の解説参照。事例中の記述には，Aの学習環境に関する詳しい情報がない。そのため，学校の教授法に問題がある可能性が高いと考えることはできない。

【文献情報】
・下山晴彦ら編 (2016) 公認心理師必携精神医療・臨床心理の知識と技法 p.279-281 医学書院
・辻井正次・村上隆監修 (2014) 日本版 Vineland-Ⅱ 適応行動尺度マニュアル p.51-63 日本文化科学社

問 73 _(配点：3)　　　【事例－産業領域】

　25歳の男性A，会社員。Aは，上司Bと共に社内の相談室に来室した。入社2年目であるが，仕事をなかなか覚えられず，計画的に進めることも苦手で，Bから繰り返し助言されているという。Bによれば，同僚にタイミング悪く話しかけたり，他の人にとって当たり前の決まり事に気がつかなかったりすることもあり，職場の中でも煙たがられているという。会社以外での対人関係で困ることはない。この1か月は早朝覚醒に悩まされ，起床時の気分も優れなかったため，会社を何日か休んだ。BDI-Ⅱの得点は42点，AQ-Jの得点は35点であり，Y-BOCSの症状評価リストは1項目が該当した。

　Aに関する見立てとして，最も適切なものを1つ選べ。

①　軽度抑うつ状態

②　強迫症／強迫性障害

③　社交不安症／社交不安障害

④　自閉スペクトラム症／自閉症スペクトラム障害〈ASD〉

208

問73	【心理的アセスメント】 テストバッテリー	肢別解答率			正答率67.1%
			①	②	③	④
難易度1	正解：④	全体	26.8%	1.6%	3.0%	67.1%

①**不適切。** 抑うつ症状は BDI-Ⅱ で評価することができる。BDI-Ⅱ とは，Beck Depression Inventory-Second Edition の略であり，日本版ベック抑うつ質問票第2版と呼ばれる抑うつ評価尺度である。適用年齢は，13歳から80歳であり，抑うつの程度を評価したり，治療の経過を観察したりするために用いられることが多い。得点が0〜13点は極軽症，4〜19点は軽症，20〜28点は中等症，29〜63点は重症と判定する。事例のAの BDI-Ⅱ の得点は42点であるため，軽度抑うつ状態ではなく，重度の抑うつ状態であると評価される。

②**不適切。** Y-BOCS（Yale-Brown Obsessive Compulsive Scale）は，エール・ブラウン強迫尺度のことであり，強迫症／強迫性障害（Obsessive Compulsive Disorder：OCD）の強迫観念や強迫行為の臨床的重症度の評価において最も一般的に用いられる方法である。Y-BOCS の実施は3つのパートから構成されている。1つ目のパートは「全般的説明」で，対象者に OCD に関する説明をして症状の理解を促す。2つ目のパートは「症状評価リスト」で，50項目以上の強迫症状が列挙されており，各項目を経験したか，経験しているかを確認していく。その中で現時点で顕著な強迫観念や脅迫行為を3項目ずつ選び，標的症状としてリスト化する。3つ目のパートは「強迫観念・強迫行為尺度」で，作成したリストに基づいて重症度を評価していく。事例のAは症状評価リストが1項目しか該当しておらず，この時点で OCD の可能性は低くなる。

③**不適切。** 事例では，Aに対して社交不安症／社交不安障害に関して評価できる心理検査は実施していない。また，事例中の記述にも社交不安症／社交不安障害を見立てるに至るAの様子は確認できない。そのため，Aに関する見立てとしては不適切である。

④**適切。** 自閉スペクトラム症／自閉症スペクトラム障害〈ASD〉に関しては AQ-J で評価することができる。AQ-J（Autism Spectrum Quotient Japanese Version）とは，自閉症スペクトラム指数日本語版のことである。これは質問紙検査であり，ASD傾向に関する項目に回答することで自閉症スペクトラム指数（Autism-Spectrum Quotient：AQ）が算出される。AQ の得点が33点以上であると自閉症スペクトラムの診断的水準である自閉症傾向を持つと解釈することができる。事例のAの AQ-J は35点であるため，ASD の可能性があると見立てることができる。

【文献情報】
・A. T. Beck ら著 小嶋雅代ら訳著（2003）日本版 BDI-Ⅱ手引 p.9-11 日本文化科学社
・山内俊雄ら編（2015）精神・心理機能評価ハンドブック p.258-260, 286-289 中山書店

問 74 (配点：3)　　　　　【事例－教育領域】

21歳の男性A，大学3年生。Aは将来の不安を訴えて，学生相談室を訪れ，公認心理師Bと面談した。Aは，平日は大学の授業，週末はボクシング部の選手として試合に出るなど，忙しい日々を送っていた。3か月前にボクシングの試合で脳震とうを起こしたことがあったが，直後の脳画像検査では特に異常は認められなかった。1か月前から，就職活動のためにOBを訪問したり説明会に出たりするようになり，日常生活がさらに慌ただしくなった。その頃から，約束の時間を忘れて就職採用面接を受けられなかったり，勉強に集中できずいくつかの単位を落としてしまったりするなど，失敗が多くなった。

BのAへの初期の対応として，不適切なものを1つ選べ。

① 高次脳機能障害の有無と特徴を評価する。
② 医師による診察や神経学的な検査を勧める。
③ 不安症状に対して，系統的脱感作の手法を試みる。
④ 現在悩んでいることを共感的に聴取し，問題の経過を理解する。

問74	【神経・生理心理学】 高次脳機能障害の原因	肢別解答率			正答率 82.6%	
			①	②	③	④
難易度1	正解：③	全体	10.3%	4.6%	82.6%	2.2%

①**適 切。** 　高次脳機能障害とは，けがや病気によって脳に損傷を負い，注意力や記憶力などのコントロール能力に問題が生じ，日常生活や社会生活が困難になる障害のことをいう。主に記憶障害・注意障害・遂行機能障害・社会的行動障害・失語・失行・失認症状などが現れる。高次脳機能障害の原因は，脳梗塞や脳出血などの脳血管障害，頭部外傷や脳腫瘍，脳炎，低酸素脳症と多岐にわたる。本事例においてAは「3か月前にボクシングの試合で脳震とうを起こしたことがあったが，直後の脳画像検査では特に異常は認められなかった」とあり，また1か月前から「約束の時間を忘れて就職採用面接を受けられなかったり，勉強に集中できずいくつかの単位を落としてしまったりする」とあることから，頭部外傷に起因する記憶障害や注意障害などの高次脳機能障害が生じている可能性が疑われる。脳震とうと一部症状が重なる軽度外傷性脳損傷では，受傷直後にみられなかった症状が後から生じてくることが知られている。例えば，本事例のようなスポーツ中の事故で頭部外傷を負った場合である。つまり，「直後」の脳画像検査で異常がなかったとしても，後から高次脳機能障害が生じている可能性が考えられる。よって，BのAへの初期対応として，高次脳機能障害の有無と特徴を評価するのは適切である。

②**適 切。** 　選択肢①の解説参照。Aは脳震とうにより，高次脳機能障害が生じている可能性が考えられる。そのため，医師による診察や神経学的な検査を勧めるのは適切である。なお，脳損傷により生じた高次脳機能障害の診断と評価に用いられる検査法は神経心理学的検査法と呼ばれ，本選択肢の神経学的な検査はこれらを指していると考えられる。

③**不適切。** 　この問題では，「BのAへの初期の対応」を解答することが求められている。Aは「将来の不安を訴えて，学生相談室を訪れ」とあるため，不安症状を軽減するための方法を選びたくなるかもしれない。しかし，なぜAがこのような不安を抱いているのか，なぜこの不安が維持されているのか，といった主訴に対するアセスメントと見立てを行うことがまずは優先される。Aは1か月前から「約束の時間を忘れて就職採用面接を受けられなかったり，勉強に集中できずいくつかの単位を落としてしまったりする」とあり，これらの現状が将来の不安に関連していることがうかがわれる。かつAのこの状態は脳震とうに起因する可能性が疑われるため，初期の対応としては高次脳機能障害に関するアセスメントが優先される。なお，仮にアセスメントによって，Aの不安が心因から生じており，その上で，公認心理師としてAの不安を緩和するた

めに系統的脱感作を行うことが妥当であると判断されれば，実施も考えられる。

④**適　切**。　BのAへの初期対応として，現在悩んでいることを共感的態度で聴き取り，情報収集を実施したり，問題の経過を理解することは，介入を行う前のアセスメント段階でも重要であり，公認心理師の対応として適切である。

【文献情報】

・緑川晶・山口加代子・三村將編（2018）公認心理師カリキュラム準拠［神経・生理心理学］臨床神経心理学 p.2, 3, 69, 180 医歯薬出版株式会社
・加藤敏ら編（2016）縮刷版 現代精神医学事典 p.309 弘文堂

問 75 (配点：3)　　　【事例－医療領域】　　月　日／月　日

　70歳の女性A。Aは最近，昼間の眠気が強くなったと訴える。夜間の睡眠は0時から6時頃までで変化はなく，毎日朝夕2回30分程度の散歩をしている。高血圧のため3年前から服薬しているが，血圧は安定しており，健診でもその他に問題はないと言われている。最近，就床すると，足に虫が這うように感じて眠れないことがある。昼間の眠気はあるが，何かをしていれば紛れる。週3回の編み物教室は楽しくて眠気はない。食欲はあり，塩分摂取に気をつけている。

　Aへの睡眠衛生指導上の助言として，適切なものを2つ選べ。

① 散歩は，睡眠に良い効果があるので続けてください。

② 睡眠時間が足りないので早く床に就くようにしてください。

③ 昼間に何かをして眠気が紛れるのであれば心配はいりません。

④ 深く眠るために熱いお風呂に入ってすぐ寝るようにしてください。

⑤ 足の不快感のために眠れないことについては，医師に相談してください。

問 75	【精神疾患とその治療】 生理的障害及び身体的要因に関連した 行動症候群（F5）	肢別解答率					正答率92.6%
		[No.1]	①	②	③	④	⑤
		全体	94.5%	1.9%	2.6%	0.1%	0.6%
難易度1	正解： [No.1] ①， [No.2] ⑤	[No.2]	①	②	③	④	⑤
		全体	0.4%	0.4%	1.4%	1.0%	96.7%

　不眠症に関する基本的な出題である。不眠症に関する事例は頻出であり，第2回試験問64や問152なども確認しておいていただきたい。本事例に関しては，「最近，就床すると，足に虫が這うように感じて眠れないことがある」とあるため，レストレスレッグス症候群による不眠が疑われる事例である。なお，睡眠衛生指導上の助言を考える上で，厚生労働省 HP e-ヘルスネット 不眠症 や，同じく厚生労働省の「健康づくりのための睡眠指針2014」は大変参考となる資料である。

①**適　切**。　「健康づくりのための睡眠指針2014」の第9条9－③ 適度な運動は睡眠を促進において，「大きな病気を有していない日本人高齢者を対象にした縦断研究では，週に5日以上の身体活動が不眠の発生を抑制することが示されている。つまり，定期的な運動は睡眠に良い影響を及ぼすと考えられる。ただし，強い運動をすると，かえって，寝つけなくなることも考えられるため，日常生活の中で体を動かすことや，定期的に運動を行うことが重要である。高齢者の場合には，身体の状態に配慮しながら，運動を取り入れることが大切である」と記載されている。本事例では「毎日朝夕2回30分程度の散歩をしている。」とあり，高齢者であるAは自分の身体の状態に配慮しながら，適度な運動を取り入れていることが分かる。そのため，Aへの睡眠衛生指導上の助言として，本選択肢は適切である。

②**不適切**。　「健康づくりのための睡眠指針2014」に「第10条. 眠くなってからふとんにはいり，起きる時刻は遅らせない。10－① 眠たくなってから寝床に就く，就床時刻にこだわりすぎない……眠れない人の多くは，望ましい睡眠時間を確保するために，目覚めなければいけない時間から逆算して寝床に就く時刻を早めに設定しがちである。しかし，通常就寝する2～3時間前の時間帯は一日の中で最も寝つきにくい時間帯であり，かつ日によって寝つける時刻は，季節や日中の身体活動量などにより変化するため，このような就床時刻の決め方は，寝床の中で眠れない状況につながることになり，そのような状況がつづいた結果，『眠れないのではないか』という不安を助長する危険性がある」と記載されている。よって，早く床に就かせるような助言は不適切である。また，同指針第9条9－② 年齢にあった睡眠時間を大きく超えない習慣を　において，「寝床に就いている時間は生理的な睡眠時間を大きく超えないことが重要である。正味の睡眠時間は加齢の影響を受け，45歳では約6.5時間，65歳以上になると6

時間程度と短くなる。……日中に過剰な眠気がなければ，その人が必要な睡眠時間は足りていると考えられることから，就床時刻と起床時刻を調節し，上手に睡眠スケジュールを設計することが重要である」と記載されている。つまり，Ａの６時間という睡眠は 65 歳以上に合った睡眠時間であり，睡眠時間が足りないと判断する根拠は事例には見受けられない。以上の点から本選択肢は不適切である。

③**不適切。** 事例より「最近，就床すると，足に虫が這うように感じて眠れないことがある。」とあるため，昼間に何かをして眠気が紛れるからといって，心配ないという保証はない。むしろ，レストレスレッグス症候群の可能性が疑われるため，専門家への相談を促すことが望ましい。

④**不適切。** 「健康づくりのための睡眠指針 2014」に「第 6 条．良い睡眠のためには環境づくりも重要です。6 −① 自分にあったリラックス法が眠りへの心身の準備となる……睡眠と体温の変化は密接に関係しているため，就寝 0.5 〜 6 時間前の入浴による体温変化は，入眠の促進や深睡眠の増加といった睡眠の改善効果を持つことが示されている。適切な時刻に 40℃程度の高すぎない湯温で入浴するのであれば精神的なリラックス効果に加え，湯に浸かって軽く体温を上げることで末梢血管が拡張して，その後の放熱が活発になり，寝ついてから 90 分前後における深い睡眠を増加させることにつながると考えられる。ただし，就寝直前に 42℃以上の高温浴を行うと，体温を上昇させすぎ心身を目覚めさせてしまうため，かえって入眠が妨げられることがあることが示されている。」と記載されている。よって，熱いお風呂に入ってからすぐに寝ることは，深い睡眠を妨げる可能性が高いため，本選択肢は不適切である。

⑤**適 切。** 「健康づくりのための睡眠指針 2014」に「第 11 条．いつもと違う睡眠には，要注意。11 −① 睡眠中の激しいいびき・呼吸停止，手足のぴくつき・むずむず感や歯ぎしりは要注意……下肢を動かしたい強い衝動（多くは下肢の異常感覚を伴う）が安静時に増悪し，特に夕方から夜に症状が悪化するという特徴を持ったレストレスレッグス症候群（Restless Legs Syndrome：RLS，むずむず脚症候群）の有病率は，日本では 1.8％，他の先進国でも 1.3〜4.2％と報告されており，女性の有病率は男性に比べて約 1.5 倍高く，また，加齢とともに有病率は高くなることが示されている。」と記載されており，事例に「最近，就床すると，足に虫が這うように感じて眠れないことがある。」とあるため，Ａはレストレスレッグス症候群の可能性が疑われる。さらに，同指針「11 −② 眠っても日中の眠気や居眠りで困っている場合は専門家に相談」や「第 12 条．眠れない，その苦しみをかかえずに，専門家に相談を。12 −① 専門家に相談することが第一歩……まずは，寝つけない，熟睡感がない，充分眠っても日中の眠気が強いことが続くなど，睡眠に問題が生じて，日中の生活に好ましくない影響があると感じた時は，できる限り早めに医師，歯科医師，保健師，薬剤師など身近な専門家に相談

することが大切である。」などの記載がある。そのため,「足の不快感のために眠れないことについては,医師に相談してください」という本選択肢は適切である。

問76 (配点：3)　　【事例－福祉領域】　　月　日／月　日

　5歳の男児A。Aは，実父からの身体的虐待が理由で，1か月前に児童養護施設に入所した。Aは，担当スタッフの勧めで同施設内に勤務する公認心理師Bの面談に訪れた。担当スタッフによると，Aは，入所時から衝動性・攻撃性ともに高かった。施設内では，コップの水を他児Cにかけたり，他児Dを椅子で殴ろうとしたりするなど，Aの暴力が問題となっていた。また寝つきが悪く，食欲にむらが見られた。Bとの面談でAは暴力の理由を「いつも僕が使っているコップをCが勝手に使ったから」「Dが僕の手首を急に掴んだから」と語った。また，「夜眠れない」と訴えた。

　Bが初期に行う支援として，適切なものを2つ選べ。

① 　遊戯療法を速やかに導入し，Aに心的外傷体験への直面化を促す。

② 　受容的態度でAの暴力を受け入れるよう，担当スタッフに助言する。

③ 　コップ等の食器は共用であるというルールを指導するよう，担当スタッフに助言する。

④ 　Aの様子を観察し，Aが安心して眠れる方法を工夫するよう，担当スタッフに助言する。

⑤ 　衝動性や攻撃性が高まる契機となる刺激ができるだけ生じないように，担当スタッフと生活環境の調整を検討する。

220

問76	【福祉心理学】 虐待への対応	肢別解答率					正答率86.5%
		[No.1]	①	②	③	④	⑤
		全体	2.6%	1.5%	9.0%	86.3%	0.5%
難易度1	正解： 〔No.1〕④， 〔No.2〕⑤	[No.2]	①	②	③	④	⑤
		全体	0.0%	0.0%	0.3%	6.8%	92.6%

この問題は，消去法で正答を導き出せる問題の1つである。

Aは5歳であること，実父からの身体的虐待を受けていたことともに，「衝動性・攻撃性ともに高かった」「コップの水を他児Cにかけたり，他児Dを椅子で殴ろうとしたりする」といった暴力が問題になっている。また，Aの暴力の理由は，Aに対して他児CやDが挑発をしてるわけでもなく，とてもそこまで怒るような理由とは言い難い。これらの事例中の情報からAは，DSM-5における6歳以下の子どもの心的外傷後ストレス障害の「心的外傷的出来事と関連した覚醒度と反応性の著しい変化」に挙げられる「人や物に対する（極端なかんしゃくを含む）言語的または身体的な攻撃性で通常示される，（ほとんど挑発なしでの）いらだたしさと激しい怒り」や「睡眠障害（例：入眠や睡眠維持の困難，または浅い眠り）」に該当する可能性が高い。

①不適切。 直面化とは，心理療法やカウンセリング，特に精神分析療法において用いられる技法の1つであり，クライエントの経験や考え，感情など，クライエント自身が関心や注意を向けていなかったりすることに対して，目を向けさせること，注意を向けさせることである。直面化は，指摘されると意識することが可能な事柄である必要があり，言語的な介入によるものである。そのため，主に子どもに対して行われる遊戯療法において通常この技法が用いられることはなく，また，5歳のAにつらかったことを思い出させるような心的外傷体験への直面化を行うことはしない。

②不適切。 受容的態度は，あくまでクライエントの「感情」に対して行う態度であり，Aの暴力のような社会的に容認されない「行動」に対して行うものではない。

③不適切。 公認心理師Bが生活場面におけるルールの指導を行うのではなく，このような指導は児童養護施設の保育士等の担当スタッフが行う。

④適 切。 Aはまだ入所して1か月であるため，施設の環境に慣れていないところもある。まずは，担当スタッフが睡眠に関して何かしら環境を調整することでAが安心して眠れる状況を作れる可能性もある。

⑤適 切。 Aの暴力の理由はささいな理由ではあるが，それが刺激となってこのような暴力を誘引している。まずは，このようなきっかけとなる刺激を減らす工夫も環境調整の1つであり，Bが行う初期の対応としては適切である。

【文献情報】
・高橋三郎・大野裕監訳（2014）DSM-5　精神疾患の分類と診断の手引き　p.143，144　医学書院
・氏原寛ら編（2020）［新装版］カウンセリング辞典　p.428　ミネルヴァ書房

問 77 (配点：3) 　【事例－教育領域】

24歳の女性A，小学5年生の担任教師。Aの学級は，前任からの担任教師の交代をきっかけに混乱した状態に陥った。Aの学級の複数の児童が，授業中の私語や立ち歩きなどの身勝手な行動をしていた。学級のその他の児童たちは知らん顔で，学習にはある程度取り組むものの，白けた雰囲気であった。Aは学級を立て直したいが，どうすればよいか分からない。

スクールカウンセラーがAに対してこの学級についてのコンサルテーションを行う際に，重視すべき事項として，適切なものを2つ選べ。

① 保護者の意見
② 児童の家庭環境
③ 個々の児童の学力
④ 学級のルールの定着
⑤ 教師と児童の人間関係

224

問77	【教育・学校心理学】教育関係者へのコンサルテーション	肢別解答率				正答率78.7%	
		〔No.1〕	①	②	③	④	⑤
		全体	1.2%	10.0%	9.6%	78.6%	0.3%
難易度1	正解：〔No.1〕④，〔No.2〕⑤	〔No.2〕	①	②	③	④	⑤
		全体	0.1%	0.1%	0.8%	3.2%	95.6%

　この事例でAが担任をする学級が混乱した状態に陥った要因として読み取れる箇所は，「前任からの担任教師の交代をきっかけに」という部分のみである。その点を読み取って解答すれば，おのずと正答は導き出せる問題であり，これは確実に点につなげたい問題である。

①**不適切。**　事例中には「担任教師の交代をきっかけに混乱した状態に陥った」とあるため，保護者の意見を聞いたとしても，保護者からは前担任との比較からAへの不満や不信しか出てこない可能性がある。それは，Aを追い詰めてしまうことにもつながるため，重視すべき事項としては不適切である。

②**不適切。**　事例には，児童の家庭環境に関する記述はなく，それがAの学級が混乱した状態に陥った要因と推測される記述は見られない。また，児童の家庭環境を重視することは，保護者との協力関係が必要であり，選択肢①にあるように，この状況でその関係を築けるか疑問が残るため，不適切である。

③**不適切。**　事例には複数の児童以外の「その他の児童たちは知らん顔で，学習にはある程度取り組む」とあるため，学力の問題が要因である記述は見られないため，個々の児童の学力を重視することは，適切とは言えない。

④**適　切。**　事例には「担任教師の交代をきっかけに」とあるため，担任教師がAになったことで学級のルールも変わったことが，複数の児童の身勝手な行動を生み出している可能性が推測される。そのため，現在学級にどのようなルールがあるのか，そのルールがどの程度具体的で児童にとって守る必要性のあるものになっているのかなどを検討し，改めて学級のルールを児童に示し，定着させる取り組みを試みることが対応としては必要になる。よって，重視すべき事項としては適切である。

⑤**適　切。**　事例には「担任教師の交代をきっかけに」とあるため，Aと児童の間に信頼関係が築けていない状態が推測出来る。そのため，学級の立て直しを考える際に，まずは，Aと児童の信頼関係を構築することが必要になるため，重視すべき事項としては適切である。

問 78 (配点：1)   【公認心理師法系】   月　日
　　　　　　　　　　　　　　　　　　　　　　　　　　　月　日

　公認心理師が，成人のクライエントの心理に関する情報を医療チーム
に提供する場合に事前に必要なものとして，正しいものを1つ選べ。

① 　成年後見人の同意
② 　クライエント本人の同意
③ 　医療チームが作成した手順書
④ 　ストレングス・アセスメント
⑤ 　シェアード・ディシジョン・メイキング

問78	【公認心理師の職責】 インフォームド・コンセント		肢別解答率				正答率95.4%	
			①	②	③	④	⑤
難易度1	正解：②	全体	0.2%	95.4%	0.8%	1.6%	1.9%

　公認心理師がチーム医療において他職種にクライエントの情報を共有する場合，チーム内守秘義務の考えに則って行われる。この際，留意すべき点はクライエントとの信頼関係を損なわないようにすることである。そのため，**情報共有する場合には，共有する範囲や内容について精査した上で，クライエントの同意を得ることが前提となる。**これは，インフォームド・コンセントにも通じるところである。また，問題文には「成人のクライエント」とあり，判断能力が不十分との記載も特にないので，成年後見人は立てていないと考えられる。よって，クライエント本人から同意を得ることが可能であることが推察される。したがって，**選択肢②が正しい。**

④誤　り。　ストレングスとはその人が持っている特性，技能，能力，関心，願望，環境等の強みである。このストレングスに注目し，それを援助に生かしていこうとする考えをストレングス・モデルという。ストレングス・アセスメントでは，「個人の性格」「技能・才能」「環境」「関心・願望」の4点について，被援助者のストレングスを見出していく。

⑤誤　り。　シェアード・ディシジョン・メイキングとは共同意思決定のことで，患者と治療者（援助者）の双方が治療決定のプロセスに関わることで，患者の治療への能動的な姿勢を促すものである。

【文献情報】
・下山晴彦ら編（2020）公認心理師スタンダードテキストシリーズ1　公認心理師の職責　p.99，100　ミネルヴァ書房
・粟生田友子編（2005）新体系　看護学全書〈別巻〉リハビリテーション看護　p.138，139　メヂカルフレンド社
・下山晴彦ら編（2016）公認心理師必携　精神医療・臨床心理の知識と技法　p.69　医学書院
・齋藤清二（2019）公認心理師の基礎と実践21　人体の構造と機能及び疾病　p.16　遠見書房

問 79 (配点：1)　　　【公認心理師法系】　月　日／月　日

精神科領域における公認心理師の活動について，適切なものを１つ選べ。

① 統合失調症患者に対するソーシャルスキルトレーニング〈SST〉は，個別指導が最も効果的とされる。

② 神経性やせ症／神経性無食欲症の患者が身体の話題を嫌う場合，身体症状に触れずに心理療法を行う。

③ 精神疾患への心理教育は，家族を治療支援者とするためのものであり，当事者には実施しない場合が多い。

④ 境界性パーソナリティ障害の治療では，患者への支援だけではなく，必要に応じてスタッフへの支援も行う。

⑤ 妊産婦に精神医学的問題がある場合，産科医が病状を把握していれば，助産師と情報を共有する必要はない。

228

問79	【公認心理師の職責】 支援に関わる専門職と組織	肢別解答率					正答率89.8%
難易度1	正解：④	全体	①	②	③	④	⑤
			1.2%	8.6%	0.2%	89.8%	0.1%

①**不適切。** 統合失調症の患者に対するソーシャルスキルトレーニング〈SST〉は，日常生活で生じるストレスに対して有効な対処技能を獲得することによって，精神症状の再発を防止することを目的として実施される。ソーシャルスキルトレーニングでは，設定された学習目標に合わせてロールプレイによる行動の練習が行われる。その際にモデリング（他者の適切な行動を取り入れる）や治療者と他の患者が示す正のフィードバック等によって，有効な対処技能の獲得がより促進されると考えられているため，集団での実施が効果的であるとされる。

②**不適切。** 神経性やせ症／神経性無食欲症は，低体重（BMI18.5以下），やせ（体型や体重）に対する過度なとらわれを特徴としており，低体重に伴い，無月経・産毛の増加・電解質異常・甲状腺機能の低下等の身体症状が現われる。低体重が進行するにつれ重篤な身体合併症に発展するおそれがあるため，治療への動機づけを目的として身体症状について取り上げることが必要である。

③**不適切。** 精神科リハビリテーションの一環として，当事者に向けての精神疾患への心理教育が行われることも多い。

④**適　切。** 境界性パーソナリティ障害の患者は，理想化とこき下ろしに特徴づけられる不安定で激しい対人関係を持つ傾向にあるため，日常的にその患者と接する治療スタッフには多大な負荷がかかる場合がある。したがって，安定した治療関係を構築するために必要に応じてスタッフへの支援も行う必要がある。

⑤**不適切。** チーム医療の一員として勤務するうえで，医師だけでなく助産師や看護師等のスタッフとの間でも情報の共有を図る姿勢が重要である。したがって「情報を共有する必要はない」というのは不適切である。。

【文献情報】
　・小此木啓吾編（2004）心の臨床家のための精神医学ハンドブック p.543-545 創元社

問 80 (配点：1)　　　【心理学研究法系】

心理学の研究法において，質問紙法と比較したときの面接法の特徴として，適切なものを1つ選べ。

① 臨機応変な対応が困難である。
② 回答者に与える心理的圧力が弱い。
③ 回答者の個別の反応を収集しにくい。
④ データの収集に手間と時間がかかる。
⑤ 高齢者や幼い子どもには負担が大きい。

問80	【心理学研究法／心理学実験】 面接法	肢別解答率					正答率 79.7%
			①	②	③	④	⑤
難易度 1	正解：④	全体	2.2%	5.2%	2.2%	79.7%	10.6%

　まず，面接法の種類としては，⑴構造化面接法，⑵半構造化面接法，⑶非構造化面接法がある。⑴構造化面接法とは，回答者（クライエント）に関するある特定の情報を確実に得るために，あらかじめ定めた質問項目，順序のまま質問を行う面接法である。話し方も一定にする。医療場面において，精神科や心療内科でうつ病などの精神疾患の診断を行うために，診断基準に定められた項目を用いて質問を行ったりする。⑵半構造化面接法とは，あらかじめ定めた質問項目以外にも，回答者の反応に対して疑問が残った点について質問をしたり，面接の途中で思いついた質問をしたりする面接法である。質的研究などで用いられることが多いが，心理支援の場面では，インテーク面接において用いられることもある。⑶非構造化面接法とは，質問項目や順序をあらかじめ定めることは一切行わず，面接の中で回答者の話や状況に応じて，自由に質問や会話を進めていく面接法である。カウンセリングや心理療法の心理支援の面接において用いられており，インテーク面接においても用いられている。

　問題文には，「心理学の研究法において」とあるため，ここでは主に半構造化面接法を想定した回答が求められる。

①**不適切。**　研究者と回答者が一対一で応答する面接法（ここでは半構造化面接法）では，面接中に回答者の反応に応じて，質問の意図を正確に伝えたり回答の意図を確認することが可能であるため，イレギュラーな事態にも比較的対応がしやすい。

②**不適切。**　面接法では，研究者の表情や声の調子等の非言語的な手掛かりから，回答者が研究者の意図を汲み取った回答をしなければならないと考えてしまう恐れがあり，面接法の方が心理的圧力は強い。

③**不適切。**　面接法では，回答者の言語的な応答の内容だけでなく非言語的な応答も含めた多層的な情報を得ることが可能である。また，半構造化面接法では，質問を追加することも可能な方法であるため，個別の反応を収集しやすい。

④**適　切。**　質問紙を使用した調査では，質問項目を印刷した紙を配布し回答を求めるため，一度に多人数に対して実施が可能である。したがって，面接法と比較して短期間で大量のデータの収集が可能である。

⑤**不適切。**　高齢者や幼い子ども等の言語能力の制約がある回答者に対しては，回答者の反応に応じて臨機応変な対応ができる面接法の方が負担が少ない。

【文献情報】
・下山晴彦編（2014）誠信 心理学辞典［新版］誠信書房 p.42，43

| 問81 (配点：1) | 【心理学研究法系】 | 月 日 |
| | | 月 日 |

　個体を最もよく識別できるように，観測変数の重みつき合計得点を求める方法として，最も適切なものを1つ選べ。

① 因子分析

② 重回帰分析

③ 主成分分析

④ 正準相関分析

⑤ クラスター分析

問81	【心理学統計法】 多変量解析	肢別解答率					正答率34.8%
			①	②	③	④	⑤
難易度2	正解：③	全体	12.1%	27.7%	34.8%	10.2%	15.0%

①**不適切。** 因子分析とは，観測変数に共通する潜在因子を探索するための方法である。例えば，30 の質問項目から作成した質問紙を調査協力者に回答してもらい，得られたデータを因子分析することによって3つの因子にグループ分けをするなどが挙げられる。

②**不適切。** 重回帰分析とは，複数の独立変数（説明変数，予測変数）が1つの従属変数（目的変数，基準変数）に与える影響を予測・説明するための方法である。例えば，身長と体重が50m走のタイムに及ぼす影響などが挙げられる。

③**適　切。** 主成分分析とは，観測変数が共有する情報を集約し，重みづけを行うことで合成得点を算出するための方法である。例えば，平均点や標準偏差がそれぞれ異なる5つの教科の点数の総計を比較するなどが挙げられる。

④**不適切。** 選択肢②で重回帰分析について説明したが，それに対して，正準相関分析とは，複数の独立変数が複数の従属変数に対して与える影響について分析するための方法である。例えば，身長，体重，手の長さ，脚の長さといった独立変数群が50m走のタイム，反復横跳びの回数，垂直跳びといった従属変数群にどのような影響を与えるか，その関連を正準相関分析で分析する。

⑤**不適切。** クラスター分析とは，多様な観測変数の中から類似したものを集積し，グループ分けを行う方法である。

【文献情報】
　・南風原朝和（2011）量的研究法 p.186，197 東京大学出版会
　・大澤光・神宮英夫（2011）心理統計法 p.237 放送大学教育振興会

問 82 (配点：1) 　　　　【心理学研究法系】　　月　日／月　日

2×2のクロス集計表における2変数間の関連性を示す指標として，最も適切なものを1つ選べ。

① 偏相関係数
② 順位相関係数
③ 積率相関係数
④ 部分相関係数
⑤ 四分点相関係数

問82	【心理学統計法】 相関係数		肢別解答率				正答率32.1%
			①	②	③	④	⑤
難易度3	**正解：⑤**	全体	16.0%	8.9%	36.8%	5.9%	32.1%

　2×2のクロス集計表とは，例えば（男性・女性）と（（ある商品が）好き・嫌い）といった2つの質的な変数を縦軸と横軸に分けて集計したものである。この集計表におけるそれぞれの変数の関連性は，φ（ファイ）係数（四分点相関係数）と呼ばれる数値で表される。

①**不適切。**　2変数に相関がないにも関わらず，第3の変数Zによって生じる見かけの相関のことを疑似相関という（例えば，アイスの売り上げと水難事故の関係，温度が第3の変数）。この第3の変数Zの影響を，相関係数を求める2つの変数それぞれから除いた相関関係を偏相関といい，その関係の強さを示す値を偏相関係数という。

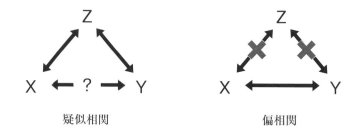

疑似相関　　　　　　　　　　偏相関

②**不適切。**　順位相関係数とは，データの尺度水準が順位尺度以上の場合に利用することができる相関係数である。2×2のクロス集計表においては，カテゴリー変数（0か1）を用いるため利用することができない。

③**不適切。**　積率相関係数とは，データの尺度水準が間隔尺度以上の場合に利用することができる相関係数である。2×2のクロス集計表においては，カテゴリー変数（0か1）を用いるため利用することができない。

④**不適切**。 部分相関係数とは，相関を求める変数のうち，1つの変数から第3の変数の影響を除いた相関関係であり，関係の強さを示す値を部分相関係数という。

部分相関

⑤**適 切**。 上記解説参照。

【文献情報】
・南風原朝和（2002）心理統計学の基礎 p.229，230 有斐閣アルマ
・大山正・岩脇三良・宮埜壽夫（2005）心理学研究法 – データ収集・分析から論文作成まで p.195
サイエンス社
・中村知靖（2006）心理統計法への招待 p.60 サイエンス社

問83 (配点：1) 【心理学基礎・応用領域系】

ヒトの聴覚について，正しいものを1つ選べ。

① 蝸牛にある聴覚受容器は，双極細胞と呼ばれる。

② 音源定位には，両耳間時間差と両耳間強度差が用いられる。

③ ピッチ知覚の場所説は，高周波音の知覚の説明が困難である。

④ 聴覚感度は，可聴域内で周波数が高くなるほど単調に減少する。

⑤ 主観的な音の大きさであるラウドネスの単位は，デシベルである。

問83	【知覚・認知心理学】 音と音声の知覚		肢別解答率				正答率33.4%	
			①	②	③	④	⑤	
難易度3	**正解：②**	全体	5.5%	33.4%	4.5%	17.0%	39.5%	

この問題は非常に難しい。ここまでの知識を獲得しておくことは困難な問題である。

①**誤　り。**　蝸牛にある聴覚受容器は有毛細胞であるため，誤りである。耳や目などの感覚器には刺激を受け取るための受容器が存在する。耳の場合，蝸牛の有毛細胞が受容器であり，可聴範囲の振動（音波）が刺激となる。なお，双極細胞とは，網膜に存在する神経細胞である。これは光受容器である視細胞から入力を受け，網膜神経細胞に出力する役割を果たす。

②**正しい。**　音源定位とは，音がどの方向からどの程度の距離で発せられているかを推定することをいう。音源定位には，両耳間時間差と両耳間強度差が用いられる。両耳間時間差とは音源から右耳と左耳に音が到達するまでの時間差を指し，両耳間強度差とは右耳と左耳に聞こえる音の強さの差を指している。これらの右耳と左耳での聞こえ方の違いによって，音源定位が可能となる。よって，音源定位には，両耳間時間差と両耳間強度差が用いられるという本選択肢は正しい。

③**誤　り。**　ピッチとは，音の周波数に対応した主観的に感じる音の高さのことである。例えば，周波数が増加すると音の高さは高く感じ，周波数が減少すると音の高さは低くなったように感じられる。このピッチ知覚，つまり音の高さの知覚を説明する理論の１つに場所説が挙げられている。場所説とは，蝸牛にある基底膜の振動する場所によって音の高さの変化を説明する説である。高周波音ではアブミ骨側（蝸牛の根元）が振動しやすく，低周波音では蝸牛孔側（蝸牛の奥）が振動しやすい。よって，ピッチ知覚の場所説は，高周波音の知覚の説明が可能なため，本選択肢は誤りである。

④**誤　り。**　聴覚感度とは，人間が音を聞きとることができる程度，つまり聴覚における閾値と考えることができる。人間の聴覚感度は周波数の低い音が聞き取りづらく，$0 \sim 1\,kHz$ ほどまでは低い音から高い音になるにしたがって感度が良くなっていく。$1\,kHz \sim 2\,kHz$ では $1\,kHz$ の音よりは少し聞き取りづらくなり，$3\,kHz$，$4\,kHz$ 付近の音が最も聞き取りやすい。$5\,kHz$ を超えると聞き取りづらくなっていく。よって，聴覚感度は周波数が高くなることに伴い，増加も減少もするため，本選択肢は誤りである。

⑤**誤　り。**　ラウドネスとは，主観的に知覚される音の大きさを表し，単位はホーン（phon）を用いるため，誤りである。なお，デシベル（dB）は物理量としての音の強さを表す単位である。

【文献情報】

・子安増生・丹野義彦・箱田裕司監（2021）有斐閣現代心理学辞典 p.72，73，349，350，467，527 有斐閣
・山村豊・高橋一公（2017）心理学［カレッジ版］p.28，29 医学書院
・箱田裕司編（2020）公認心理師の基礎と実践⑦［第7巻］知覚・認知心理学 p.48-65 遠見書房
・下山晴彦編（2014）誠信 心理学辞典［新版］p.167-170 誠信書房

| 問 84 (配点：1) | 【心理学基礎・応用領域系】 | 月　日 |
| | | 月　日 |

　学習の生物的制約を示した実験の例として，最も適切なものを1つ選べ。

① E. L. Thorndike が行ったネコの試行錯誤学習の実験

② H. F. Harlow が行ったアカゲザルの学習セットの実験

③ J. Garcia らが行ったラットの味覚嫌悪学習の実験

④ M. E. P. Seligman らが行ったイヌの学習性無力感の実験

⑤ W. Köhler が行ったチンパンジーの洞察学習の実験

問84	【学習・言語心理学】学習の生物学的基礎		肢別解答率					正答率19.3%	
				①	②	③	④	⑤	
難易度3	正解：③		全体	8.9%	16.4%	19.3%	41.6%	13.7%	

　学習の生物的制約とは，古典的条件づけ，オペラント条件づけ，観察学習において，学習しやすい刺激や反応は生得的にある程度決まっていることを指す。例えば，古典的条件づけの味覚嫌悪学習の場合，味覚刺激として気分が不快になる刺激を随伴呈示する場合と，電気刺激を随伴呈示する場合では，気分が不快になる刺激を呈示する方が嫌悪反応の条件づけがしやすいなどである。

①**不適切。**　試行錯誤学習とは，E. L. Thorndike が，ネコ，イヌなどの動物の知能に関する実験研究を行う中で，提唱した概念である。箱の中の輪を引っ張れば，紐が引っ張られてボルトが上がり，扉が開く問題箱を作成し，ネコを用いた実験を行った。空腹なネコをこの箱の中にいれ，箱の外側にエサを置いておく。ネコはエサを取ろうとして，柵を引っかいたり，柵から手を伸ばしたりするが，エサは取れない。そのうち，偶然に箱の中の輪に手がかかって，紐が引かれ扉が開き，ネコは外に出てエサを食べることが出来る。このようにして，ネコが扉を開けて外のエサを獲得するまでの行動を試行とし，この試行を反復すると，問題箱から出てエサを獲得するまでの時間が短縮されていく。これは問題箱の中のネコの行動の変化も表している。最初のうちは，床を引っかいたり，柵から手を出してエサを取ろうとするといった目標であるエサを獲得するには効果のない反応（誤反応）が生じるが，試行を繰り返すうちに無駄な誤反応がなくなり，エサを獲得するために必要な反応（正反応）のみが生じるようになる。このような学習が試行錯誤学習と呼ばれる。

②**不適切。**　H. F. Harlow はアカゲザルへ行った実験から，個々の問題を学習することを学習することを学習セット，あるいは学習の構えと呼んだ。これは，同じような法則を持つ課題をあたえ，解かせていくうちに，最初は低かった正答率が上がっていき確実に正解できるようになっていくことから，学習すること自体の学習，つまり，コツのようなものをつかんだという考え方である。

③**適　切。**　味覚嫌悪条件づけは古典的条件づけに含まれる。これはガルシア効果とも呼ばれ，J. Garcia らによって提唱された。この条件づけの特徴は他の古典的条件づけと異なり，わずか数回の対呈示で形成が可能であることや条件刺激と無条件反応との間に時間的隔たりがあっても成立することである。例えば，初めて食べた生カキで食あたりを起こし，その後，生カキの匂いを嗅ぐと気持ち悪くなるようになったというような場合，生カキに含まれる菌や毒物（無条件刺激）が食あたりによる不快感を引き起こし（無条件反応），生カキの風味（条件刺激）が不快感を引き起こしている（条件反応）。

④不適切。　学習性無力感とは，M. E. P. Seligman らが，抑うつ状態や無力感の形成について，イヌを被験体として実験を行う中で提唱した概念である。この実験では，イヌを随伴群と非随伴群に分け，双方に電気ショックが与えられる。随伴群は，イヌの横にあるボタンを鼻でつつくと電気ショックが止められるようになっているが，非随伴群はボタンをつついても電気ショックは止められない。このような状態でしばらくおいた後，イヌを別の装置に連れて行く。今度の装置も同じ電気ショックが与えられるが，どちらの装置もイヌが横にあるボタンを鼻でつつくと自分で電気ショックを止められるようになっている。その結果，随伴群のイヌは電気ショックを止めることを学習したが，非随伴群のイヌは電気ショックから逃れようという逃避を学習せず，装置の隅でうずくまっていた。この結果から M. E. P. Seligman らは，非随伴群のイヌは自分では何をやっても無駄だという無力感を学習してしまい，後半の実験でも自分から電気ショックを止めようという動機づけが失われてしまったと考え，学習性無力感と呼んだ。

⑤不適切。　洞察学習は，W. Köhler がチンパンジーの問題解決の様子について観察する中で提唱した概念である。実験では，チンパンジーを檻の中に入れ，一緒に短い棒を置いておく。檻の外には手の届かないところに，長い棒とバナナを置いておき，長い棒は短い棒を使えば届くところに置いておく。チンパンジーは檻の外にあるバナナを手に入れるために，最初は手を伸ばすが，取れないために諦める。次に，短い棒でバナナを取ろうとするが取れないため，長い棒を引き寄せて，その長い棒でバナナを取ることが出来た。W. Köhler は，この実験からチンパンジーは，試行錯誤的に課題を解決したのではなく，棒や箱が道具として使えるという洞察に基づく，洞察学習であると考えた。

【文献情報】
・下山晴彦編（2014）誠信 心理学辞典［新版］p.84, 92, 93, 99, 101 誠信書房

問 85 (配点：1)　　【心理学基礎・応用領域系】

パーソナリティの理論について，正しいものを1つ選べ。

① 場理論では，環境とパーソナリティの二者関係をモデル化する。

② 期待−価値理論では，個人が生得的に有する期待，価値の観点から
パーソナリティの個人差を考える。

③ 5因子理論では，5つの特性の上位に，行動抑制系，行動賦活系と
いう2つの動機づけシステムを仮定する。

④ 認知−感情システム理論では，個人の中に認知的・感情的ユニットを
仮定し，パーソナリティの構造を捉える。

⑤ パーソナル・コンストラクト理論では，個人の中にコンストラクト
と呼ばれる単一の認知的枠組みを仮定する。

246

問85	【感情・人格心理学】 パーソナリティ	肢別解答率					正答率 48.0%	
			①	②	③	④	⑤
難易度3	正解：④	全体	21.3%	14.3%	5.5%	48.0%	10.7%

①誤 り。 場理論は，相互作用論に該当するパーソナリティ理論である。相互作用論とは，人の行動を考える際に，パーソナリティ特性と状況の両方を考慮し，多面的に捉えていこうとする考え方である。代表的な理論がK. Lewin の場の理論である。これは，人の行動をB＝f（P，E）という式によって，行動（B）は，人（P）と環境（E）で表されることを示したものである。よって，場理論では，環境とパーソナリティ，行動の三者関係をモデル化しているため，本選択肢は誤りである。

②誤 り。 期待−価値理論は様々な研究者によって提唱されているパーソナリティ理論の1つである。これは，人間の行動の個人差は期待と価値の相乗効果によって示されるという理論である。期待は自分の行動によって望ましい成果が得られるかどうかを指し，価値は自分の行動の結果に対する価値づけのことを指す。例えば，毎日1時間英単語を覚えるという行動が生じるのは，過去の経験からその勉強によって英語の上達という成果が得られ，かつ英語の上達がその人にとって魅力的な場合と考えられる。しかし，毎日1時間英単語を覚えることが英語の上達につながらないと考える人もいれば，英語の上達が魅力的ではない人もいる。つまり，期待と価値は人間が生得的に有しているのではなく，様々な経験から後天的に有するものであるため，本選択肢は誤りである。

③誤 り。 5因子理論は5因子モデルやビッグファイブとも呼ばれる。これは性格特性論においてL. R. Goldberg らがG. W. Allport 以来の研究を統合して，5つの因子にまとめた理論である。5つの因子とは，対人関係や外界に対する働きかけにおける積極性を示す外向性〈Extraversion〉，対人関係における共感性や思いやりに関わる協調性〈Agreeableness〉，仕事面におけるセルフ・コントロールや責任感に関わる誠実性〈Conscientiousness〉，情動における情緒安定性〈Neuroticism〉，知的関心における開放性〈Openness〉が指摘されている。それに基づく実証研究も多数なされており，文化差・民族差を越えた普遍性を持つものとされている。この理論では，5つの特性の上位に，行動抑制系，行動賦活系という動機づけシステムは仮定していないため，本選択肢は誤りである。なお，行動抑制系（Behavioral Inhibition System：BIS），行動賦活系（Behavioral Activation System：BAS）という動機づけシステムは，H. J. Eysenck の理論をベースにして発展させたJ. A. Gray の強化感受性理論に仮定されているシステムである。

④**正しい。** 認知－感情システム理論とは，W. Mischel らによって提唱されたパーソナリティに関する理論である。これは，ある事象に遭遇した際，その事象に応じた認知や感情が活性化され，それらが行動を決定していくというプロセスを仮定している。この理論では，特定の心的表象である認知的－感情的ユニットを仮定しており，符号化や期待・信念，感情，目標や価値，自己制御方略やコンピテンスなど幅広いものが含まれている。よって，認知－感情システム理論では，個人の中に認知的・感情的ユニットを仮定し，パーソナリティの構造を捉えるという本選択肢は正しい。

⑤**誤 り。** パーソナル・コンストラクト理論とは，G. A. Kelly によって提唱されたパーソナリティに関する理論であり，個人的構成概念理論ともよばれる。この理論では，パーソナル・コンストラクトいう外界を認知的に表象する仮説的な概念を枠組みとして，外界の環境や出来事などを捉えると考えられている。また，パーソナル・コンストラクトは個人によって異なるため，客観的に同じ出来事であったとしても，違う解釈や捉え方がされる。加えて，パーソナル・コンストラクトは1つではなく，複数のコンストラクトがあると考えられているため，1人の人がある事象に対してさまざまな解釈をすることが可能であり，これはコンストラクトの代替性とよばれる。よって，パーソナル・コンストラクト理論では，個人の中にコンストラクトと呼ばれる単一の認知的枠組みを仮定するという本選択肢は誤りである。

【文献情報】
・山村豊・高橋一公（2017）心理学［カレッジ版］p.131 医学書院
・齋藤勇（2005）図説心理学入門 第2版 p.48-50 誠信書房
・島義弘編（2017）ライブラリ 心理学を学ぶ＝6 パーソナリティと感情の心理学 p.63 サイエンス社
・横田正夫・津川律子（2020）テキストライブラリ 心理学のポテンシャル＝7 ポテンシャルパーソナリティ心理学 p.118-121, 124, 125, 132-138 サイエンス社
・中間玲子（2020）公認心理師の基本を学ぶテキスト⑨感情・人格心理学－「その人らしさ」をかたちづくるもの－ p.103, 104 ミネルヴァ書房
・子安増生・丹野義彦・箱田裕司監（2021）有斐閣現代心理学辞典 p.617 有斐閣
・下山晴彦編（2014）誠信 心理学辞典［新版］p.337-339 誠信書房

ヒトのサーカディアンリズムと睡眠について、正しいものを1つ選べ。

① 加齢による影響を受けない。

② メラトニンは、光刺激で分泌が低下する。

③ 時計中枢は、視床下部の室傍核に存在する。

④ 睡眠相遅延（後退）症候群は、夕方から強い眠気が出る。

⑤ ノンレム睡眠とレム睡眠は、約45分の周期で出現する。

問 86	【神経・生理心理学】 サーカディアンリズム		肢別解答率				正答率 28.0%	
			①	②	③	④	⑤	
難易度 2	正解：②	全体	3.6%	28.0%	50.6%	8.5%	9.2%	

　サーカディアンリズムとは概日リズムとも呼ばれ，覚醒と睡眠，体温やホルモンなどの約 24 時間のリズムのことである。自然と朝に目が覚め，夜になると眠くなるのはこの機能によるものと考えられている。日照から遮断され，時間が分からない状態だと人間は 24〜26 時間のリズムで暮らすと言われており，体内のこの時間と 1 日 24 時間とのずれは，日照時間，温度変化，気温など時間同調因子とよばれるものを手掛かりに体内時計によって調節されている。

①誤　り。　厚生労働省 健康づくりのための睡眠指針 2014 において，「5 −②睡眠時間は加齢で徐々に短縮　夜間に実際に眠ることのできる時間は，成人してから加齢により徐々に短くなることが，多くの研究で示されている。脳波を用いて客観的に夜間睡眠時間を調べた世界各国の 65 編の論文から得られた健常人 3,577 人のデータをまとめた研究では，夜間睡眠時間は 15 歳前後では 8 時間，25 歳で約 7 時間，その後 20 年経って，45 歳には約 6.5 時間，さらに 20 年経って 65 歳には約 6 時間というように，成人してからは 20 年ごとに 30 分程度の割合で夜間睡眠時間は減少することが示されている。」との記載がある。よって，睡眠は加齢による影響を受けるため，本選択肢は誤りである。

②正しい。　サーカディアンリズム〈概日リズム〉の調節を行っているのは視床上部の松果体である。ここがメラトニンの合成・分泌によるサーカディアンリズムの調節を担っている。日光を浴びると網膜から視床上部の松果体に光刺激の情報が送られ，メラトニンの分泌が抑制される。一方，夜間になると分泌が活発となる。ホルモンの 1 つであるメラトニンは睡眠導入作用があるため，メラトニンの分泌が抑制されることは活動性の増加につながり，分泌が活発となることは睡眠を促す作用がある。朝，日光を浴びると目が覚めたように感じるのはこれらの機能によるものと考えられている。よって，光を浴びるとメラトニンの分泌が抑制されるため，メラトニンは光刺激で分泌が低下するという本選択肢は正しい。

③誤　り。　時計中枢は，視床下部の視交叉上核に存在するとされているため，本選択肢は誤りである。ここに局在する時計遺伝子が概日リズムをコントロールしていると考えられている。

④誤　り。　睡眠相遅延（交代）症候群とは，DSM-5の概日リズム睡眠障害の睡眠相後退型に該当する。厚生労働省　健康づくりのための睡眠指針2014　概日リズム睡眠障害において，「⑵睡眠相後退型，自由継続型　睡眠相後退型は，いったん夜型の生活をすると通常の時刻に眠り，望まれる時刻に起床するというリズムに戻すことが困難になる症候群である。概日リズム睡眠障害の中では最も頻度が高い睡眠障害であり，10～20歳代に発症することが多い。有病率は一般人口の0.17%，高校生の0.4%と推定されている。患者は日中の行動や心理状態とかかわりなく朝方まで入眠できないという特徴がある。いったん入眠すると比較的安定した睡眠が得られ，遅い時刻まで起きられない。深部体温リズムやホルモンを測定して概日リズムを調べると，通常の生活ができる人と比べて3～4時間遅れていることが観察される。」とある。また，睡眠相前進型の箇所には「患者は夕方になると強い眠気を覚え起きていられず，20時前には入眠するが，早朝2～3時頃には覚醒してしまい，その後再入眠することができないことが多い。」とある。よって，夕方から強い眠気が出るのは睡眠相遅延（後退）症候群ではなく，概日リズム睡眠障害の睡眠相前進型である睡眠相前進症候群であるため，本選択肢は誤りである。

⑤誤　り。　人間は，入眠後，レム睡眠とノンレム睡眠を約90分の周期で3～5回繰り返して覚醒する。レム睡眠は，急速眼球運動を伴う睡眠であり，大脳皮質は賦活されているが身体の筋肉活動は低下している睡眠である。つまり，脳は起きているが身体は寝ている状態であり，このときに夢をみるのが一般的である。一方，ノンレム睡眠は，急速眼球運動を伴わない睡眠であり，脳代謝量は低下し，脳の疲労回復に寄与していると考えられている。よって，ノンレム睡眠とレム睡眠は，約45分ではなく約90分の周期で出現するため，本選択肢は誤りである。

【文献情報】
・坂井建雄・久光正監（2011）ぜんぶわかる脳の事典　p.136，137　成美堂出版
・坂本敏郎・上北朋子・田中芳幸編（2020）神経・生理心理学　基礎と臨床，わたしとあなたをつなぐ「心の脳科学」p.86-90　ナカニシヤ出版
・大西芳秋・石田直理雄（2008）生物の体内時計：時計遺伝子により構成される洗練された細胞の分子機械　p.756，757　日本機械学会誌　111（1078）一般社団法人　日本機械学会

問 87 (配点：1) 　　　【心理学基礎・応用領域系】

社会的排斥の原因を説明する理論として，最も適切なものを1つ選べ。

① 衡平理論

② バランス理論

③ 社会的交換理論

④ 社会的インパクト理論

⑤ 社会的アイデンティティ理論

問87	【社会・集団・家族心理学】社会的アイデンティティ		肢別解答率				正答率 35.8%
			①	②	③	④	⑤
難易度2	正解：⑤	全体	21.8%	16.1%	10.7%	15.4%	35.8%

　社会的排斥とは，関係性を一方的に断ち切られたり，集団から疎外され仲間外れにされたりするような現象をさす。例えば，村八分や学校における無視などが該当する。社会的排斥を受けた人は，攻撃行動の増加，知的思考力の低下，自己制御の阻害などが生じることが示されている。

①**不適切。**　衡平理論とは，J. S. Adams によって提唱され，公平理論とも呼ばれる。これは，人間は自分の仕事量（投入）に見合う報酬（結果）を得たいと願う存在であり，この投入と結果の比が，他者と等しい場合には公平，等しくない場合には不公平とみなし，不公平の程度が大きければ大きいほど不快になり，その解消にモチベーションが向けられるという理論である。よって，社会的排斥の原因を説明するものとして不適切である。

②**不適切。**　バランス理論とは，F. Heider によって提唱され，認知的均衡理論，均衡理論，P-O-X 理論とも呼ばれる。これは，「認知者（P）と他者（O）」などの二者関係，「認知者（P）と他者（O）と事物（X）」などの三者関係を人がどのように認知するかを扱うものである。ハイダーは，このような対人関係の認知がその中に含まれる要素間の不均衡を避け，均衡に向かおうとする傾向があるという基本的な仮説に基づいてバランス理論を説明している。例えば，Aさん（P）はタバコ（X）が嫌い，Aさん（P）はBさん（O）が好き，Bさん（O）はタバコ（X）が好き，という状況では，Aさん（P）が嫌いなタバコ（X）をBさん（O）は好きであるため，Aさん（P）にとっては，均衡が取れていない状態である。そのため，Aさん（P）はBさん（O）を嫌いになる，あるいは，タバコ（X）を好きになるという態度変容が生じる。よって，社会的排斥の原因を説明するものとして不適切である。

③**不適切。**　社会的交換理論とは，報酬やコストといった概念から対人関係の維持や崩壊を説明する理論である。これは，人間の社会行動や対人間の相互作用にみられる様々な行動のやりとりを理論化したものであり，例えば，付き合っている人がどのような場合に別れを選択するのかといったモデルが仮定されている。例えば，時間や費用，労力といったコストが近距離になればなるほど低くなるため，対人魅力が高まりやすい。よって，社会的排斥の原因を説明するものとして不適切である。

④**不適切。** 社会的インパクト理論はB. Latanéによって提唱された理論である。これは観察者の存在がある個人の遂行に与える影響力（impact）は，観察者が有している権力，直接性や近接性，観察者と被観察者の人数によって規定されるとするものである。例えば，多くの観察者が1人を観察するとき，集中して見られるのでインパクトは大きくなり，社会的促進が生じる。逆に観察者1人が複数の人を見るときは，それぞれの被観察者に対するインパクトは分散され弱くなるため，社会的手抜きが生じると考えられている。よって，社会的排斥の原因を説明するものとして不適切である。

⑤**適 切。** 社会的アイデンティティ理論とは，H. Tajfel & J. C. Turnerによって提唱された，外集団に対する優位性を確認することによって，自身が属する内集団が望ましい社会的アイデンティを維持し，自己評価を高めるとする理論である。社会的アイデンティティとは，自分が所属する集団の一員として自分自身を理解し，行動することである。例えば，「俺の地元」「私のクラス」「うちの会社」などという表現は，その集団に属していることがその人自身を表す一部となっている。内集団とは，自分が所属している集団のことであり，それ以外の集団は外集団と呼ばれる。例えば，自分の出身県や出身校，所属しているグループ，働いている会社などがその人にとっての内集団である。内集団と外集団の特徴として，自分が所属している内集団に対しては肯定的な評価を行いやすく，自分が所属していない外集団に対しては偏見や差別など否定的な評価を行いやすい。これは社会的アイデンティティ理論によって，自分たちの所属する内集団を好意的に評価し，内集団と外集団を区別する認知が促進されることによって生じるとされている。よって，社会的アイデンティティ理論は，仲間外れにするなどの社会的排斥の原因を説明する理論として，最も適切である。

【文献情報】
・竹村和久編（2018）公認心理師の基礎と実践⑪［第11巻］社会・集団・家族心理学 p.52, 53, 126, 127 遠見書房
・子安増生・丹野義彦・箱田裕司監（2021）有斐閣現代心理学辞典 p.235, 332, 630 有斐閣
・北村英哉・内田由紀子編（2016）社会心理学概論 p.83 ナカニシヤ出版
・池上知子・遠藤由美（2008）グラフィック社会心理学第2版 p.68-70, 196-199, 226, 230, 246 サイエンス社

問 88 (配点：1)	【健康・医療／精神疾患】

精神疾患の診断・統計マニュアル改訂第5版〈DSM-5〉について，正しいものを1つ選べ。

① 機能の全体的評価を含む多軸診断を採用している。

② 次元モデルに基づく横断的症状尺度が導入されている。

③ 強迫症／強迫性障害は，不安症群／不安障害群に分類される。

④ 生活機能を心身機能・身体構造，活動及び参加の3要素で捉えている。

⑤ 分離不安症／分離不安障害は，「通常，幼児期，小児期または青年期に初めて診断される障害」に分類される。

258

問88	【精神疾患とその治療】精神疾患の診断分類・診断基準〈DSM-5〉	肢別解答率			正答率18.2%	
		①	②	③	④	⑤
難易度 1	正解：②	全体 24.5%	18.2%	34.5%	10.2%	12.6%

　精神疾患の診断・統計マニュアル改訂第5版〈DSM-5〉に関する出題である。選択肢②を積極的に選ぶことは難しいと思われるが，それ以外の選択肢を消去することで比較的容易に解答が可能な問題である。DSM-5は，アメリカ精神医学会（APA：American Psychiatric Association）による精神疾患の診断と分類の手引き（DSM：Diagnostic and Statistical Manual of Mental Disorders）のことである。1952年の第1版以来改訂を重ね，最新版は2013年（日本語版は2014年）に発表されたDSM-5である。第5版では，DSM-Ⅳ-TRの多軸診断が廃止され，多元的診断（ディメンション診断）が採用されている。これは各疾患単位を連続体（スペクトラム）とみなし，重症度で評価するという考え方である。

①誤　り。　多軸診断は改訂前のDSM-Ⅳ-TRにおいて使用されていたものであるため，誤りである。多軸診断とは，以下の5軸を用い，クライエントを生物・心理・社会的側面から総合的に診断するものである。第Ⅰ軸では，パーソナリティ障害と知的障害を除く精神疾患が診断される。第Ⅱ軸ではパーソナリティ障害，知的障害が診断される。第Ⅲ軸ではその時点の身体疾患が記録され，第Ⅳ軸では心理社会的問題や環境的問題が記録される。第Ⅴ軸では，機能の全体的評価を行い，患者の精神症状や社会機能を1点から100点として評価する。

②正しい。　DSM-Ⅳ-TRまではカテゴリー的方式な診断方法を行ってきたが，特定不能診断の頻発や中間カテゴリーの必要性，併存症の割合が高くなるなどにより，多次元的なモデルに基づく横断的症状尺度がDSM-5では導入されたため，本選択肢は正しい。横断的症状尺度には，2つのレベルがあり，レベル1は成人に対して13症状の領域に関する簡単な質問，小児・青年期に対しては12症状の領域に関する簡単な質問を行う。レベル2では，特定の領域に関するより深い評価が実施される。

③誤　り。　DSM-Ⅳ-TRでは，「不安障害」に，強迫性障害が含まれていたが，DSM-5に改訂後，強迫症／強迫性障害は，新設された「強迫症および関連症群／強迫性障害および関連障害群」に分類されているため，本選択肢は誤りである。

④誤　り。　生活機能を心身機能・身体構造，活動及び参加の3要素で捉えるのはICFであるため，誤りである。ICF〈国際生活機能分類〉は，人間の生活機能と障害の分類法として，2001年5月に世界保健機構（WHO）総会において採択されたものである。その特徴は，従前のWHO国際障害分類（ICIDH）がマイナス面を分類する考え方で

あったのに対し，ICF は生活機能というプラス面から分類するよう視点を転換した点にあり，医学モデルと社会モデルを統合した「統合モデル」で障害を考える。生活機能（functioning）には，心身機能・身体構造（body functions and structures），活動（activities），参加（participation）の3つの次元がある。また，生活機能に大きな影響を与えるものとして，健康状態と背景因子がある。背景因子としては，環境因子と個人因子の2つがある。これらの要素は，相互に影響し合うと考えるため，相互作用モデルとも表現される。

⑤誤　り。　DSM-Ⅳ-TR では，「通常，幼児期，小児期，または青年期に初めて診断される障害」に，分離不安障害，選択性緘黙，幼児期または小児期早期の反応性愛着障害，常同運動障害などが含まれていたが，DSM-5 に改訂後，分離不安障害，選択性緘黙は「不安症群／不安障害群」に，反応性愛着障害は「心的外傷およびストレス因関連障害群」に，常同運動障害は「運動症群／運動障害群」に移行した。よって，DSM-5 では分離不安症／分離不安障害は「不安症群／不安障害群」に分類されているため，誤りである。

【文献情報】
・加藤敏ら編（2016）縮刷版 現代精神医学事典 p.680 弘文堂
・高橋三郎・大野裕・染矢俊幸訳（2003）DSM-Ⅳ-TR 精神疾患の分類と診断の手引 新訂版 p.10-12 医学書院
・高橋三郎・大野裕監訳（2014）DSM-5 精神疾患の診断・統計マニュアル p.16, 17, 729-735 医学書院

| 問 89 (配点：1) | 【心理査定】 | 月　日 |
| | | 月　日 |

知能検査の実施について，最も適切なものを1つ選べ。

① 検査者が十分に習熟していない検査を用いることを控えた。

② 被検査者に求められたため，検査用紙をコピーして渡した。

③ 客観的情報を収集するために，被検査者とのラポール形成を避けた。

④ 被検査者が検査に対する先入観や恐怖心を抱かないように，事前に検査について説明することを控えた。

⑤ 実施時間が2時間を超え，被検査者が疲れている様子であったが，そのまま続けて全ての検査項目を実施した。

問89	【心理的アセスメント】知能検査		肢別解答率					正答率 93.7%	
			①	②	③	④	⑤		
難易度 1	正解：①	全体	93.7%	0.9%	1.4%	1.2%	2.9%		

①**適　切。**　　知能検査には，ウェクスラー式知能検査や田中ビネー知能検査などの複数の種類がある。例えば，日本版 WISC-Ⅳでは，日本における販売元である日本文化科学社からテクニカルレポートが公開され，検査の適切な使用を求めている。その「日本版 wisc-Ⅳテクニカルレポート＃2」においては，心理検査使用者の責任として十分な専門的な研修を積むことが挙げられている。また，知能検査に限らず，心理検査全般に言えることであるが，この選択肢の内容のように，検査者が十分に習熟していない検査を用いることを控えることは，検査者としての責任を果たすことができないと考えられるため適切な判断である。

②**不適切。**　　上述した「日本版 wisc-Ⅳテクニカルレポート＃2」では，心理検査使用者の責任として被検査者やその保護者に対して検査結果のコピーを渡すことは原則として認められないとされている。つまり，被検査者に求められたからといって，検査用紙をコピーして渡すことは不適切な行為であるとみなすことができる。

③**不適切。**　　ラポールとは，被検査者（クライエント）と検査者（公認心理師）との間で安心して情緒的な交流が行うことができる状態，つまり信頼関係を指す。このラポールに関しては，知能検査に限ったことではなく，他の心理検査の実施や心理療法やカウンセリングにおいても重要とされる。知能検査を実施する際にこのラポールが形成されていない場合，被検査者の自発的な応答や自由度の高い応答が困難になること，不都合なことを隠したり，捻じ曲げて答えたりするなどの防衛が働き回答にバイアスがかかってしまうことなどがある。これらは，知能検査の結果の妥当性を損なうものであり，結果を妥当性の高いものにするためにはラポールは重要なことである。

④**不適切。**　　この選択肢はインフォームド・コンセントに関わる内容である。インフォームド・コンセントはクライエントの(1)「接近権（知る権利）の保障」，(2)「自己決定権（決める権利）の保障」と，公認心理師の(3)「還元義務（伝える義務）の遂行」からなる。(1)接近権（知る権利）の保障とは，心理支援の場面において，時間，場所，料金などの外的治療構造，守秘義務などの内的治療構造，どのような心理検査を行うのか，どのような心理療法やカウンセリングが行えるのか，どのような仮説・目標を立てているか，など心理支援の内容に関して，支援者に説明を求めることが保障されている。(2)自己決定権（決める権利）の保障は，公認心理師から支援の内容に関する説明を受けた後で，その支援を受けるか否かを決定する権利の保障である。(3)還元義務（伝える義務）の遂行は，公認心理師が支援の内容に関して，クライエントに適切な説明を

行うことである。ここには，もちろん心理検査の実施において，検査の説明をすることも含まれる。よって，選択肢の内容である被検査者の先入観や恐怖感を回避するためとはいえ事前に検査に関する説明を控えることは適切とは言えない。

⑤**不適切。**　選択肢のように被検査者が疲労を見せている状況では，無理に検査を継続して実施することは不適切である。それは，被検査者の負担になることによって，被検査者が有している能力を十分に発揮することができず，検査結果に被検査者の能力が反映されないことが起こりうるからである。知能検査に限らずどの心理検査であっても，検査を受けるということは精神的にも身体的にも負担が大きい作業であるため，被検査者へ実施する際には事前に被検査者の負担を考慮し，負担を最小限にする検査選択や，検査実施を行わなければならない。

【文献情報】
・下山晴彦編（2014）誠信 心理学辞典［新版］p.42，43 誠信書房
・氏原寛他編（2004）心理臨床大事典 改訂版 p.599，600 培風館

| 問 90 (配点：1) | 【心理査定】 | 月　日 |
| | | 月　日 |

MMPIの実施と解釈について，正しいものを1つ選べ。

① 各質問項目には，5件法で回答する。

② 追加尺度は，20尺度開発されている。

③ F尺度は，心理的防衛の高さを示している。

④ 第5尺度（Mf）は，性別により解釈基準が異なる。

⑤ 第0尺度（Si）と第7尺度（Pt）が90の場合は，精神的混乱状態と解釈できる。

問90	【心理的アセスメント】 質問紙法		肢別解答率				正答率 52.8%	
			①	②	③	④	⑤	
難易度2	正解：④	全体	9.9%	5.5%	20.8%	52.8%	10.8%	

①誤　り。　MMPI（Minnesota Multiphasic Personality Inventory）は，ミネソタ多面的人格目録である。550 項目からなる質問紙検査である。基本的には，「あてはまる」「あてはまらない」の 2 件法で被検査者に回答をしてもらうため，5 件法で回答する方法ではない。また，「どちらともいえない」という例外的な選択肢もあるが，この選択数が 10 以上になった場合は再度回答し直して 10 未満になるよう要請する必要がある。

②誤　り。　追加尺度はこれまで非常に多くの数が開発されてきた。代表的な追加尺度は，A（不安尺度），R（抑圧尺度），MAS（顕在不安尺度），Es（自我強度尺度），Lb（腰痛（機能的）尺度），Ca（前頭側頭葉損傷尺度），Dy（依存尺度），Do（支配尺度），Re（社会的責任尺度），Pr（偏見尺度），St（社会的地位尺度），Cn（統制尺度），Mt（情緒不適応（大学生）尺度），MAC（アルコール依存症尺度），O-H（敵意の過統制尺度）が挙げられる。その他にも，Wiggins 内容尺度（13 尺度）や TSC クラスター尺度（7 尺度），フリードマン尺度など多岐にわたり，開発された追加尺度の数は 20 以上になっている。

③誤　り。　心理的防衛の高さを示すのは妥当性尺度の中でも K 尺度（修正尺度，対処尺度）である。一方，F 尺度（頻度尺度）は，心理的苦痛や自分へのネガティブな捉えなどを示す尺度である。重篤な病理を抱えている時や援助を求め自分を悪く見せようとする時に高くなる。

④正しい。　臨床尺度における第 5 尺度（Mf）とは，男性性・女性性に関する尺度である。一つの尺度内で男性性と女性性に関して評価できるようになっている。基本的な考え方としては，この尺度が高得点である場合は被検査者が持つ性別の反対の性役割を取り入れていると解釈することができる。つまり，男性の被検査者がこの尺度が高得点である場合，受動的な姿勢や自己主張の乏しさなどが解釈できる。一方，女性の被検査者がこの尺度が高得点である場合，能動的な姿勢や自己主張の強さなどが解釈できる。

⑤誤　り。　臨床尺度における第 0 尺度（Si）は，社会的内向性に関する尺度である。また，第 7 尺度（Pt）は，精神衰弱や強迫神経症に関する尺度である。第 0 尺度が高得点である場合，社会的内向性が強く他者と一緒にいるよりも一人でいることを好む傾向が強いと解釈することができる。また，第 7 尺度が高得点である場合，緊張や不安が

強いと解釈することができる。さらに，MMPI の解釈においては「2点コード」と呼ばれる解釈の仕方がある。この方法は 10 の臨床尺度の中から高得点である 2 つの尺度を選出しその組み合わせによって解釈をしていくというものである。第 0 尺度と第 7 尺度が T 得点 70 以上の高得点の場合，被検査者が男性であると内気で心配性，対人コミュニケーションに不全感がある，自信が極端にないため自分を責めると解釈できる。一方，被検査者が女性で第 0 尺度と第 7 尺度が T 得点 70 以上の高得点で，かつ第 5 尺度が 40 未満の場合，男性と同じパターンであると解釈でき，第 5 尺度が 40 未満ではないときは，特徴は大きくないが，自信が欠如していたり，自意識が過剰であると感じていると解釈できる。以上より，選択肢にある場合に精神的混乱状態と解釈することは誤りである。

【文献情報】
・A. F. Friedman ら著 MMPI 新日本版研究会訳（1999）MMPI による心理査定 p.194-196 三京房
・野呂浩史ら編 日本臨床 MMPI 研究会監修（2011）わかりやすい MMPI 活用ハンドブック-施行から臨床応用まで- p.45-66 金剛出版

問 91 (配点：1) 　　　|　　　【心理学的支援法】　　　月　日 / 月　日

　集団や組織，コミュニティにおいて，無力な状態にある人々が自らの中に力があることに気づき，能動的にそれを使い，環境の変化を求めていけるようになることを何というか，最も適切なものを1つ選べ。

① 自己実現
② コーピング
③ 自己効力感
④ コンピテンス
⑤ エンパワメント

問91	【心理学的支援法】 エンパワメント	肢別解答率					正答率 74.4%
難易度 1	正解：⑤		①	②	③	④	⑤
		全体	3.2%	3.6%	9.4%	9.2%	74.4%

①**不適切。** 自己実現とは，個人の持つあらゆる可能性を実現し，本来ある自分自身の存在に近づいていくことをいう。C. G. Jung によって最初に用いられた用語であり，A. H. Maslow や C. R. Rogers らによってそれぞれに概念化されているものである。

②**不適切。** コーピングとは，ストレスに対して生じた身体的・心理的反応を軽減するために，生体が認知的・行動的に対処しようとするプロセスを指す。問題焦点型コーピングや情動焦点型コーピングがある。直面する状況に対処可能である評定した場合には問題焦点型コーピングが用いられ，「問題解決に向けて情報収集する」「計画を立てる」「具体的に行動する」などストレスフルな状況そのものを解決しようとする具体的な努力が取られる。一方，直面する状況が対処不可能である評定した場合には情動焦点型コーピングが用いられ，「問題について考えるのをやめる」「問題の意味を考え直す」など，直面する問題の直接的な解決ではなく，問題によって生起した情動の調整を目的としている。これらのコーピングを同時的に，または継続的に用いながら，ストレスに対処していく。

③**不適切。** 自己効力感とは，自分が行為の主体であるという確信を持っていること，自分が外部からの要請に対応できているという確信を持っていることである。人間の行動の先行要因となる期待は，結果期待と効力期待の2つに分かれる。結果期待は，特定の行動が特定の結果をもたらすだろうという予測，随伴性に関する期待のことである。効力期待は，その人自身が実際に特定の行動を起こせるだろうという信念のことである。この効力期待が高い状態，つまり，「私はやればできる」という感覚が自己効力感である。A. Bandura は，自己効力感を高める要因として，⑴遂行行動の達成〈制御体験〉（成功体験をする），⑵代理的経験（他者の成功を観察する），⑶言語的説得（結果が他者に高く評価される），⑷情動的喚起（何かをするときにリラックスしていると感じ「大丈夫」と安心する）の4つを挙げており，自己効力感を高める最も強力な要因は，⑴遂行行動の達成であるとしている。

④**不適切。** コンピテンスとは，個人にすでに備わっている潜在的な能力と，外部に主体的に働きかけることで自身が有能であることを追求しようとする動機づけを合わせて捉えた概念である。個人が環境に適応しようとする働きだけではなく，環境に働きかけて変えていこうとする行動である点が強調されている。

⑤**適　切**。　エンパワメントとは，コミュニティ・アプローチにおける重要な概念である。支援の対象者に対して，従来はその問題点が強調され，無力な弱者であると認識されていたことの批判から生まれた概念であり，被支援者が自分自身で生活全体をコントロールし支配する力を獲得すること，そしてコミュニティに参加し，それが自分自身にとって有益なものになるように働きかけ，変化を求める力を獲得することを意味する。

【文献情報】
・中島義明ら編（1999）心理学辞典　p.276，284，330，331　有斐閣
・杉原保史ら編（2019）公認心理師標準テキスト　心理学的支援法　p.232，233　北大路書房

問 92 (配点：1) 　　【健康・医療／精神疾患】　月　日／月　日

うつ病を疑わせる発言として，最も適切なものを1つ選べ。

① 眠る必要はないと思います。

② いつも誰かに見られている気がします。

③ 何をするのもおっくうで面倒くさいです。

④ 人前で何かするときにとても不安になります。

⑤ 鍵がかかっているかを何度も確認したくなります。

問92	【精神疾患とその治療】 気分（感情）障害（F3）	肢別解答率						正答率95.2%	
			①	②	③	④	⑤		
難易度1	**正解：③**	全体	2.1%	1.5%	95.2%	1.1%	0.1%		

①**不適切**。　DSM-5において双極性障害および関連障害群に分類される双極Ⅰ型障害の躁病エピソードに「B 気分が障害され，活動または活力が亢進した期間中，以下の症状のうち3つ（またはそれ以上）（気分が易怒性のみの場合は4つ）が有意の差をもつほどに示され，普段の行動とは明らかに異なった変化を象徴している。……(2) 睡眠欲求の減少」の記載がある。つまり，双極性障害の躁状態の際には，本選択肢「眠る必要はないと思います」のように睡眠欲求の減少がみられる場合がある。よって，うつ病を疑わせる発言としては不適切である。

②**不適切**。　統合失調症の症状の1つに妄想が挙げられる。妄想とは，基本的には不十分な根拠に基づく，誤った強い信念であり，論理的な反証による修正ができないといった特徴をもつ。妄想は形式的な分類では一次妄想と二次妄想に分類され，内容による分類では，関係妄想，微小妄想，誇大妄想などに分類される。これらのうち，統合失調症にみられやすいのは，一次妄想，関係妄想である。関係妄想には被害妄想，注察妄想，被毒妄想などが含まれ，注察妄想は自分が見られている，監視されていると思う妄想である。つまり，本選択肢の「いつも誰かに見られている気がします」という発言は，統合失調症の症状の1つである注察妄想が疑われる。よって，うつ病を疑わせる発言としては不適切である。

③**適　切**。　DSM-5において抑うつ障害群に分類されるうつ病（DSM-5）／大うつ病性障害の診断基準に「A. 以下の症状のうち5つ（またはそれ以上）が同じ2週間の間に存在し，病前の機能からの変化を起こしている。これらの症状のうち少なくとも1つは(1)抑うつ気分，または(2)興味または喜びの喪失である。……(2) ほとんど1日中，ほとんど毎日の，すべて，またはほとんどすべての活動における興味または喜びの著しい減退（その人の説明，または他者の観察によって示される）……(6) ほとんど毎日の疲労感，または気力の減退」との記載がある。つまり，本選択肢の「何をするのもおっくうで面倒くさいです」という発言は，うつ病の症状である興味または喜びの著しい減退や疲労感，気力の減退が疑われる。よって，うつ病を疑わせる発言として最も適切である。

④**不適切**。　DSM-5において不安症群／不安障害群に分類される社交不安症／社交不安障害（社交恐怖）の診断基準に「A. 他者の注視を浴びる可能性のある1つ以上の社交場面に対する，著しい恐怖または不安。例として，社交的なやりとり（例：雑談すること，よく知らない人に会うこと），見られること（例：食べたり飲んだりすること），他

者の前でなんらかの動作をすること（例：談話をすること）が含まれる。」との記載がある。つまり、本選択肢の「人前で何かするときにとても不安になります」という発言は、社交不安症の症状の1つを表している可能性が高い。よって、うつ病を疑わせる発言としては不適切である。

⑤**不適切。** DSM-5において強迫症および関連症群／強迫性障害および関連障害群に分類される強迫症／強迫性障害の診断基準に強迫観念および強迫行為についての記載がある。強迫観念とは、一定のテーマの考え・イメージ・衝動が一定のパターンで繰り返し起こることであり、強迫行為は手洗い・確認などの儀式的な行為を繰り返すことである。つまり、本選択肢の「鍵がかかっているかを何度も確認したくなります」という発言は強迫性障害の症状の1つである強迫観念が疑われる。よって、うつ病を疑わせる発言としては不適切である。なお、強迫行為は強迫観念を中和したり、取り消すために行われる行為であることも併せて押さえておきたい。

【文献情報】
・高橋三郎・大野裕監訳（2014）DSM-5 精神疾患の分類と診断の手引き p.61, 62, 90, 91, 114, 115, 125, 126 医学書院
・松崎朝樹（2020）精神診療プラチナマニュアル第2版 p74, 75 メディカル・サイエンス・インターナショナル

問 93 (配点：1)　【健康・医療／精神疾患】

物質関連障害について，正しいものを1つ選べ。

① 物質への渇望や強い欲求を身体依存という。

② 物質の使用を完全に中止した状態を離脱という。

③ 身体的に危険な状況にあっても物質の使用を反復することを中毒という。

④ 同じ効果を得るために，より多くの物質の摂取が必要になることを耐性という。

⑤ 物質の反復使用により出現した精神症状が，再使用によって初回よりも少量で出現するようになることを乱用という。

問93	【精神疾患とその治療】精神作用物質使用による精神及び行動の障害（F1）	肢別解答率					正答率 70.9%	
			①	②	③	④	⑤
難易度 1	正解：④	全体	2.2%	9.0%	17.4%	70.9%	0.4%

①**誤　り**。　依存は身体依存と精神依存に分類される。身体依存は，ある物質を摂取し続けることにより，生体にその物質が摂取されていない本来の平衡状態から，その物質が生体にあることが常態化した状態である。加えて，同じ物質を同量用いていると効果が得られなくなる，つまり耐性が生じてくるため，同じ効果を得るためには大量の物質が必要となっていく。身体依存が形成されている状態で，物質の服用を止めた際には，平衡状態が崩れるために離脱症状（禁断症状）が生じる。一方，精神依存は，ある物質の服用による快感を再度体験したいという強い精神的欲求であり，精神依存だけでは離脱症状は生じない。つまり，本選択肢の物質への渇望や強い欲求は身体依存ではなく，精神依存であるため，誤りである。

②**誤　り**。　DSM-5において物質関連障害および嗜癖性障害群に分類されるアルコール使用障害の診断基準に「(11) 離脱，以下のいずれかによって明らかとなるもの：(a) 特徴的なアルコール離脱症候群がある。(b) 離脱症状を軽減または回避するために，アルコール（またはベンゾジアゼピンのような密接に関連した物質）を摂取する。」との記載がある。またアルコール離脱の箇所には「A. 大量かつ長期間にわたっていたアルコール使用の中止（または減量）」との記載がある。よって，離脱は物質の使用を減量した状態も指すため，本選択肢は誤りである。なお，離脱症状は歴史的には物質の使用を中止（断薬）した際に生じる症状のため禁断症状といわれていたが，現在では完全に断薬しなくとも症状が生じることから離脱症状と呼ばれるようになっている。

③**誤　り**。　DSM-5において物質関連障害および嗜癖性障害群に分類されるアルコール使用障害の診断基準に「(8) 身体的に危険な状況においてもアルコールの使用を反復する」との記載がある。また，大麻使用障害の診断基準にも「(8) 身体的に危険な状況においても大麻の使用を反復する」との記載がある。つまり，本選択肢の記述は中毒に該当するものではなく，アルコール使用障害や大麻使用障害などの症状の1つに該当するため，本選択肢は誤りである。なお，中毒とは，外部からなんらかの物質が生体に入った結果，意識水準，知覚，行動などに障害が生じている状態をさし，例えば，アルコール中毒や一酸化炭素中毒が挙げられる。いわゆる依存症とは区別する必要がある。

④**正しい。** 選択肢①の解説参照。また，DSM-5において物質関連障害および嗜癖性障害群に分類されるアルコール使用障害の診断基準に「⑽ 耐性，以下のいずれかによって定義されるもの：(a) 中毒または期待する効果に達するために，著しく増大した量のアルコールが必要　(b) 同じ量のアルコールの持続使用で効果が著しく減弱」ともあるため，本選択肢の記述は正しい。

⑤**誤　り。** 乱用は物質乱用や薬物乱用などと呼ばれ，法律や社会規範などの社会的なルール，物質を使用する本来の目的や方法から逸脱して物質を自分で使用することを指す。例えば，覚醒剤や大麻など法規制されている薬物や医薬品を本来の目的以外に使用することなどが挙げられる。よって，本選択肢の記述とは合致しないため，誤りである。

【文献情報】
・高橋三郎・大野裕監訳（2014）DSM-5　精神疾患の分類と診断の手引き　p.220-230 医学書院
・加藤敏ら編（2016）縮刷版 現代精神医学事典 p.917，918，1028，1063 弘文堂
・松崎朝樹（2020）精神診療プラチナマニュアル第2版 p109-119 メディカル・サイエンス・インターナショナル

問 94 (配点：1) 　　【健康・医療／精神疾患】

遺伝カウンセリングにおいて，経験的再発危険率が最も重要な疾患として，正しいものを1つ選べ。

① 統合失調症
② ダウン症候群
③ Huntington 病
④ 家族性 Alzheimer 病
⑤ 筋緊張性ジストロフィー症

問94	【健康・医療心理学】 遺伝カウンセリング	肢別解答率					正答率 42.4%	
			①	②	③	④	⑤	
難易度 3	正解：①	全体	42.4%	14.5%	18.6%	12.2%	12.3%	

経験的再発危険率とは，遺伝性疾患について，計算式からではなく，これまでの経験の蓄積から算出された確率である。遺伝カウンセリングでは疾患の再発可能性の評価が重要な情報となる。再発率の計算には，メンデルの法則などに従って算出されるものがあり，これを理論的再発危険率という。しかし実際には，家系や親の年齢等，さまざまな要因が関与することで理論値通りとならない疾患があり，その場合，臨床的に経験的再発危険率が用いられることが多い。

まず，選択肢③の Huntington 病，選択肢④の家族性 Alzheimer 病，選択肢⑤の筋緊張性（強直性）ジストロフィーは単一遺伝子疾患であり，メンデルの遺伝の法則に従って理論的再発危険率が重視される。よって，この3つは誤りである。

選択肢①の統合失調症は多因子疾患の1つである。多因子疾患とは多くの遺伝的要因と環境的要因が発症に影響していると考えられる疾患である。統合失調症を含む精神疾患のいくつかは，多因子疾患の中でも家系集積性，すなわち血縁関係が近いほど同じ病気になりやすい傾向が強いことが指摘されている。つまり，遺伝的要因が強いことが示されているが，この要因は単一の遺伝子や染色体の異常によって規定されるものではなく，複数の遺伝的要因が関与しているため，理論的再発危険率を計算することはできない。したがって，遺伝カウンセリングでは，経験的再発危険率を考慮することが重要となる。

また，経験的再発危険率が考慮される疾患としては，選択肢②のダウン症候群も挙げることができる。ダウン症候群は21番染色体トリソミーを原因とする常染色体疾患であり，染色体異常の頻度はある程度予測されるものである。しかし，母体の年齢による影響や流産率の高さ等から，正確に理論的再発率を割り出すことが困難でもあり，経験的再発危険率が考慮される疾患の1つである。しかし，この問題文には「経験的再発危険率が最も重要な疾患」とある。①統合失調症と②ダウン症候群を比較した場合，①統合失調症の方が理論的には疾患の再発率を計算することができず，経験的再発率がより重視されるため，「経験的再発危険率が最も重要な疾患」選択肢①が正答となる。

【文献情報】
・福嶋義光監修（2019）新遺伝医学やさしい系統講義 19 講 p.93，94，104，117，118，121，136，204，262，272 メディカル・サイエンス・インターナショナル

問 95 (配点：1) 　【健康・医療／精神疾患】

災害時の保健医療支援体制について，最も適切なものを1つ選べ。

① 災害派遣精神医療チーム〈DPAT〉は，都道府県医師会によって組織される。

② 災害拠点病院は，高度の医療を提供できる400床以上の病院の中から厚生労働省が指定する。

③ 災害派遣医療チーム〈DMAT〉は，各都道府県で実施する養成研修の修了者によって構成される。

④ 災害医療コーディネーターは，所定の研修を修了した者に対して厚生労働省が付与する資格である。

⑤ 広域災害救急医療情報システム〈EMIS〉は，インターネット上で災害時の医療情報の共有を図るシステムである。

問95	【健康・医療心理学】災害時等の心理的支援	肢別解答率					正答率47.6%
			①	②	③	④	⑤
難易度3	正解：⑤	全体	7.2%	7.7%	17.7%	19.7%	47.6%

①**不適切。** 災害派遣精神医療チーム〈DPAT〉とは，自然災害や事件・事故等の集団災害が発生した際に，被災地域の精神保健医療機能の低下や被災者のストレス等による精神的問題の発生に対応するため，被災地域の精神保健医療を把握し，各医療体制と連携しながら，専門的精神科医療の提供，精神保健活動の支援を行う組織である。DPATは各都道府県及び政令指定都市によって組織されるものである。そのため，選択肢にある「都道府県医師会によって組織される」という部分が不適切である。

②**不適切。** 厚生労働省が定める災害拠点病院の指定要件としては，24時間緊急対応できること，災害発生時に傷病者の受け入れ拠点になること，災害派遣医療チーム〈DMAT〉の派遣体制があること，救命救急センターもしくは第二次救急医療機関であること，等の規定があるが，病床数については特に規定されているわけではない。また，災害拠点病院は都道府県医療審議会等の承認を得て，都道府県が指定することとなっている。

③**不適切。** 災害派遣医療チーム〈DMAT〉とは，自然災害や大規模な事故等の災害が発生した際に，被災地に迅速に駆けつけ，救急医療を行う為の専門的訓練を受けた医療チームである。厚生労働省 日本DMAT活動要領 Ⅱ.用語の定義 によれば，「DMATの登録者は，厚生労働省等が実施する『日本DMAT隊員養成研修』を修了し，又はそれと同等の学識・技能を有する者として厚生労働省から認められ，厚生労働省に登録された者」と定められている。したがって，選択肢にある「各都道府県で実施する」という部分が不適切である。

④**不適切。** 厚生労働省 災害医療コーディネーター活動要領 4 災害医療コーディネーターとは によれば，災害医療コーディネーターとは，災害時に，都道府県並びに保健所及び市町村が保健医療活動の総合調整等を適切かつ円滑に行えるよう，被災地の保健医療ニーズの把握，保健医療活動チームの派遣調整等に係る助言及び支援を行うことを目的として，都道府県により任命された者，と定められている。厚生労働省は，知識や技能の向上を目的とした研修を実施するが，資格を付与するものではない。

⑤**適 切。** 厚生労働省 広域災害・救急医療情報システム（EMIS）を活用した情報収集体制の強化について において，広域災害・救急医療情報システム〈EMIS〉は，「災害拠点病院をはじめとした医療機関，医療関係団体，消防機関，保健所，市町村等の間の情報ネットワーク化及び国，都道府県間との広域情報ネットワーク化を図り，災害

時における被災地内，被災地外における医療機関の活動状況など，災害医療に関わる情報を収集・提供し被災地域での迅速かつ適切な医療・救護活動を支援することを目的としたシステムである。」とある。つまり，インターネット上で災害時の医療情報の共有を図るシステムであるため，選択肢の内容は適切である。

【文献情報】
・厚生労働省 災害派遣精神医療チーム（DPAT）活動要領
・厚生労働省 災害時における医療体制の充実強化について（別紙）災害拠点病院指定要件
・厚生労働省 日本DMAT活動要領
・厚生労働省 災害医療コーディネーター活動要領
・厚生労働省 広域災害・救急医療情報システム（EMIS）を活用した情報収集体制の強化について

問 96 (配点：1)　　　　　【心理査定】　　　　月　日
　　　　　　　　　　　　　　　　　　　　　　月　日

Clinical Dementia Rating〈CDR〉について，正しいものを1つ選べ。

① 介護必要度に関する評価はしない。

② 質問調査による他者評価尺度である。

③ 健常と認知症の境界は，0.5点である。

④ 判定には，家族からの情報は考慮されない。

⑤ 人の見当識障害は，中等度障害と判定される。

問96	【心理的アセスメント】 神経心理学的検査	肢別解答率					正答率8.9%
			①	②	③	④	⑤
難易度3	正解：③	全体	9.0%	62.7%	8.9%	2.3%	16.9%

①誤　り。　Clinical Dementia Rating〈CDR〉とは，認知症の重要度を評価するための検査である。実施は，対象者本人に面接をして評価することと，対象者の生活を詳細に把握している介護者や対象者家族からの聴取によって評価することが可能である。得られた情報を「記憶」「見当識」「判断力と問題解決」「社会適応」「家庭状況および趣味」「介護状況」の6つの項目に応じて評価していく。この6つ目の「介護状況」が介護の必要度を評価する項目である。

②誤　り。　選択肢①の解説参照。基本的な実施法は，対象者本人への面接を通して行う。また，対象者の生活を詳細に把握している介護者や対象者家族からの聴取も許されている。それらから得られた情報を選択肢①の解説に挙げた6つの項目において，「健康」「認知症の疑い」「軽度認知症」「中等度認知症」「重度認知症」と5段階で評価していく。予め質問項目が用意され，それに対して回答していくチェックリスト方式や，決められた質問項目を尋ねていく構造化面接形式を採用しておらず，質問調査による他者評価尺度ではない。

③正しい。　対象者本人や対象者をよく知る者から得られた情報を「記憶」「見当識」「判断力と問題解決」「社会適応」「家庭状況および趣味」「介護状況」の6つの項目に応じて「健康」「認知症の疑い」「軽度認知症」「中等度認知症」「重度認知症」と5段階で評価していく。この5段階評価では「健康」にCDR 0点，「認知症の疑い」にCDR0.5点，「軽度認知症」にCDR1.0点，「中等度認知症」にCDR2.0点，「重度認知症」にCDR3.0点をつける。つまり，健常と認知症の境界は0.5点であるという内容は正しい。

④誤　り。　選択肢①の解説参照。実施は，対象者本人に面接をして評価することと，対象者の生活を詳細に把握している介護者や対象者家族からの聴取によって評価することが可能である。

⑤誤　り。　認知症の見当識障害の症状は，時間の見当識，場所の見当識，人の見当識の順に生じる。そのため，見当識の項目において，常に時間の見当識に支障をきたしていたり時に場所の見当識に支障をきたしたりするような場合は，「中等度認知症」と評価でき，さらに人物への見当識が障害されている場合は重度認知症と評価することができる。以上から人物への見当識障害が生じている場合に中等度認知症と評価することはない。

【文献情報】
・大塚俊男ら編(1991)高齢者のための知的機能検査の手引き p.65-69 株式会社ワールドプランニング
・黒川由紀子ら編(2018)認知症の心理アセスメントはじめの一歩 p.79-81 医学書院

問 97 (配点：1)	【福祉／司法／産業】	月　日
		月　日

MMSE について，正しいものを1つ選べ。

① 非言語性課題が3問ある。

② 人の見当識課題は含まれない。

③ シリアル7課題（100から7を順に引く）は4回まで行う。

④ 直後再生課題に続く4課題の後に，遅延再生課題が実施される。

⑤ 直後再生課題では，全ての名称を言えるまで4回繰り返して尋ねる。

問 97	【福祉心理学】ミニメンタルステート検査〈MMSE〉	肢別解答率					正答率 14.6%	
			①	②	③	④	⑤
難易度 2	正解：②	全体	34.7%	14.6%	9.5%	38.3%	2.8%	

①**誤 り。** MMSE（Mini Mental State Examination）は，ミニメンタルステート検査と呼ばれ，日本語では「精神状態短時間検査」と呼ばれる認知症のスクリーニングテストである。MMSE の評価項目は 11 問，所要時間は 10〜15 分程度で実施，採点が簡便であるため，世界中で認知症の診断補助に有用なスクリーニング検査として多く利用されている。11 項目は，時の見当識，場所の見当識，記銘，注意と計算（Serial 7's），再生，呼称，復唱，理解（口頭従命），読字，書字，描画（図形模写）となっている。この中で，非言語性課題に該当するのは，理解（口頭従命），読字，書字，描画（図形模写）の 4 問である。

②**正しい。** 選択肢①の解説参照。11 項目の中に人の見当識課題は含まれていない。

③**誤 り。** シリアル 7 課題は，100 から 7 を順に引いていくように教示する。5 回まで行ったところで中止する。つまり，4 回ではなく 5 回まで行う。

④**誤 り。** 選択肢①の解説参照。選択肢の「直後再生課題」とは「記銘」課題を指す。この課題では，物品名を 3 つ記憶し，即時再生する。その直後の課題はシリアル 7 課題となる。このシリアル 7 課題の後に，遅延再生課題である「再生」課題を実施する。

⑤**誤 り。** 「直後再生課題」である「記銘」課題では，物品名を 3 つ記憶し，即時再生する。この時，全ての名称が言えるまで 6 回まで繰り返すことができることとなっている。

【文献情報】
- 大塚俊男ら編（1991）高齢者のための知的機能検査の手引き p.35-38 株式会社ワールドプランニング
- 松本真理子ら編（2018）心の専門家養成講座 第 3 巻 心理アセスメント 心理検査のミニマム・エッセンス p.146, 147 ナカニシヤ出版

| 問 98 (配点：1) | 【教育／障害者】 | 月　日
月　日 |

　学びは多様であるが，例えば洋裁を学ぶ際に，工房に弟子入りし，仕上げ，縫製，裁断などの作業に従事し，やがて一人前となるような学びを説明する概念として，最も適切なものを1つ選べ。

① 問題練習法
② ジグソー学習
③ 問題解決学習
④ 正統的周辺参加
⑤ プログラム学習

294

問98	【教育・学校心理学】学習方略		肢別解答率				正答率 30.2%	
			①	②	③	④	⑤
難易度3	正解：④	全体	6.0%	22.9%	2.2%	30.2%	38.6%

①**不適切。** 問題練習法はドリル練習法とも呼ばれる。学習者に問題を解かせたのち，その回答の正否の情報を伝え，正解についての説明を行う，という方法である。繰り返し行うことで，効率的に新しい知識の定着を図ろうとするのがねらいである。

②**不適切。** ジグソー学習とは，E. Aronson らが開発した学習指導法である。集団を小集団に分け（ジグソー集団），協同学習の仲間とし，学習内容をジグソー集団を構成する人数と同数に分割して，各集団の代表者がそれぞれの内容を学習する。例えば，30 人の集団であれば6人ずつ5つのジグソー集団に分け，学習内容を6つに分割し1つずつ6か所に用意し，各ジグソー集団の代表者1人ずつが6か所に用意された学習内容のところで学習するといった形である。それぞれの代表者が学習終了後，自分のジグソー集団に戻り，学習した内容を仲間に教えるという方法である。個人間での競争ではなく，協力の意義が体験できるようになっていることが特徴であり，各自が異なる内容を学習することから，集団の中で全員が教え役を担うことになると同時に，代表者として学習するため，その学習が真剣になること，また，仲間1人ひとりが重要な存在となるため，差別やいじめの解消につながるとも言われている。

③**不適切。** 問題解決学習とは，J. Dewey の経験を通じて問題解決を図っていくことの考えを基に，学習者自身が問題を設定し，自らが学び，より良い解決をする，ひいては問題解決のスキルを身につけるようになるという学習である。問題の意識化，問題の明確化，仮説の発見，仮説の意味の明確化，仮説の検討，と5つの段階で構成されるモデルであり，学習者の創造的個性を育てるため，体験的かつ探求的な過程を取り入れている。

④**適 切。** 正統的周辺参加とは，学習を共同体への参加過程と見なす J. Lave と E. Wenge の学習理論である。共同体の新参者としての学習者が，重要な業務の周辺的な，重要性の低い業務を担当するところから始め，技能の熟達につれて中心的でより重要な業務を担当する十全的参加者へと変化していくことを言う。伝統産業における徒弟制のような，熟練の古参者を中心として熟練度の異なる様々な参加者がいるような実践知の伝達を要する共同体に共通して見られる。

⑤**不適切。**　プログラム学習は，B. F. Skinner のオペラント条件づけの原理を応用した学習方法である。B. F. Skinner は，教師が児童・生徒に対して行う教授法には，⑴罰などの負の強化子が用いられていること，⑵褒めるなどの正の強化子が用いられていても，一斉授業では適切なタイミングで与えられていないこと，⑶学習課題はできるだけ細かく段階に分けて順番に学習していくことが効率的であるが，それが行われていないこと，の3つ問題点があると指摘し，それを改善する方法としてプログラム学習を提案している。プログラム学習は，スモールステップの原理，即時フィードバックの原理，積極的反応の原理，学習者ペースの原理の4つの基本原理から成る。スモールステップの原理は，学習目標をより小さなステップに分け，順にそのステップをクリアし，最終目標に到達するように設定する。即時フィードバックの原理は，児童・生徒の解答に対してできるだけ早く正・誤の情報を与える。積極的反応の原理は，児童・生徒に選択肢による解答を求める再認法ではなく，持っている知識を書く，口頭で答えるといった再生法に方法で求める。学習者ペースの原理は，学習のペースはそれぞれ個人差があるため，個人個人のペースで学習が進められることを保証することである。

【文献情報】
・中澤潤編（2008）よくわかる教育心理学 p.14, 86, 97, 102 ミネルヴァ書房
・鹿毛雅治編（2006）朝倉心理学講座8　教育心理学 p.158, 166 朝倉書店

| 問 99 (配点：1) | 【教育／障害者】 | 月　日 |
| | | 月　日 |

　我が国のキャリア教育において，文部科学省が示した小学校段階のキャリア発達の特徴について，最も適切なものを1つ選べ。

① 低学年では，計画づくりの必要性に気づき，作業の手順が分かる。

② 低学年では，仕事における役割の関連性や変化に気づくようになる。

③ 中学年では，将来の夢や希望を持ち，実現を目指して努力しようとする。

④ 高学年では，自分のことは自分で行うようになる。

⑤ 高学年では，自分の長所や短所に気づき，自分らしさを発揮するようになる。

298

問 99	【教育・学校心理学】キャリアガイダンス	肢別解答率					正答率67.5%
			①	②	③	④	⑤
難易度2	正解：⑤	全体	6.9%	5.8%	16.8%	3.0%	67.5%

　文部科学省 小学校キャリア教育の手引き に，小学校段階におけるキャリア発達の特徴についての以下の表が掲載されている。

小学校段階におけるキャリア発達の特徴

低 学 年	中 学 年	高 学 年
学校への適応 ➡	友達づくり,集団の結束力づくり ➡	集団の中での役割の自覚,中学校への心の準備
・あいさつや返事をする。 ・友達と仲良く遊び，助け合う。	・自分のよいところを見つけるとともに，友達のよいところを認め，励まし合う。	・自分の長所や短所に気付き，自分らしさを発揮する。 ・異年齢集団の活動に進んで参加し，役割と責任を果たそうとする。
・身近で働く人々の様子が分かり，興味・関心をもつ。 ・係や当番の活動に取り組み，それらの大切さが分かる。	・いろいろな職業や生き方があることが分かる。 ・係や当番活動に積極的にかかわり，働くことの楽しさが分かる。	・身近な産業・職業の様子やその変化が分かる。 ・自分に必要な情報を探す。 ・施設・職場見学等を通し，働くことの大切さや苦労が分かる。 ・学んだり体験したことと，生活や職業との関連を考える。
・家の手伝いや割り当てられた仕事・役割の必要性が分かる。 ・作業の準備や片づけをする。 ・決められた時間や，生活のきまりを守ろうとする。	・互いの役割や役割分担の必要性が分かる。 ・日常の生活や学習と将来の生き方との関係に気付く。 ・将来の夢や希望をもつ。 ・計画づくりの必要性に気付き，作業の手順が分かる。	・社会生活にはいろいろな役割があることやその大切さが分かる。 ・仕事における役割の関連性や変化に気付く。 ・憧れとする職業をもち，今しなければならないことを考える。
・自分の好きなもの，大切なものをもつ。 ・自分のことは自分で行おうとする。	・自分のやりたいこと，よいと思うことなどを考え，進んで取り組む。 ・自分の仕事に対して責任を感じ，最後までやり通そうとする。	・自分の仕事に対して責任をもち，見付けた課題を自分の力で解決しようとする。 ・将来の夢や希望をもち，実現を目指して努力しようとする。

　この表によると，選択肢④の内容は低学年，選択肢①は中学年，選択肢②・③・⑤は高学年の特徴にあたる。よって，**選択肢⑤が適切である。**

問 100 (配点：1)　　│　【教育／障害者】

教育場面におけるパフォーマンス評価のための評価指標を示すものとして，正しいものを1つ選べ。

① ルーブリック
② ポートフォリオ
③ テスト・リテラシー
④ ドキュメンテーション
⑤ カリキュラム・マネジメント

問 100	【教育・学校心理学】教育評価	肢別解答率					正答率 18.1%
			①	②	③	④	⑤
難易度 3	正解：①	全体	18.1%	40.5%	12.3%	7.1%	21.8%

①**正しい。** 教育場面においては，レポートや小論文，発表やグループワークといった，定期試験とは異なり，評価が難しいパフォーマンス課題がある。ルーブリックとは，このような評価指標が曖昧になりやすいパフォーマンス課題に対して，明確で公正な評価を行うための評価指標である。

②**誤 り。** ポートフォリオとは，元々は建築家や画家が自分の作品や仕事を綴じ込んだ「紙ばさみ（ファイル）」のことであり，新しい顧客に自分の作品や仕事をアピールするときに使用するものを指す。教育場面では，児童生徒等の学習者が一定の期間学習活動において作成した資料や作品をその成果やプロセスが分かるように収集，整理したものを指す。

③**誤 り。** テスト・リテラシーのリテラシーとは社会で生きていくために必要とされる文字や文章などの読み書き能力のことを指し，テスト・リテラシーとはテスト活用能力のことを指す。テスト・リテラシーは，テストを作成する技術や採点する技術などのテストを扱う技術と，テストが個人や社会に及ぼす影響の理解などのテストに関する知識・理解の2点から構成される。

④**誤 り。** ドキュメンテーションとは，選択肢②のポートフォリオを作成するための作文などの資料，絵や制作物などの作品，活動中の写真や映像といった成果が分かるものを収集，整理する作業のことを指す。

⑤**誤 り。** カリキュラムとは，教育目標を定め，その目標を達成するために必要な教科，その教科を修得するために必要な時間配分，習得しやすい学習の順序，教材などを決めた教育計画のことを指す。カリキュラムは教育課程とも呼ばれる。カリキュラム・マネジメントとは，カリキュラムを編成，実施，評価，改善の一連のサイクルによって，カリキュラムを改善する営みであり，改善によって一定の成果を生み出すことである。

【文献情報】
・下山晴彦編（2014）誠信 心理学辞典［新版］p.244，554 誠信書房
・中澤潤編（2008）よくわかる教育心理学 p86，178，179，180，181 ミネルヴァ書房

問 101 (配点：1) 　　【福祉／司法／産業】

2016 年（平成 28 年）から 2018 年（平成 30 年）までの少年による刑法犯犯罪について，正しいものを 1 つ選べ。

① 検挙人員は減少している。

② 共犯者がいるものは 60％以上である。

③ 検挙されたもののうち，学生・生徒は 30％以下である。

④ 14 歳から 15 歳の検挙人員は, 16 歳から 17 歳の検挙人員よりも多い。

⑤ 殺人・強盗・放火・強制性交等（強姦）の凶悪事件は 10％程度である。

問 101	【司法・犯罪心理学】 少年非行	肢別解答率					正答率 41.9%
			①	②	③	④	⑤
難易度 3	正解：①	全体	41.9%	26.8%	7.2%	13.6%	10.5%

この問題も問49と同様に犯罪に関するデータを基にした出題であり，正答を導くだけの知識を持っておくのは難しい問題である。法務省 平成29年版 犯罪白書 第3編 少年非行の動向と非行少年の処遇 第1章 少年非行の動向，平成30年版 犯罪白書 第3編 少年非行の動向と非行少年の処遇 第1章 少年非行の動向，令和元年版 犯罪白書 第2編 平成における犯罪・少年非行の動向 第2章 少年非行の動向 参照。

①**正しい。**　検挙人数は平成16年以降減少している（令和元年版 2-2-1-1図）。

②**誤 り。**　共犯者がいるものは，平成28年で23.0%，平成29年で22.5%，平成30年で21.8%である（平成29年版 3-1-1-7図，平成30年版 3-1-1-7図，令和元年版 2-2-1-12図）。

③**誤 り。**　学生・生徒は，平成28年で71.3%，平成29年で69.9%，平成30年で67.8%である（平成29年版 3-1-1-5図，平成30年版 3-1-1-5図，令和元年版 2-2-1-6図）。

④**誤 り。**　平成28年から30年まで一貫して，14歳から15歳の「年少少年」の検挙人員は，16歳から17歳の「中間少年」の検挙人員よりも少ない（平成29年版 3-1-1-2図，平成30年版 3-1-1-2図，令和元年版 2-2-1-2-図）。

⑤**誤 り。**　凶悪事件の割合は，平成28年で1.6%，平成29年で1.5%，平成30年で1.8%である（平成29年版 3-1-1-6表，平成30年版 3-1-1-6表，令和元年版 2-1-1-8表から算出）。

問 102 (配点：1)　　【心理学基礎・応用領域系】　月　日／月　日

　社会的勢力は，組織や集団の目標を実現するためのリーダーの影響力の基盤となる。このうち，メンバーがリーダーに対して好意や信頼，尊敬を抱くことで，自らをリーダーと同一視することに基づく勢力として，正しいものを１つ選べ。

① 強制勢力
② 準拠勢力
③ 正当勢力
④ 専門勢力
⑤ 報酬勢力

問102	【社会・集団・家族心理学】集団過程		肢別解答率					正答率81.9%
			①	②	③	④	⑤	
難易度2	正解：②	全体	0.6%	81.9%	15.5%	0.6%	1.3%	

社会的勢力とは社会的影響力とも呼ばれる。これは，組織や集団など対人関係において，話し手側が受け手側に対して影響を与える能力のことを指す。そのため，組織や集団の目標を実現するためのリーダーの影響力の基盤となる。J. R. P. French & B. H. Raven は社会的勢力として，報酬（賞）勢力，強制（罰）勢力，専門勢力，正当勢力，準拠勢力を挙げている。

①誤　り。　強制勢力とは，リーダーが何かしらの懲罰を他者に与える可能性に基づいている勢力である。強制勢力を行使する場合，リーダーはその基盤となる懲罰を与える権限や能力，あるいは後ろ盾を有している必要がある。

②正しい。　準拠勢力とは，リーダーを影響の受け手側が自己の模範として同一視し，その指示や要請に対して敬意をもって受け入れるような形に基づいている勢力である。準拠勢力を行使する場合，リーダーにはその基盤となる人間的な魅力を有している必要がある。それにより，影響の受け手側が好意や信頼，尊敬，同一視することによって生まれる勢力である。よって，本設問の，メンバーがリーダーに対して好意や信頼，尊敬を抱くことで，自らをリーダーと同一視することに基づく勢力は，準拠勢力が正しい。

③誤　り。　正当勢力とは，リーダーからの要請や指示が権限やルールによる正当なものであることに基づいている勢力である。正当勢力を行使する場合，リーダーにはその基盤となる明確なルールや論理性を有している必要がある。

④誤　り。　専門勢力および情報勢力とは，リーダーが重要な情報に精通していることに基づいている勢力である。専門勢力および情報勢力を行使する場合，リーダーはその基盤となる価値の高い専門的知識や情報を有している必要がある。

⑤誤　り。　報酬勢力とは，リーダーがなにかしらの報酬を他者に与えることに基づいている勢力である。報酬勢力を行使する場合，リーダーはその基盤となる報酬を与える権限や能力，あるいは後ろ盾を有している必要がある。

【文献情報】
・竹村和久編（2018）公認心理師の基礎と実践⑪［第11巻］社会・集団・家族心理学 p.106, 107 遠見書房
・下山晴彦編（2014）誠信 心理学辞典［新版］p.262 誠信書房

305

問 103 (配点：1) 【心理学基礎・応用領域系】 月 日 / 月 日

大脳皮質運動関連領域の構造と機能について，正しいものを1つ選べ。

① 運動前野は，運動に対する欲求に関わる。

② 補足運動野は，運動の準備や計画に関わる。

③ 一次運動野は，体幹や四肢の平衡の維持に関わる。

④ 一次運動野は，Brodmann の6野に位置している。

⑤ 一次運動野が障害されると，同側の対応する筋に麻痺が生じる。

問 103	【神経・生理心理学】 機能局在		肢別解答率				正答率 12.0%	
			①	②	③	④	⑤	
難易度 3	正解：②	全体	10.8%	12.0%	40.1%	31.1%	5.7%	

　大脳の表面は厚さ 3 mm 程度の大脳皮質という灰白質，すなわちニューロンの細胞が凝集した組織であり，ヒトの知的活動を支える重要な部位である。大脳皮質の大きな特徴は領域ごとに異なる機能を担っていることであり（機能局在），その各領域は「野」と呼ばれる。大脳皮質を機能面で大きく分類すると，運動野，感覚野，視覚野，聴覚野，それ以外の連合野に分けられる。運動を司る運動野は前頭葉の後部に位置しており，一次運動野と高次運動野の 2 領域から成る。また高次運動野は運動前野と補足運動野に分けられる。私たちが複雑な運動をする際には，適切な運動を準備する高次運動野と運動の実行を指令する一次運動野が協調して働いている。

①誤　り。　　運動前野は外界からの情報を引き金として，一連の運動を準備したり運動発現を抑制したりする機能を担う。

②正しい。　　補足運動野は自発的に一連の運動を順序立てプログラムする機能や，運動機能を担う。

③誤　り。　　一次運動野は高次運動野や頭頂連合野からの入力を統合して運動ニューロンに運動の指令を送り，随意運動を実行する機能を担う。体幹や四肢の平衡の維持に関わるのは小脳である。

④誤　り。　　ドイツの神経解剖学者 Brodmann は，大脳皮質の層構造の違いに機能面での違いを加味して分類し，全部で 49 の番地をつけ脳地図を作成した。一次運動野は Brodmann の脳地図の 4 野に位置しており，高次運動野（運動前野と補足運動野）が 6 野に位置している。

⑤誤　り。　　運動野は領域ごとに対応する体の部位が決まっており，このことを体部位局在性という。例えば，手の動きに対応する領域が損傷されると手の筋肉の機能の喪失や麻痺をもたらす。また，脳梗塞などによって左か右の半球の一次運動野がダメージを受けると，病巣が大脳の右半球にあれば左半身に，左半球が傷害されれば右半身に問題が生じる。左右逆転するのは，左半球から出た運動神経繊維と右半球から出た運動神経繊維が延髄と脊髄の間で左右交差するためである。以上から一次運動野が障害されると，同側ではなく反対側の対応する筋に麻痺が生じる。

【文献情報】
・医療情報技術研究所（2017）病気がみえる vol.7 脳・神経 第2版 p.26, 27, 48-49 メディック
メディア
・松波謙一・内藤栄一（2000）ライブラリ脳の世紀：心のメカニズムを探る 5 最新 運動と脳－
体を動かす脳のメカニズム－ p.48 サイエンス社
・苧阪直行・苧阪満里子 訳 ジョン・スターリング（2005）大脳皮質と心 認知神経心理学入門 p.77-
95 新曜社
・坂井建雄・久光正監（2011）ぜんぶわかる 脳の事典 p.32-34, 80-82 成美堂出版

問 104 （配点：1）　　【健康・医療／精神疾患】

神経性やせ症／神経性無食欲症の病態や治療について，正しいものを1つ選べ。

① うつ病が合併することは少ない。

② 未治療時は，しばしば頻脈を呈する。

③ 無月経にならないことが特徴である。

④ 心理社会的要因に加え，遺伝的要因も発症に関与する。

⑤ 未治療時に，しばしばリフィーディング症候群を発症する。

	【精神疾患とその治療】生理的障害及び身体的要因に関連した行動症候群（F5）	肢別解答率			正答率28.6%	
問104		①	②	③	④	⑤
難易度2	正解：④	全体	2.8%	35.3%	0.4%	28.6%	32.9%

①誤　り。　厚生労働省 HP e-ヘルスネット　摂食障害：神経性食欲不振症と神経性過食症に「精神疾患（気分障害・不安障害・物質関連障害・人格障害など）の併存もよくみられます。」との記載がある。気分障害にはうつ病も含まれるため，うつ病が合併することは少ないという本選択肢は誤りである。

②誤　り。　DSM-5における神経性やせ症／神経性無食欲症の診断基準に「A．必要量と比べてカロリー摂取を制限し，年齢，性別，成長曲線，身体的健康状態に対する有意に低い体重に至る。有意に低い体重とは，正常の下限を下回る体重で，子どもまたは青年の場合は，期待される最低体重を下回ると定義される。」と記載されている。そのため，神経性やせ症における身体状態は低体重のために飢餓状態となっていることが多く，低身長，低血圧，低体温，味覚障害，徐脈，無月経，便秘，脱毛，貧血，筋力の低下，性欲の低下，睡眠障害などの症状がみられる。よって，未治療時は頻脈ではなく，しばしば徐脈を呈するため，本選択肢は誤りである。

③誤　り。　選択肢②の解説参照。神経性やせ症／神経性無食欲症では，低体重のために身体は飢餓状態となっていることが多く，無月経がしばしばみられる。よって，無月経にならないことが特徴であるという本選択肢は誤りである。

④正しい。　神経性やせ症／神経性無食欲症の発症には，遺伝要因などの生物学的要因，細身が好まれ肥満が良くないとされる文化的背景などの社会的要因，家庭環境や学校，職場などにおけるストレスや対人関係による葛藤などの心理的要因が複数関わっていると考えられている。よって，心理社会的要因に加え，遺伝的要因も発症に関与するという本選択肢は正しい。

⑤誤　り。　リフィーディング症候群（refeeding syndrome）は再栄養症候群とも呼ばれる。これは，神経性やせ症／神経性無食欲症など重度の痩せ状態であるところに急に多くの栄養を摂取すると，低リン血症が生じ，けいれんや心停止などが起こることをいう。つまり，痩せているからといって体重や栄養状態を回復させようと，急に多くの栄養を摂取させるのは多大なリスクを伴う。そのため，血液検査や心電図をチェックしながら少しずつ栄養を摂取させていくことが必要となる。よって，リフィーディング症候群は未治療時ではなく，治療時に発症する危険性があるため，本選択肢は誤りである。

【文献情報】
・子安増生監（2020）公認心理師のための精神医学 精神疾患とその治療 p.91-93 金芳堂
・高橋三郎・大野裕監訳（2014）DSM-5 精神疾患の分類と診断の手引き p.163, 164 医学書院
・松崎朝樹（2020）精神診療プラチナマニュアル第2版 p100-106 メディカル・サイエンス・インターナショナル
・下山晴彦編（2016）公認心理師必携 精神医療・臨床心理の知識と技法 p.88, 89 医学書院

313

問 105 (配点：1)　　　│【健康・医療／精神疾患】

双極性障害について，適切なものを 1 つ選べ。

① 遺伝的要因は，発症に関与しない。

② うつ病相は，躁病相よりも長く続く。

③ 自殺のリスクは，単極性うつ病よりも低い。

④ うつ病相に移行したら，気分安定薬を中止する。

⑤ 気分の変動に伴ってみられる妄想は，嫉妬妄想が多い。

314

問105	【精神疾患とその治療】 気分（感情）障害（F3）	肢別解答率					正答率69.5%	
			①	②	③	④	⑤	
難易度1	正解：②	全体	3.3%	69.5%	6.4%	14.7%	5.9%	

①**不適切。** 双極性障害は心理的要因，社会的要因，生物学的要因が発症に影響すると考えられている。特に遺伝的要因の関与はうつ病に比べて高く，一卵性双生児の双子で双極Ⅰ型障害が発症する確率は約89%であるが，二卵性双生児の双子では約13%となっている。よって，遺伝的要因は発症に関与しないという本選択肢は誤りである。

②**適 切。** 双極性障害は躁病エピソードよりも抑うつエピソード期間の方がしばしば長いことが知られている。DSM-5の双極Ⅰ型障害の診断基準にも「躁病エピソード A.気分が異常かつ持続的に高揚し，開放的または易怒的となる。加えて，異常にかつ持続的に亢進した目標指向性の活動または活力がある。このような普段とは異なる期間が，少なくとも1週間，ほぼ毎日，1日の大半において持続する。」「抑うつエピソード A.以下の症状のうち5つ（またはそれ以上）が同じ2週間の間に存在し，病前の機能からの変化を起こしている。」との記載があり，躁病エピソードは少なくとも1週間であるが抑うつエピソードは2週間となっている。よって，うつ病相は，躁病相よりも長く続くという本選択肢は正しい。

③**不適切。** 双極性障害の自殺のリスクは混合状態では特に高まることが知られている。混合状態とは，躁病エピソードと抑うつエピソードの症状が混在している状態のことを指す。また，双極性障害の抑うつ状態での自殺リスクも低いとはいえない。そのため，双極性障害の自殺のリスクは単極性うつ病よりも低いとする本選択肢は不適切である。

④**不適切。** 双極性障害の治療は，抑うつ状態，躁状態，平常状態のどの状態においても気分安定薬を投与することが望ましい。双極性障害の躁状態からうつ病相，つまり抑うつ状態へ移行した場合も気分安定薬が基本的には推奨されている。抗うつ薬の使用は効果がなく，むしろ，アクティベーション症候群，急速交代型への危険性，自殺リスクが高まると考えられている。よって，双極性障害がうつ病相に移行したら，気分安定薬を中止するという本選択肢は不適切である。

⑤**不適切。** 双極性障害では，躁状態において誇大妄想がみられやすい。誇大妄想とは，自分は社会的に偉い，優れているといった確信，思い込みをさし，血統妄想，宗教妄想，発明妄想が含まれる。血統妄想は自分が高貴な血筋であるという妄想，宗教妄想は自分自身が神の生まれ変わりである，神から予言を受けたなどの妄想，発明妄想は世界にないものすごい発明を思いついたという妄想をさす。つまり，双極性障害にお

いて抑うつ状態から躁状態といった気分の変動に伴ってみられる妄想は，嫉妬妄想ではなく誇大妄想が多いため，本選択肢は不適切である。

【文献情報】
・子安増生監（2020）公認心理師のための精神医学 精神疾患とその治療 p.35-50 金芳堂
・高橋三郎・大野裕監訳（2014）DSM-5 精神疾患の分類と診断の手引き p.61-72 医学書院
・松崎朝樹（2020）精神診療プラチナマニュアル第2版 p.22-32 メディカル・サイエンス・インターナショナル
・下山晴彦編（2016）公認心理師必携 精神医療・臨床心理の知識と技法 p.59-64 医学書院

問 106 (配点：1)　　【健康・医療／精神疾患】　月　日／月　日

　向精神薬の薬物動態について，適切なものを1つ選べ。

① 胆汁中に排泄される。

② 主に腎臓で代謝される。

③ 代謝により活性を失う。

④ 薬物の最高血中濃度は，効果発現の指標になる。

⑤ 初回通過効果は，経静脈的投与の際に影響が大きい。

問 106	【精神疾患とその治療】 向精神薬		肢別解答率				正答率 16.3%	
			①	②	③	④	⑤	
難易度 3	正解：①または③	全体	6.6%	15.3%	9.6%	53.1%	15.0%	

　薬物動態とは，ある薬物を生体に吸収してから排泄までの一連の動きのことを指す。また，薬理作用とは，薬物を生体に吸収後，排泄されるまでに引き起こされる生体への反応のことである。薬理作用のうち，疾患や症状などを改善させる働きといった治療効果のある作用を主作用といい，本来の目的である治療効果に反する作用を副作用という。

①**適　切。**　向精神薬は体内に取り入れられた後，血液中に吸収され，全身に運ばれる。その後，肝臓で代謝され，胆汁や尿から排出される。よって，胆汁中に排泄されるという本選択肢は適切である。

②**不適切。**　向精神薬は腎臓ではなく，主に肝臓で代謝されるため，本選択肢は不適切である。

③**適　切。**　向精神薬を摂取した後，それらは血液中に吸収され，向精神薬の血中濃度が上昇する。向精神薬にはそれぞれ主作用の効果を発現する有効濃度が存在し，血中濃度が有効濃度の範囲内にあれば主作用の効果が生体に現れることとなる。血中濃度は薬物が代謝されることによって徐々に低下していくため，代謝により活性を失うという本選択肢は適切である。

④**不適切。**　薬物の効果は血中濃度が有効濃度の範囲内に達すると発現するため，薬物の最高血中濃度が効果発現の指標となるという本選択肢は不適切である。

⑤**不適切。**　初回通過効果とは，摂取した薬物が肝臓などで代謝を受けることによって，全身を循環する血液中には吸収された薬物の一部分のみしか現れない現象である。初回通過効果は経口投与の際に影響が大きいとされ，初回通過効果を回避する方法として経静脈的投与や舌下投与が挙げられる。よって，初回通過効果は，経静脈的投与の際に影響が大きいとする本選択肢は不適切である。

【文献情報】
・子安増生監（2020）公認心理師のための精神医学　精神疾患とその治療　p.155-158　金芳堂
・加藤隆弘・神庭重信編（2020）公認心理師の基礎と実践㉒［第 22 巻］精神疾患とその治療　p.183-187　遠見書房
・松崎朝樹（2020）精神診療プラチナマニュアル第 2 版　p.193　メディカル・サイエンス・インターナショナル
・鈴木徳治（1984）初回通過効果：生物学的利用性に影響する要因　p.21-24　ファルマシア 20 (1) 公益社団法人　日本薬学会

※第3回公認心理師試験（令和2年12月20日実施）における正答の取扱いについて

　—問106

　　（採点上の取扱い）

　　　　①又は③を複数正解とする。

　　（理由）

　　　　適切なものを問う問題として，複数の選択肢が正解と考えられるため

問 107 (配点：1)　　　【公認心理師法系】　　月　日　／　月　日

　精神保健及び精神障害者福祉に関する法律〈精神保健福祉法〉に基づく精神障害者の入院について，正しいものを1つ選べ。

① 応急入院は，市町村長の同意に基づいて行われる。

② 措置入院は，72時間を超えて入院することはできない。

③ 措置入院は，2名以上の精神保健指定医による診察を要する。

④ 緊急措置入院は，家族等の同意に基づいて緊急になされる入院をいう。

⑤ 医療保護入院は，本人と家族等の双方から書面による意思確認に基づいて行われる。

問 107	【関係行政論】精神保健福祉法		肢別解答率					正答率 83.3%
			①	②	③	④	⑤	
難易度 1	正解：③	全体	2.8%	11.2%	83.3%	2.0%	0.7%	

①誤 り。 応急入院は精神保健福祉法第33条の7に規定されている。応急入院は，入院を必要とする精神障害者で，任意入院を行う状態になく，急速を要し，家族等の同意が得られない者に対する措置で，精神保健指定医または特定医師の診察に基づいて行われる。よって，市町村長の同意が必要とは規定されていない。

②誤 り。 措置入院は同法第29条において規定されている。措置入院は，入院させなければ自傷他害のおそれのある精神障害者に対する措置で，精神保健指定医2名以上の診断の結果が一致した場合に都道府県知事によって実施される。措置入院では入院期間に制限があるとは規定されていない。入院期間が72時間に制限されるのは，緊急措置入院と応急入院である。

③正しい。 選択肢②の解説参照。

④誤 り。 緊急措置入院は同法第29条の2に規定されている。緊急措置入院は，自傷他害をするおそれが著しく，緊急な入院の必要性がある精神障害者に対する措置で，精神保健指定医1名の診断に基づいて都道府県知事によって実施される。家族等の同意が必要とは規定されていない。

⑤誤 り。 医療保護入院は同法第33条において規定されている。医療保護入院は，入院を必要とする精神障害者で，自傷他害のおそれはないが，その障害が原因で任意入院を行うことができない者に対する措置で，精神保健指定医または特定医師の診察に加えて，家族等（当該精神障害者の配偶者，親権を行う者，扶養義務者及び後見人又は保佐人）のうちいずれかの者の同意に基づいて行われる。これは「本人の同意がなくてもその者を入院させることができる」と規定されている。

問 108 (配点：1)　　　【公認心理師法系】

労働基準法に基づく年次有給休暇について，正しいものを1つ選べ。

① 雇入れの日から3か月間継続勤務した労働者に対して付与される。

② 原則として，法定休日を除き連続して4日間以上の年次有給休暇の取得は認められていない。

③ 週所定労働日数及び週所定労働時間によって，付与される年次有給休暇の日数が異なる場合がある。

④ パートタイム労働者への年次有給休暇の付与は，法による定めはなく，各事業者の方針によって決定される。

⑤ 事業の正常な運営が妨げられる場合においても，労働者は希望した日に年次有給休暇を取得することができる。

324

問 108	【関係行政論】労働基準法		肢別解答率					正答率 84.1%	
			①	②	③	④	⑤		
難易度 1	正解：③	全体	4.3%	0.5%	84.1%	3.1%	8.0%		

年次有給休暇については，労働基準法第39条に規定されている。

①誤　り。　同法同条第1，第2項において，年次有給休暇は，雇い入れの日から6か月間継続勤務し，その間の所定の全労働日の8割以上出勤した労働者に対して 10 日，継続勤務1年半で 11 日，その後は1年ごとに2日を加えた日数（最高 20 日）が付与される，と規定されている。

②誤　り。　同法同条第5項において，年次有給休暇を取得する日は，労働者が指定することによって決まり，使用者は指定された日に年次有給休暇を与えなければならない。使用者は，業務の正常な運営が妨げられる場合は取得時季の変更権が認められているが，法では一律に上限が設けられていない。

③正しい。　同法同条第3項，及び同法施行規則第24条の3において，週の所定労働日数が4日以下かつ週所定労働時間が30時間未満の労働者については，年次有給休暇は選択肢①の解説の日数と異なり，所定労働日数に応じ比例付与される。

④誤　り。　同法第9条において，「この法律で『労働者』とは，職業の種類を問わず，事業又は事務所（以下『事業』という。）に使用される者で，賃金を支払われる者をいう。」とされているため，パートタイムであろうと，選択肢①の通り，雇い入れの日から6か月以上勤務し，所定の労働日の8割以上出勤した場合は，他の労働者と同様の基準で年次有給休暇を与えなければならない。1回の契約が短くても，通算で6か月を超えれば同様である。

⑤誤　り。　選択肢②の解説にある通り，使用者は，業務の正常な運営が妨げられる場合は，使用者に休暇日を変更する権利（時季変更権）が認められている（同法同条第5項）。

問 109 (配点：1)　　　　【公認心理師法系】

公認心理師の対応として，不適切なものを1つ選べ。

① 親友に頼まれて，その妹の心理療法を開始した。

② カウンセリング中のクライエントに自傷他害のおそれが出現したため，家族に伝えた。

③ 治験審査委員会が承認した第Ⅲ相試験で心理検査を担当し，製薬会社から報酬を得た。

④ カウンセリング終結前に転勤が決まり，クライエントへの配慮をしながら，別の担当者を紹介した。

⑤ 1年前から家庭内暴力〈DV〉を受けているクライエントの裁判に出廷し，クライエントの同意を得た相談内容を開示した。

問109	【公認心理師の職責】 多重関係	肢別解答率						正答率94.2%	
				①	②	③	④	⑤
難易度1	正解：①		全体	94.2%	1.6%	3.3%	0.5%	0.3%

①**不適切。**　この第３回公認心理師試験の問１の選択肢③に「友人の母親のカウンセリングを引き受ける」が不適切な選択肢であったように，親友の妹の心理療法を引き受けることも同様に不適切な対応である。ほぼ同じような内容の選択肢であり，これは多重関係に当たるという判断で，すぐに「不適切」な選択肢として，正答できる問題である。

②**適　切。**　この選択肢は，カウンセリング中にクライエントが自傷他害のおそれのある話をしたことによる，秘密保持義務の例外状況に相当する場面である。ただし，「家族に伝える」に当たっては，自傷他害の危険性がどの程度高いのかのリスクアセスメントや，クライエント本人の同意を得ることなどが優先されるため，「おそれが出現したため，家族に伝えた」という対応は，適切とは言い難いところもある。それでも，明らかに選択肢①が不適切であるため，優先すべき事項も加味した上での対応ならば，「適切」と判断しても良いであろう。

③**適　切。**　治験については，厚生労働省 HP 治験 1.「治験」とは において，「化学合成や，植物，土壌中の菌，海洋生物などから発見された物質の中から，試験管の中での実験や動物実験により，病気に効果があり，人に使用しても安全と予測されるものが『くすりの候補』として選ばれます。この『くすりの候補』の開発の最終段階では，健康な人や患者さんの協力によって，人での効果と安全性を調べることが必要です。こうして得られた成績を国が審査して，病気の治療に必要で，かつ安全に使っていけると承認されたものが『くすり』となります。人における試験を一般に『臨床試験』といいますが，『くすりの候補』を用いて国の承認を得るための成績を集める臨床試験は，特に『治験』と呼ばれています。」とある。治験審査委員会は，この治験を実施する前に科学的，倫理的に正しく実施できるか，また治験が正しく実施できているかを審査する委員会である。第Ⅲ相試験は，多数の患者を対象に，第Ⅰ相，第Ⅱ相試験の結果から得られた「くすりの候補」が有効で安全かを検証することを主な目的として行う。検証の方法は，現在使用されている標準的なくすりがあればそれとの比較を行い，無い場合にはプラセボ効果との比較が中心になる。この比較の際に有効性を検証するための指標として，心理検査の結果等を用いる場合があり，この心理検査を担当した公認心理師が製薬会社から報酬を得ることもある。

④**適　切**。　「クライエントへの配慮」が具体的にどのようなものかについて選択肢の中では分からないものの，公認心理師の転勤に伴い，別の担当者への面接内容の引き継ぎなどについてクライエントの同意を得ながら話を進めるという内容であれば,「適切」と判断できる。

⑤**適　切**。　これも秘密保持義務の例外状況に相当する内容である。クライエントの同意を得て，裁判等で情報を開示することも例外状況の１つに挙げられているため，適切である。

問 110 (配点：1)　　　【公認心理師法系】　　月　日／月　日

　心理臨床の現場で働く公認心理師の成長モデルとスーパービジョンについて，<u>不適切なもの</u>を1つ選べ。

① 自己研さんの1つとして，教育分析がある。

② 公認心理師の発達段階に合わせたスーパービジョンが必要である。

③ 自己課題の発見や自己点検といった内省の促進は，スーパービジョンの目的である。

④ M. H. Rønnestad と T. M. Skovholt は，カウンセラーの段階的な発達モデルを示した。

⑤ 経験の浅い公認心理師のスーパービジョンにおいては，情緒的な支えよりも技術指導が重要である。

問110	【公認心理師の職責】スーパービジョン		肢別解答率					正答率 88.8%
			①	②	③	④	⑤	
難易度1	正解：⑤	全体	3.6%	0.7%	3.9%	2.8%	88.8%	

①**適　切**。　公認心理師は，公認心理師法第2条各号の行為を専門的知識及び技術をもって行う者であり，生涯にわたりそれらの向上のために研鑽を積むよう努めることが必要である。また，自分自身の能力と技術の現在地を見定め，限界についてもわきまえた上で，必要に応じて心理師としての支援行為を修正していく反省的実践に取り組むことも必要である。このように，公認心理師が研鑽を積みつつ，反省的実践に取り組むに当たっての訓練方法としては，スーパービジョン，教育分析，事例検討会や学会への参加・発表などが挙げられる。教育分析とは，元々は精神分析の用語で，精神分析の専門家になろうとするものが，治療のためではなく，教育訓練の一環として自分自身が受ける精神分析のことを指す。精神分析家は，精神分析療法の妨げとなりうる自身の無意識的な欲求やコンプレックス，抑圧された感情や葛藤に気付き，前もって解決しておくことが求められる。今日では，公認心理師になろうとする者が心理療法やカウンセリングを受けることも教育分析と呼ぶようになってきている。

②**適　切**。　スーパービジョンの基本モデルには弁別モデル，発達モデル，システム・モデルの3つがあり，この発達モデルにおいては，明確な発達段階が示されているわけではないものの，セラピストそれぞれの経験年数や成長志向性によって発達の段階は異なり，それぞれの専門性の発達に合わせてスーパービジョンが行われる必要があると考えられている。

③**適　切**。　スーパーバイジーは，スーパービジョンを受けることを通して，公認心理師としての自身の課題や問題に自ら気づき，自らその課題を解決していけるように取り組んでいくことが求められるため，適切な内容である。

④**適　切**。　心理職の成長モデルに関しては，M. H. Ronnestad と T. M. Skovholt による臨床家の6期発達モデルがある。具体的には，第1期の素人援助者期，第2期の初学者期，第3期の上級生期，第4期の初心者専門家期，第5期の経験を積んだ専門家期，第6期の熟練した専門家期である。

⑤**不適切**。　スーパービジョンは，スーパーバイジーの心理支援の技法の習得，クライエントの臨床像の理解，支援方法の探求，倫理的態度の習得などを目的として，スーパーバイジーが担当しているケースについてスーパーバイザーに報告し，指導や教育を受けることを指す。経験の浅い公認心理師は，自身が担当しているケースについて何がうまくいっていてうまくいっていないのか自体も分からないこともあり，不安な

状態である場合もある。そのため，技術指導も重要であるが，スーパーバイザーの情
緒的な支えも重要となる。

【文献情報】
・平木典子（2017）増補改訂 心理臨床スーパーヴィジョン p.38，39 金剛出版
・下山晴彦ら監修（2020）公認心理師スタンダードテキストシリーズ① 公認心理師の職責 p.46 ミ
　ネルヴァ書房
・岡堂哲雄監修（2005）［現代のエスプリ］別冊 臨床心理学事典 p.12，13 至文堂

問 111 (配点：1)	【福祉／司法／産業】	月　日
		月　日

児童虐待防止対策における，児童相談所の体制及び関係機関間の連携強化について，<u>不適切なもの</u>を1つ選べ。

① 児童心理司を政令で定める基準を標準として配置する。

② 第三者評価など，児童相談所の業務の質の評価を実施する。

③ 都道府県は，一時保護などの介入対応を行う職員と，保護者支援を行う職員を同一の者とする。

④ 学校，教育委員会，児童福祉施設等の職員は，職務上知り得た児童に関する秘密について守秘義務を負う。

⑤ 家庭内暴力〈DV〉対策と児童虐待対応の連携を強化し，婦人相談所や配偶者暴力相談支援センターなどとの連携・協力を行う。

問 111	【福祉心理学】 虐待への対応		肢別解答率					正答率90.4%
			①	②	③	④	⑤	
難易度2	正解：③	全体	4.1%	3.6%	90.4%	1.3%	0.6%	

①適　切。　厚生労働省 児童相談所運営指針 第2章 児童相談所の組織と職員 第3節 職員構成 2 留意事項 において，「配置される職員数については，地域の実情，各児童相談所の規模等に応じて適正と認められる人員とする。」と規定されている。また，内閣府男女共同参画局長 厚生労働省子ども家庭局長 令和元年6月26日 児童虐待防止対策の強化を図るための児童福祉法等の一部を改正する法律の公布について Ⅱ 市町村及び児童相談所の体制強化等 4 児童相談所への児童心理司の配置基準（令和2年4月1日施行）において，「心理に関する専門的な知識及び技術を必要とする指導をつかさどる所員（以下「児童心理司」という。）の数は，政令で定める基準を標準として都道府県が定めるものとすること。」（p.3）とあり，この内容は適切である。

②適　切。　厚生労働省 児童虐待防止対策の強化を図るための児童福祉法等の一部を改正する法律（令和元年法律第46号）の概要（令和元年6月19日成立・6月26日公布）改正の概要 2．児童相談所の体制強化及び関係機関間の連携強化等 (1)児童相談所の体制強化等 において，「③都道府県は，児童相談所の行う業務の質の評価を行うことにより，その業務の質の向上に努めるものとする。」とあり，この内容は適切である。

③不適切。　選択肢②の資料において，「①都道府県は，一時保護等の介入的対応を行う職員と保護者支援を行う職員を分ける等の措置を講ずるものとする。」とあり，この内容は不適切である。

④適　切。　選択肢②の資料の(3)関係機関間の連携強化において，「④学校，教育委員会，児童福祉施設等の職員は，正当な理由なく，その職務上知り得た児童に関する秘密を漏らしてはならないこととする。」とあり，この内容は適切である。

⑤適　切。　選択肢④の資料において，「⑤DV対策との連携強化のため，婦人相談所及び配偶者暴力相談支援センターの職員については，児童虐待の早期発見に努めることとし，児童相談所はDV被害者の保護のために，配偶者暴力相談支援センターと連携協力するよう努めるものとする。」とあり，この内容は適切である。

問 112 (配点：1)　　【心理学基礎・応用領域系】

流動性知能の特徴として，<u>不適切なもの</u>を1つ選べ。

① 図形を把握する問題で測られる。

② いわゆる「頭の回転の速さ」と関連する。

③ 学校教育や文化的環境の影響を受けやすい。

④ 新しい課題に対する探索的問題解決能力である。

⑤ 結晶性知能と比べて能力のピークが早期に訪れる。

問 112	【発達心理学】知能の構造	肢別解答率					正答率 51.5%
			①	②	③	④	⑤
難易度 2	正解：③	全体	17.1%	11.3%	51.5%	7.7%	12.2%

　流動性知能と結晶性知能は，R. B. Cattell による考え方である。R. B. Cattell は人間が育つ文化との関わりという観点から，一般知能因子を流動性知能と結晶性知能の 2 つの知能因子に区別した。流動性知能は，新奇な情報の記憶や処理をする過程で発揮される知能を指す。脳などの器質的な影響が強く，神経心理学的な要因に大きく影響を受けて形成される。一方，結晶性知能とは，過去の学習経験により蓄積された知能を指す。経験により蓄積されるため文化の影響を受けて形成されると考えられている。つまり，結晶性知能は文化の影響を，流動性知能は神経心理学的な影響を大きく受けるため，加齢の影響を受けにくいのは結晶性知能であり，加齢の影響を受け低下するのは流動性知能である。

①**適　切**。　流動性知能は，記憶の容量を把握する問題や図形を把握する問題で測られる。一方，結晶性知能は，言語の語彙や読みに関する問題や，経験に基づいて考える必要のある社会的な問題解決に関する問題によって測られる。

②**適　切**。　情報の処理を行う速さ，いわゆる「頭の回転の速さ」は，流動性知能の特徴である。

③**不適切**。　学校教育や文化的環境の影響を受けやすいのは，流動性知能ではなく，結晶性知能である。結晶性知能は，学んだことが蓄積されていくものであり，経験に基づく能力である。

④**適　切**。　上記解説参照。流動性知能は，新しい課題に対する探索的問題解決を特徴とする。

⑤**適　切**。　流動性知能も結晶性知能も誕生を機に上昇するが，20 代半ば頃を境に，流動性知能は下降し，結晶性知能は老年期頃まで緩やかに上昇していく。つまり，流動性知能の方が，能力のピークが早い。

【文献情報】
・下山晴彦編（2014）誠信 心理学辞典［新版］p.208-210 誠信書房

問 113 (配点：1)　　【心理学基礎・応用領域系】

A. D. Baddeley のワーキングメモリ・モデルのサブシステムとして，誤っているものを 1 つ選べ。

① 感覚貯蔵
② 音韻ループ
③ 中央実行系
④ エピソード・バッファ
⑤ 視空間スケッチパッド

問113	【知覚・認知心理学】 ワーキングメモリ		肢別解答率			正答率64.7%	
			①	②	③	④	⑤
難易度1	**正解：①**	全体	64.7%	4.2%	17.6%	9.0%	4.4%

　ワーキングメモリとは，計算や推論，読解，様々な学習活動等の課題の遂行中に一時的に必要となる記憶の機能（働き）・ないしそれを支えるメカニズムやシステムのことを指す。A. D. Baddeley のワーキングメモリ・モデルでは，ワーキングメモリの中で中心的な役割を果たす中央実行系のもとに，3種類の従属システムとして，視空間スケッチパッド，エピソード・バッファ，音韻ループが存在すると仮定している。

①**誤り。**　感覚貯蔵とは，カテゴリ化される前の感覚的情報を保持しておく働きである。各感覚様相に対応した別々の感覚貯蔵システムがあるとされており，視覚情報の保持にはアイコニック・メモリが，聴覚情報の保持にはエコイック・メモリがそれぞれ対応している。ワーキングメモリ・モデルのサブシステムには該当しない。

②**正しい。**　音韻ループとは言葉のような音韻情報を一時的に保持するシステムであり，ワーキングメモリ・モデルのサブシステムに該当する。

③**正しい。**　中央実行系は，ワーキングメモリシステムの中で中心的な役割を担う司令塔のような存在であり，ワーキングメモリ・モデルのサブシステムの一つである。3つの従属システムを制御し，能動的に処理すべき情報に注意を配分するなどの役割を担う。ただし，中央実行系は保持機能を担うのではなく，その機能は他の3つの従属システムに委ねられている。

④**正しい。**　エピソード・バッファは，ワーキングメモリという概念が提唱された初期は存在せず，のちに追加されたサブシステムである。言語的情報と視覚的情報などさまざまな異なるタイプの情報を統合・保持し，かつ長期記憶とワーキングメモリをつなぐインターフェースのような役割を担う。

⑤**正しい。**　視空間スケッチパッドとは，視覚的あるいは空間的情報を一時的に保持したり操作したりする働きを担っており，ワーキングメモリ・モデルのサブシステムに該当する。

【文献情報】
・箱田裕司編（2020）公認心理師の基礎と実践⑦　知覚・認知心理学　p.96-112　遠見書房
・服部雅史・小島治幸・北神慎司編（2015）基礎から学ぶ認知心理学　人間の認識の不思議　p.71-106　有斐閣
・下山晴彦編（2014）誠心　心理学辞典［新版］p.120, 121　誠信書房

問 114 (配点：1)　　【心理学基礎・応用領域系】　月　日／月　日

　U. Neisser が仮定する5つの自己知識について，<u>不適切なもの</u>を1つ選べ。

① 公的自己

② 概念的自己

③ 対人的自己

④ 生態学的自己

⑤ 拡張的／想起的自己

問114	【発達心理学】 自己意識		肢別解答率				正答率 30.1%	
			①	②	③	④	⑤	
難易度 3	正解：①	全体	30.1%	10.7%	7.7%	29.4%	21.7%	

　U. Neisser は認知心理学者として，認知科学的な視点から 5 種の自己を仮定し，成長に応じて自己が形成されていくと考えている。

①**不適切。**　U. Neisser が仮定したのは「私的自己」であり，公的自己は仮定していない。他の誰でもない自分だけの意識経験に基づく自己であり，他者と共有していないことに気づくことで現れる。時間的拡張自己が前提となるとされる。

②**適　切。**　概念的自己とは，自分についての理論，あるいは「メタ自己」とも呼ばれるべき自己である。自分自身の性質について，言語的に獲得された情報に基づいた個人的な心理的表象である。生後 2 歳初期頃から考えることができるとされる。

③**適　切。**　対人的自己とは，対人的環境との間で直接的に知覚される自己である。音声，アイコンタクト，身体接触などの感情的な交流やコミュニケーションによって形成される。生態学的自己と同じく乳幼児期の初期から出現する。

④**適　切。**　生態学的自己とは，物理的環境との間で直接的に知覚される自己である。乳幼児期の初期から出現し，視覚，聴覚，前頭前野などの情報を連続性の中で知覚するとされる。

⑤**適　切。**　拡張的／想起的自己とは，過去や未来へ時間的に拡張された自己である。記憶に基づき想起，あるいは予期される自己であり，ライフストーリーによって形成される。概念的自己を持つまでは出現せず，4 歳までは現れないとされる。

【文献情報】
・本郷一夫編（2018）公認心理師の基礎と実践 12 発達心理学 p.147, 148 遠見書房
・下山晴彦編（2014）誠信 心理学辞典［新版］p.215 誠信書房

問 115 (配点：1)　　　【教育／障害者】　　　月　日 / 月　日

発達障害のある子どもの親を対象としたペアレント・トレーニングについて，不適切なものを1つ選べ。

① 育児から生じるストレスによる悪循環を改善する。

② 対象は母親に限定していないが，参加者の多くは母親である。

③ 親と子どもが一緒に行うプレイセラピーを基本として発展してきた。

④ 子どもへの関わり方を学ぶことで，より良い親子関係を築こうとするものである。

⑤ 注意欠如多動症／注意欠如多動性障害〈AD/HD〉のある子どもの親に有効である。

問 115	【障害者（児）心理学】 ペアレント・トレーニング	肢別解答率					正答率 58.2%
			①	②	③	④	⑤
難易度 1	正解：③	全体	13.8%	6.7%	58.2%	3.0%	18.1%

　厚生労働省　一般社団法人　日本発達障害ネットワーク　JDDnet 作成　日本ペアレント・トレーニング研究会　協力 2020 年 3 月 31 日「ペアレント・トレーニング実践ガイドブック」において，「ペアレント・トレーニングは 1960 年代から米国で発展してきました。ペアレント・トレーニングでは，子どもの行動変容を目的として，親がほめ方や指示などの具体的な養育スキルを獲得することを目指します。専門家による療育場面でのトレーニングだけでなく，親が日常生活で子どもに適切にかかわることができるようになることで，子どもの行動改善や発達促進が期待できます。これまで多くの研究で，ペアレント・トレーニングは親の養育スキルの向上やストレス低減，子どもの適応的な行動の獲得，問題行動の改善に効果があることが明らかになっています。」（p.9 ）とある。

①適　切。　上記解説参照。ペアレント・トレーニングは，対象となる子どもが生活スキルやコミュニケーションスキルなどを獲得することで適応行動の増加を目的に行われる。また，それに伴って問題行動が減少することも大きな効果である。ペアレント・トレーニングに参加した親自身が養育スキルを向上させることができ，それによって親子関係の改善も図られる。それによる子育てのストレスや親の抑うつ状態の改善などの効果も報告されている。

②適　切。　厚生労働省 HP 発達障害者支援施策の概要 (2)ペアレントトレーニング において，対象者は「父母・祖父母・親戚等の保護者・養育者」としており，母親に限定していない。また，日本国内において，主養育者は母親であることが多いため，参加者の多くは母親である。

③不適切。　厚生労働省 楽しい子育てのためのペアレント・プログラムマニュアル において，ペアレント・トレーニングは「応用行動分析（ABA）を基本に，子どもの行動のなかで目標行動を定め，行動の機能分析をし，環境調整や子どもへの肯定的な働きかけを習得していくことで子どもの発達促進を行っていく」（p.2 ）とある。また，ペアレント・トレーニングはあくまで対象を「子を持つ親」としており，必ずしも親子での参加を基本としてはいない。一方，プレイセラピーは多くの場合，子どもが展開する象徴的な遊びに対して精神分析的な視座を持ち解釈を行うが，ペアレント・トレーニングは行動療法や応用行動分析の理論を基本とする。つまり，プレイセラピーを基本として発展してきたわけではない。

④**適　切。**　上記解説参照。ペアレント・トレーニングでは，保護者が子どもへの関わり方を学ぶことで，より良い親子関係を築こうとするものである。

⑤**適　切。**　ペアレント・トレーニングは自閉スペクトラム症／自閉症スペクトラム障害〈ASD〉や知的障害や，注意欠如多動症／注意欠如多動性障害〈AD/HD〉などの発達障害を対象しており，AD/HDのある子どもの親に有効である。

【文献情報】
・下山晴彦ら編（2016）公認心理師必携精神医療・臨床心理の知識と技法　p.216，217，221-223　医学書院

| 問 116 (配点：1) | 【心理学的支援法】 | 月 日 |
| | | 月 日 |

動機づけ面接の基本的スキルとして，<u>不適切なもの</u>を１つ選べ。

① クライエントが今までに話したことを整理し，まとめて聞き返す。

② クライエントの答え方に幅広い自由度を持たせるような質問をする。

③ クライエントの思いを理解しつつ，公認心理師自身の心の動きにも敏感になる。

④ クライエントの気づきをより促すことができるように，言葉を選んで聞き返す。

⑤ クライエントの話の中からポジティブな部分を強調し，クライエントの価値を認める。

問 116	【心理学的支援法】 動機づけ面接		肢別解答率				正答率 38.1%	
			①	②	③	④	⑤	
難易度 1	**正解：③**	全体	31.4%	16.2%	38.1%	5.0%	9.2%	

　動機づけ面接とは，依存症のクライエントや司法臨床などの場面で用いられる面接法であり，変化に対するその人自身への動機づけとコミットメントを強めるための協働的な会話スタイルのことである。

　動機づけ面接の中核スキルとして，開かれた質問（Open question），是認（Affirming），聞き返し（Reflecting），要約（Summarizing）の4つが挙げられる。この中核スキルは，4つの頭文字を取ってOARS（オールズ）と呼ばれる。オールズとは船を漕ぐ時に使われる櫂のことを意味し，面接は，面接者とクライエントが協力して目的地に向かって船を漕いで進んでいくというイメージで，どちらかだけが漕いでいても船は回るだけで目的地にたどり着かないという面接の姿を現したものである。

①**適　切**。　要約（Summarizing）は，面接者がクライエントの話をまとめて伝え返すことで，面接者が話を的確に聞き記憶することで大切に扱っていることを伝えることになる。また，万が一面接者が取りこぼした内容をクライエントが補う機会にもつながる。このことから，選択肢①の内容は適切である。

②**適　切**。　開かれた質問（Open question）とは，Yes か No かで答えられる閉じられた質問（Closed question）ではなく，5W1Hのような答え方に幅の広い自由度を持たせる質問を指す。開かれた質問を行うことで，クライエントが自ら考えできる限り詳しく説明するように導く。このことから，選択肢②は適切な内容である。

③**不適切**。　動機づけ面接は，クライエントに対して「フォーカスする」「引き出す」「計画する」というプロセスに明確な方向性がある意図的で戦略的な営みであるため，C. Rogers のクライエント中心療法とは明確に異なるものであるとされる。クライエント中心療法のような，クライエントの思いを理解しつつ，面接者自身の心の動きに敏感になるということを動機づけ面接では基本的スキルとしない。

④**適　切**。　聞き返し（Reflecting）とは，クライエントにとっては自分の表現とは別の表現で聞き直すことになり，自分の考えや感情を深く考え進めることを可能にする。また，クライエントの考えを推測する聞き返しは，面接者の推測が的確か否かを確認する役割がある。選択肢④は適切な内容である。

⑤**適　切**。　是認（Affirming）とは，クライエントが持つその人読字の長所や能力，善意などに気づき，ポジティブなコメントを加えていく。つまり，是認とはポジティブなものの見方であり，ポジティブなところを強調することでクライエントを良い方向へもたらすことが可能になる。このことから，選択肢⑤は適切な内容である。

【文献情報】
・W. R. Miller ら著　原井宏明監訳（2019）動機づけ面接〈第3版〉上　p.48-54，93-110　星和書店

問 117 (配点：1)	【公認心理師法系】	月　日
		月　日

公認心理師が留意すべき職責や倫理について，<u>不適切なもの</u>を１つ選べ。

① 心理的支援に関する知識及び技術の習得など資質向上に努めなければならない。

② 法律上の「秘密保持」と比べて，職業倫理上の「秘密保持」の方が広い概念である。

③ 心理的支援の内容・方法について，クライエントに十分に説明を行い，同意を得る。

④ 心理状態の観察・分析などの内容について，適切に記録し，必要に応じて関係者に説明ができる。

⑤ クライエントの見捨てられ不安を防ぐため，一度受理したケースは別の相談機関に紹介（リファー）しない。

問 117	【公認心理師の職責】 公認心理師の法的義務及び倫理	肢別解答率					正答率 97.7%
			①	②	③	④	⑤
難易度 1	正解：⑤	全体	0.3%	1.6%	0.1%	0.3%	97.7%

①**適　切**。　公認心理師法第 43 条（資質向上の責務）において，「公認心理師は，国民の心の健康を取り巻く環境の変化による業務の内容の変化に適応するため，第 2 条各号に掲げる行為に関する知識及び技能の向上に努めなければならない。」と定められている。

②**適　切**。　法律上の「秘密保持」に関しては公認心理師法が該当する。同法第 41 条（秘密保持義務）において，「公認心理師は，正当な理由がなく，その業務に関して知り得た人の秘密を漏らしてはならない。公認心理師でなくなった後においても，同様とする。」とある。この第 41 条には「正当な理由」という記述はあるものの，秘密保持義務の例外状況に関する具体的な記述はなく，基本的には「業務に関して知り得た人の秘密を漏らしてはならない。」となっている。一方，職業倫理上の「秘密保持」という観点からは，警告義務に該当するような自傷他害の危険性が非常に高い場合は，命を守ることを最優先するため，クライエントの同意を得ることは優先されるものの，クライエントの同意がどうしても得られない場合においても，関係者に情報を提供するなど，命を守ることが可能な方法をどんな方法でも取るという対応が求められる。また，クライエントへの支援に直接関わっている専門家同士で連携を取るときもそのクライエントの同意を得ることが前提条件ではあるが，もしそれが難しいものの他機関と連携することがクライエントにとって有効である場合，チーム内守秘義務に基づき，公認心理師が他の専門家に情報提供することもある。このように，「秘密保持」に関しては，法律上よりも職業倫理上の方が広い概念である。

③**適　切**。　これは，インフォームド・コンセントに関する内容である。問 33 選択肢②の解説参照。インフォームド・コンセントは，クライエントの(1)「接近権（知る権利）の保障」，(2)「自己決定権（決める権利）の保障」と，公認心理師の(3)「還元義務（伝える義務）の遂行」からなる。クライエントは心理支援の内容・方法について，知る権利があり，公認心理師には，その内容について十分に説明を行う義務が存在し，その上でクライエントがその心理的支援を受けることについて決定する（同意を得る）。

④**適　切**。　公認心理師は，クライエントの心理状態の観察・分析などの内容について，つまり，心理アセスメントの結果について適切に記録しておくことはもちろんのこと，クライエントの同意を得た上で，必要であれば関係者と連携を取ることも求められる。

⑤**不適切**。　一度受理したケースであったとしても，そのクライエントの問題の変化に応じて，その問題に対応可能な別の相談機関にリファーすることは必要である。ただし，リファーをする際には，複数の医療機関を紹介するなど，その問題に対応可能な複数の相談機関を紹介することが適切な対応である。

【文献情報】
・金沢吉展（2018）公認心理師の基礎と実践① 公認心理師の職責 p.56 遠見書房

問 118 (配点：1)

【公認心理師法系】

月　日
月　日

　児童虐待の防止等に関する法律〈児童虐待防止法〉が施行された 2000 年（平成 12 年）から 2018 年（平成 30 年）までの間，児童相談所における児童虐待相談対応件数は年々増加しているが，その背景として想定されるものの中で，不適切なものを 1 つ選べ。

① 警察との連携強化により，警察からの通告が急増した。

② 児童相談所全国共通ダイヤルの運用などにより，社会的意識が高まった。

③ 相談対応件数全体におけるネグレクトによる通告件数の割合が急増した。

④ 子どもの面前の家庭内暴力〈DV〉が心理的虐待に含まれるようになった。

⑤ きょうだい児への虐待は，他のきょうだい児への心理的虐待であるとみなされるようになった。

問 118	【関係行政論】児童虐待防止法		肢別解答率					正答率 53.3%
			①	②	③	④	⑤	
難易度 2	正解：③	全体	25.2%	0.9%	53.3%	1.9%	18.6%	

①**適 切。** 法務省 HP 警察及び児童相談所との更なる連携強化について 平成 27 年 10 月 28 日 最高検察庁刑事部長通知 において，「各地方検察庁においては，児童が被害者又は参考人である事件についての相談窓口を作り，日頃から，警察や児童相談所の各担当者と緊密な情報交換を行う。」とある。また，厚生労働省 令和元年度 児童相談所での児童虐待相談対応件数によると，この通知が出された後の平成 27 年と 28 年の警察等からの通告件数について，38,524 件から 54,812 件に増加している。また，警察等からの通告は平成 29 年度以降令和元年度まで全体の約 50% の割合を占めており，平成 20 年度の 14.4% から大幅に増加していることも読み取れる。

②**適 切。** 児童相談所全国共通ダイヤルは，虐待通告や子育て相談への早期対応のため平成 21 年 10 月 1 日から運用が開始された。平成 27 年 7 月 1 日から，より覚えやすく，より利便性の高いものにするため，「189（いちはやく）」と 3 桁番号にし，以降も 24 時間，より早く児童相談所につながるよう接続率の向上等，改善が図られている。厚生労働省 児童相談所全国共通ダイヤル（189）の入電数及び接続率の推移 を見ると，「189」の運用が開始されて，平成 28 年においては前年よりも接続数，接続率が向上している。また平成 29 年度に児童相談所に寄せられた虐待相談の相談経路について，警察や学校等だけでなく「近隣知人，家族」からも多くなっており，社会的な意識の高まりが窺える。

③**不適切。** 厚生労働省 令和元年度 児童相談所での児童虐待相談対応件数において，近年の虐待相談の内容別件数を見ると最多が心理的虐待，次いで身体的虐待となっており，ネグレクトの割合としては減少の傾向にある。

④**適 切。** 選択肢③の資料において，対応件数の主な増加要因に，「心理的虐待が増加した要因として，児童が同居する家庭における配偶者に対する暴力がある事案（面前DV）について，警察からの通告が増加。」が挙げられており，この内容は適切である。

⑤**適 切。** 厚生労働省 HP 心理的虐待の定義に「きょうだい間での差別的扱い」が挙げられている。加えて後掲の文献の「きょうだい事例への対応」において，きょうだいが直接虐待を受けていなかった場合においても，家庭内においての虐待が発生している状況においては他のきょうだいが心理的外傷を受けている可能性に留意し，児童虐待防止法に定義された「心理的虐待として対応すべきである」と記述がある。この選択肢の内容が増加の背景要因になっているという点についての明確な記述はないもの

の，選択肢③が確実に不適切な内容であり，問題文にも「背景として想定されるもの」とあるため，この選択肢は適切である。

【文献情報】
・厚生労働省雇用均等・児童家庭局総務課　子ども虐待対応の手引き（平成25年8月改正版）p.252

問 119 (配点：1)　　　　　　【教育／障害者】　　月　日／月　日

学級経営について，不適切なものを1つ選べ。

① 学級集団のアセスメントツールには，Q-U などがある。

② 学級経営には，教師のリーダーシップスタイルの影響が大きい。

③ 学級づくりの1つの方法として，構成的グループエンカウンターがある。

④ 学校の管理下における暴力行為の発生率は，小学校より中学校の方が高い。

⑤ 問題行動を示す特定の児童生徒が教室内にいる場合，その児童生徒の対応に集中的に取り組む。

358

問 119	【教育・学校心理学】教師－生徒関係		肢別解答率					正答率 82.1%
			①	②	③	④	⑤	
難易度 1	正解：⑤	全体	0.9%	1.4%	1.0%	14.6%	82.1%	

①**適　切。**　学級集団をアセスメントする方法は，観察法，面接法，質問紙法がある。観察法や面接法を用いたアセスメントは学校現場でよく活用されているが，学級集団をアセスメントできる質問紙は少なく，その1つがQ-Uである。Q-Uは，児童生徒の学校生活の満足度，学校生活の意欲・充実感を測定できる標準化された質問紙検査法である。これらを測定することにより，不登校になる可能性のある，いじめの被害を受けている可能性のある，学校での生活や活動に対して意欲が低下している児童生徒を発見することが可能である。

②**適　切。**　学校に限らず，企業などさまざまな集団の活動において，リーダーシップの影響は重視されている。学級経営においても，教師が学級の児童生徒の発達段階やその年度間の児童生徒の成長過程に伴って，リーダーシップスタイルを変更していくことができることで効果があると言われている。特に，小学校においては，一人の学級担任が1年間の多くの時間を指導するため，学級担任のリーダーシップスタイルが学級経営に与える影響は大きい。

③**適　切。**　問26の解説参照。構成的グループエンカウンターは，グループの担当者がエクササイズやワークをあらかじめ用意し，比較的構造化されたプログラムを実施していくグループ体験の一種であり，職場や教育現場，学級運営などに活用されている。学級運営では，年度当初に担任教師があいさつゲームやあいこじゃんけんなど短時間でできるエクササイズを取り入れ，短期間で学級内の人間関係が形成しやすいように働きかけたり，学級の雰囲気を高めたりするなどして活用されている。

④**適　切。**　文部科学省初等中等教育局児童生徒課 令和元年度児童生徒の問題行動・不登校等生徒指導上の諸課題に関する調査結果（令和2年11月13日）において，学校の管理下における暴力行為の発生率は，平成29年から令和元年では，小学校において令和元年度が6.5%，平成30年度が5.4%，平成29年度が4.2%となっている。一方，中学校では，令和元年度が8.4%，平成30年度が8.6%，平成29年度が8.2%となっている。よって，小学校より中学校の方が高いため，適切である。また，学校の管理下における暴力行為の発生件数について，平成30年度以降，中学校より小学校の方が多くなっており，令和元年度は小学校で41,794件，中学校で27,388件となっている。

⑤**不適切。** 　問題行動を示す特定の児童生徒の対応に集中的に取り組むことは，その児童生徒の問題行動に注目を与えることになり，それがその問題行動を助長する場合もある。また，それに伴い，問題行動を示していない教室内の他の児童生徒が，普通に過ごしていても担任教師に見てもらえていない，といった思いを抱く可能性もある。このような事態が継続すれば，学級経営が困難になったりすることもあるため，この選択肢の内容は不適切である。

【文献情報】
・日本学校心理学会編（2016）学校心理学ハンドブック［第2版］「チーム」学校の充実をめざして　p.114，115，210，211　教育出版
・國分康孝編（1990）カウンセリング辞典　p174，175　誠信書房

問 120 (配点：1) 　【健康・医療／精神疾患】 　月　日 ／ 月　日

慢性疲労症候群について，<u>不適切なもの</u>を１つ選べ。

① 男性より女性に多い。

② 筋肉痛がよくみられる。

③ 睡眠障害がよくみられる。

④ ６か月以上持続する著しい倦怠感が特徴である。

⑤ 体を動かすことによって軽減する倦怠感が特徴である。

問 120	【健康・医療心理学】 心身症	肢別解答率					正答率 54.3%
			①	②	③	④	⑤
難易度 2	正解：⑤	全体	12.9%	22.5%	1.5%	8.7%	54.3%

①**適 切**。　慢性疲労症候群とは，比較的新しい疾患概念であり，日常生活を脅かすほどの著しい疲労感を主症状とする病態をいう。この疾患は単発で発生する場合も，集団発生する場合でも，約2倍女性に多く見られることが報告されている。

②**適 切**。　アメリカ防疫予防管理センター（CDC）による，慢性疲労症候群の診断基準の項目として，筋肉痛ないし不快感が挙げられている。

③**適 切**。　同じくCDCの診断基準に，睡眠異常（過眠，不眠）の項目がある。

④**適 切**。　同じくCDCの診断基準の必須項目として，6カ月以上持続ないし再発する疲労・倦怠感が挙げられている。

⑤**不適切**。　CDCの診断基準によれば，軽い労作（身体を動かすこと）後に24時間以上続く全身倦怠感と記されている。つまり，「軽減する」が不適切である。

【文献情報】
・木谷照夫ら著（1992）慢性疲労症候群　p.575，577　日本内科学会雑誌第81巻第4号

発達障害者支援法について，不適切なものを1つ選べ。

① 発達支援には，医療的援助も含まれる。

② 支援対象には，18歳未満の者も含まれる。

③ 支援対象には，発達障害者の家族も含まれる。

④ 国の責務の他に，地方公共団体の責務も定められている。

⑤ 支援は，個々の発達障害者の性別，年齢及び障害の状態に関係なく，一律に行う。

問 121	【関係行政論】 発達障害者支援法	肢別解答率				正答率91.8%
			①	②	③	④	⑤
難易度1	正解：⑤	全体	3.1%	2.3%	1.5%	1.2%	91.8%

①**正しい。** 発達障害者支援法第2条第4項において，「この法律において『発達支援』とは，発達障害者に対し，その心理機能の適正な発達を支援し，及び円滑な社会生活を促進するため行う個々の発達障害者の特性に対応した**医療的，福祉的及び教育的援助をいう。**」と規定されている。

②**正しい。** 同法第2条第2項において，「この法律において『発達障害者』とは，発達障害がある者であって発達障害及び社会的障壁により日常生活又は社会生活に制限を受けるものをいい，「発達障害児」とは，発達障害者のうち18歳未満のものをいう。」と規定されている。つまり，この法において支援の対象となる「発達障害者」には18歳未満の者が含まれている。

③**正しい。** 同法第3条第2項において，「国及び地方公共団体は，基本理念にのっとり，発達障害児に対し，発達障害の症状の発現後できるだけ早期に，その者の状況に応じて適切に，就学前の発達支援，学校における発達支援その他の発達支援が行われるとともに，発達障害者に対する就労，地域における生活等に関する支援及び**発達障害者の家族その他の関係者に対する支援**が行われるよう，必要な措置を講じるものとする。」と規定されている。

④**正しい。** 同法第3条第1項（国及び地方公共団体の責務）において，「国及び地方公共団体は，発達障害者の心理機能の適正な発達及び円滑な社会生活の促進のために発達障害の症状の発現後できるだけ早期に発達支援を行うことが特に重要であることを鑑み，前条の基本理念……にのっとり，発達障害の早期発見のため必要な措置を講じるものとする。」と規定されている。

⑤**誤　り。** 同法第2条の2第3項において，「発達障害者の支援は，**個々の発達障害者の性別，年齢，障害の状態及び生活の実態に応じて，**かつ，医療，保健，福祉，教育，労働等に関する業務を行う関係機関及び民間団体相互の緊密な連携の下に，その意思決定の支援に配慮しつつ，切れ目なく行われなければならない。」と規定されている。

365

問 122 (配点：1)　　　　【公認心理師法系】　　月　日 / 月　日

　学校教育法施行規則において，小学校及び中学校のいずれにも設置が規定されていないものを1つ選べ。

① 学年主任
② 教務主任
③ 保健主事
④ 教育相談主任
⑤ 進路指導主事

問 122	【関係行政論】学校教育法	肢別解答率					正答率 40.7%	
			①	②	③	④	⑤	
難易度2	正解：④	全体	5.2%	8.5%	26.7%	40.7%	18.9%	

学校教育法施行規則において，小学校には，教務主任及び学年主任（施行規則第44条），保健主事（第45条）を置くものとする，とされている。中学校には，上記の教務主任，学年主任，保健主事のほか，生徒指導主事（第70条），進路指導主事（第71条）を置くものとする，とされている。したがって，**学校教育法施行規則に規定されていないのは，選択肢④の教育相談主任である。**

ただし，施行規則に規定はないものの，児童生徒を取り巻く環境の複雑化・深刻化を踏まえ，文部科学省は，平成29年2月3日付に「児童生徒の教育相談の充実について（通知）」を発出している。この通知では，学校内に，児童生徒の状況や学校外の関係機関との役割分担，スクールカウンセラーやスクールソーシャルワーカーとの連携等を担う教育相談コーディネーター役の教職員を置き，コーディネーターを中心とした教育相談体制を構築するよう，各教育委員会等に対応を求めている。

問 123 (配点：1)　　　【公認心理師法系】

保護観察所の業務として，<u>不適切なもの</u>を1つ選べ。

① 精神保健観察を実施する。

② 仮釈放者に対する保護観察を実施する。

③ 遵守事項違反による仮釈放の取消しを行う。

④ 保護観察に付された者に対する恩赦の上申を行う。

⑤ 少年院に入院中の少年に対する生活環境の調整を実施する。

問 123	【関係行政論】 保護観察制度		肢別解答率				正答率 41.9%	
			①	②	③	④	⑤	
難易度 2	正解：③	全体	8.3%	0.4%	41.9%	19.1%	30.2%	

①**適　切。**　保護観察所は，医療観察制度「心神喪失又は心神耗弱の状態で（精神の障害のために善悪の区別がつかないなど，通常の刑事責任を問えない状態のことをいいます。），殺人，放火等の重大な他害行為を行った人の社会復帰を促進することを目的とした処遇制度」（法務省 HP 医療観察制度とは より）における精神保健観察の業務を担っている。この業務に従事する専門職員として，社会復帰調整官が配置されている。精神保健観察は，継続的な医療の確保を目的に，対象者や保護者との面接，他機関と連携を取ることによって，通院や生活状況の見守りと指導や助言を行う。

②**適　切。**　保護観察所の業務には保護観察の実施がある。保護観察とは，非行や犯罪をした人を少年院や刑務所などの矯正施設に収容して処遇を行うのではなく，社会において生活をさせながら行う処遇のことである。矯正施設に収容して行う処遇を施設内処遇，社会の中で処遇を行うのが社会内処遇である。つまり，保護観察は社会内処遇である。保護観察は，社会で生活をさせながら定期的に面接を行い，再犯や再非行に至らぬよう生活全般について指導を行い，それとともに住居，就労や就学，家族関係の調整などについて援助を行う。保護観察の対象者としては，更生保護法に記載がある。

（保護観察の対象者）
第 48 条　次に掲げる者（以下「保護観察対象者」という。）に対する保護観察の実施については，この章の定めるところによる。
　一　少年法第 24 条第 1 項第 1 号の保護処分に付されている者（以下「保護観察処分少年」という。）
　二　少年院からの仮退院を許されて第 42 条において準用する第 40 条の規定により保護観察に付されている者（以下「少年院仮退院者」という。）
　三　仮釈放を許されて第 40 条の規定により保護観察に付されている者（以下「仮釈放者」という。）
　四　刑法第 25 条の 2 第 1 項若しくは第 27 条の 3 第 1 項又は薬物使用等の罪を犯した者に対する刑の一部の執行猶予に関する法律第 4 条第 1 項の規定により保護観察に付されている者（以下「保護観察付執行猶予者」という。）

③**不適切。** 更生保護法第75条（仮釈放の取消し）第1項において，「刑法第29条第1項の規定による仮釈放の取消しは，仮釈放者に対する保護観察をつかさどる保護観察所の所在地を管轄する地方委員会が，決定をもってするものとする。」とあり，**地方委員会が取消しを行う。**

④**適　切。** 　無期懲役刑は，文字通り刑の終期がない。この無期懲役刑の者が仮釈放された場合，刑務所内から社会内に刑の執行の場所が変わり，生涯，保護観察が続けられる。このような者に恩赦の1つである**「刑の執行の免除」**がなされると，**裁判の判決は「無期」懲役刑であったにもかかわらず，残りの刑の執行が免除され，生涯続くはずであった保護観察が終了する。**このように，恩赦は行政権により，司法権の裁判の判決の内容や効力を変更したり，消滅させたりする行為のことである（他の恩赦の種類については下記の図参照）。そのような行為であるため，恩赦を行う際には，それ相当の合理的理由が要求され，運用に関しても慎重を期すことが求められている。そして，無期懲役刑の仮釈放された者，つまり保護観察に付されている者に対して恩赦の上申を行うのは，保護観察所の長である。

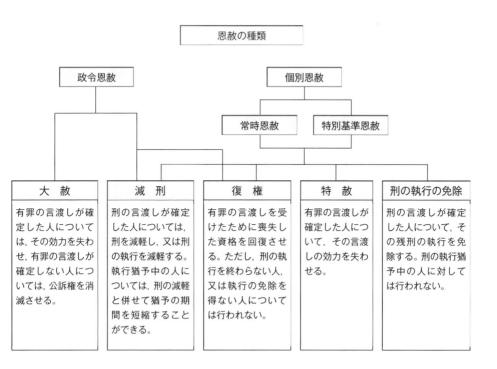

⑤適　切。　少年院に入院中の少年が出院後，更生し円滑な社会復帰ができるように，それにふさわしい生活環境を少年が入院中に整えることを生活環境の調整という。これは少年の出院後の帰住予定地を管轄している保護観察所の長が実施者となる。

【文献情報】
・藤本哲也/生島浩/辰野文理編著（2016）よくわかる更生保護 p.4，48，49，62，63，162，163，164，165，186 ミネルヴァ書房

問 124 (配点：1) 【健康・医療／精神疾患】 月 日 / 月 日

チーム医療について，最も適切なものを1つ選べ。

① 多職種でのカンファレンスは，議論や検討の場ではない。

② 医療に従事する多種多様な医療スタッフが，場所を共有する。

③ 患者自身がチームの意思決定や治療選択に関わることはない。

④ 各職種の機能と役割について，互いに知っておくことが必要である。

372

問124	【健康・医療心理学】チーム医療と多職種連携	肢別解答率				正答率95.8%
			①	②	③	④
難易度1	正解：④	全体	0.2%	2.2%	0.6%	95.8%

①**不適切。**　厚生労働省 チーム医療推進方策検討ワーキンググループ 平成23年6月 チーム医療推進のための基本的な考え方と実践的事例集 によれば，チーム医療について「チームアプローチの質を向上するためには，互いに他の職種を尊重し，明確な目標に向かってそれぞれの見地から評価を行い，専門的技術を効率良く提供することが重要である。そのためには，カンファレンスを充実させることが必要であり，カンファレンスが単なる情報交換の場ではなく議論・調整の場であることを認識することが重要である」（p.1）とある。

②**不適切。**　選択肢①の資料において，「多種多様なスタッフが各々の高い専門性を前提とし，目的と情報を共有し，業務を分担するとともに互いに連携・補完しあい，患者の状況に的確に対応した医療を提供する『チーム医療』が様々な医療現場で実践されている。」（p.1）とある。この選択肢にある「場所」が具体的に何を指しているのか，不透明なところもあるが，単に同じ「場所」＝「医療現場」を共有している，つまり同じ場所で働いているのではなく，「目的と情報を共有」してチーム医療が実践されているため，不適切である。

③**不適切。**　選択肢①の資料において，「患者に対して最高の医療を提供するために患者の生活面や心理面のサポートを含めて各職種がどのように協力するかという視点を持つことが重要である。また，患者も自らの治療等の選択について医療従事者に全てを任せるのではなく，医療従事者からの十分な説明を踏まえて選択等に参加することが必要である」（p.2）とある。

④**適　切。**　選択肢①の資料において，「チームの質を向上させるためには卒前・卒後の教育が重要であり，専門職種としての知識や技術に関する縦の教育と，チームの一員として他の職種を理解することやチームリーダー・マネージャーとしての能力を含めた横の教育が必要である」（p.2）とある。チーム医療では，各専門職種がそれぞれの専門性を発揮するだけでは不十分であり，患者に対して全人的な治療・援助を行うために，専門以外の知識や情報をできることが重要である。

問 125 (配点：1)　　　【心理学基礎・応用領域系】　月　日／月　日

　J. E. Marcia が提起した自我同一性地位について，正しいものを1つ選べ。

① 同一性達成型とは，人生上の危機を経験し，職業などの人生の重要な領域に積極的に傾倒している地位である。

② 早期完了型とは，人生上の危機を発達早期に経験し，職業などの人生の重要な領域に積極的に傾倒している地位である。

③ モラトリアム型とは，人生上の危機を経験しておらず，職業などの人生の重要な領域に積極的に傾倒していない地位である。

④ 同一性拡散型とは，人生上の危機を経験していないが，職業などの人生の重要な領域に積極的に傾倒しようと努力している地位である。

374

問 125	【発達心理学】自我同一性		肢別解答率		正答率 64.4%	
			①	②	③	④
難易度 1	正解：①	全体	64.4%	10.2%	23.0%	2.3%

　J. E. Marcia は，E. H. Ericson による自我同一性の形成過程を，職業や価値観など自分の生き方を悩みつつ決定しようとする**危機**と，自分で決めた生き方に従って実際に行動しているかの積極的関与によって説明する**自我同一性地位理論**を提唱している。この理論は，⑴**自我同一性達成**，⑵**早期完了**，⑶**モラトリアム**，⑷**自我同一性拡散**の4つに類型化される。

①**正しい。**　自我同一性達成は，自分の生き方について悩む危機を経験し，その生き方に従って努力し積極的に関与している状態であり，アイデンティティが確立された状態である。

②**誤り。**　早期完了は，親などの指示に従い，自分の生き方についてあまり悩むことなく危機を経験しておらず，その生き方に努力をして積極的に関与している状態である。つまり，「危機を発達早期に経験」が誤りである。

③**誤り。**　モラトリアムは，自分の生き方について思い悩んでいる危機を経験している最中であり，まだその生き方に十分打ち込んで行動するまでは至らず積極的に関与しようとしている状態である。つまり，「危機を経験しておらず」が誤りであり，この選択肢の説明の内容は自我同一性拡散の危機を経験していない場合に該当する。

④**誤り。**　自我同一性拡散は，危機を経験している場合と経験していない場合に分けられる。危機を経験している場合は，自分の生き方を決めてはいるが，その生き方に努力をしておらず積極的に関与していない状態である。将来，就きたい仕事や夢などは持ってはいるものの，現実的に自分の力の限界などがあり，その可能性について拒否している状態である。また，危機を経験していない場合は，自分の生き方について悩んだ経験がなく，そのために努力や行動を積極的に行うことができない状態である。つまり，この選択肢の説明の内容は早期完了型に該当する。

問 126 (配点：1)　　【健康・医療／精神疾患】

DSM-5の急性ストレス障害〈Acute Stress Disorder〉について，正しいものを1つ選べ。

① 主な症状の1つに，周囲または自分自身の現実が変容した感覚がある。

② 心的外傷的出来事は，直接体験に限られ，他者に生じた出来事の目撃は除外される。

③ 6歳以下の場合，死や暴力，性被害などの心的外傷体験がなくても発症することがある。

④ 心的外傷的出来事の体験後，2週間以上症状が持続した場合は心的外傷後ストレス障害〈PTSD〉に診断を切り替える。

問126	【精神疾患とその治療】 神経症性障害，ストレス関連障害及び 身体表現性障害（F4）	肢別解答率				正答率53.5%	
			①	②	③	④	
難易度2	正解：①	全体	53.5%	1.0%	36.0%	9.5%	

　　急性ストレス障害〈Acute Stress Disorder〉は，DSM-5において心的外傷およびスト
レス因関連障害群に分類される。心的外傷後ストレス障害〈PTSD〉も同じ群に属して
おり，大きく異なる点は，急性ストレス障害は症状が3日から1か月であり，心的外傷
後ストレス障害は症状が1か月以上続いていることである。

①**正しい。**　DSM-5における急性ストレス障害の診断基準に「B．心的外傷的出来事の
　　後に発現または悪化している，侵入症状，陰性気分，解離症状，回避症状，覚醒症状の
　　5領域のいずれかの，以下の症状のうち9つ（またはそれ以上）の存在……解離症状
　　⑹周囲または自分自身の現実が変容した感覚（例：他者の視点から自分を見ている，
　　ぼーっとしている，時間の流れが遅い）」との記載がある。よって，本選択肢は正しい。

②**誤　り。**　DSM-5における急性ストレス障害の診断基準に「A．実際にまたは危うく
　　死ぬ，重症を負う，性的暴力を受ける出来事への，以下のいずれか1つ（またはそれ以
　　上）の形による曝露：……⑵他人に起こった出来事を直に目撃する」との記載がある。
　　よって，心的外傷的出来事は直接体験のみではなく，他者に生じた出来事の目撃も含
　　むため，本選択肢は誤りである。なお，近親者や親友に起こった出来事を耳にしたり，
　　仕事に関連して心的外傷的出来事の強いものに繰り返し暴露される体験なども含まれる。

③**誤　り。**　DSM-5における急性ストレス障害は年齢の違いによって診断基準が変わる
　　ことはない。どの年齢においても「A．実際にまたは危うく死ぬ，重症を負う，性的暴
　　力を受ける出来事への，以下のいずれか1つ（またはそれ以上）の形による曝露」が必
　　要となるため，本選択肢は誤りである。なお，6歳以下の子どもの心的外傷後ストレ
　　ス障害〈PTSD〉の場合，心的外傷的出来事については「A．6歳以下の子どもにおけ
　　る，実際にまたは危うく死ぬ，重症を負う，性的暴力を受ける出来事への，以下のいず
　　れか1つ（またはそれ以上）の形による曝露」と記載されている。つまり，PTSDにお
　　いても，6歳以下の子どもに死や暴力，性被害などの心的外傷的出来事が診断基準の
　　要件とされている。

④**誤　り。**　DSM-5における心的外傷後ストレス障害の診断基準に「F．障害……の持
　　続が1ヵ月以上」との記載がある。よって，心的外傷的出来事の体験後，2週間ではな
　　く，1ヵ月以上症状が持続した場合は心的外傷後ストレス障害〈PTSD〉に診断を切り
　　替えるため，本選択肢は誤りである。

【文献情報】
　・高橋三郎・大野裕監訳（2014）DSM-5　精神疾患の分類と診断の手引き　p.139-147　医学書院

作業同盟（治療同盟）に関する実証研究について，正しいものを1つ選べ。

① 作業同盟が強固であるほど，介入効果は良好である。

② 作業同盟の概念には，課題に関する合意は含まれない。

③ 作業同盟の効果は，対人プロセス想起法によって測定される。

④ 作業同盟が確立していることは，心理療法の介入効果の必要十分条件である。

問127	【心理学的支援法】 作業同盟		肢別解答率			正答率32.0%
			①	②	③	④
難易度3	**正解：①**	全体	32.0%	2.2%	15.2%	50.3%

①**正しい。**　作業同盟とは，クライエントとセラピストとの間の協働的関係の質と，絆の強さを指す概念である。心理療法における治療要因として，治療関係の重要性が指摘されており，心理療法の学派に関わらず，作業同盟がしっかりと形成されていればいるほど，心理療法の効果が高いことが明らかになっている。

②**誤り。**　作業同盟を構成する要素として，「治療目標の合意」「肯定的で情緒的な絆の存在」の他に「作業についての合意」が挙げられている。

③**誤り。**　対人プロセス想起法とは，セラピーやカウンセリングの録音や録画データを当事者が視聴し，各場面においてどのような体験をしていたのかを想起してもらう方法である。この方法では，セラピーにおける治療関係の内容や程度について内的体験に基づいて明らかにすることができるが，作業同盟の効果を測定するための方法としては適当とはいえない。

④**誤り。**　作業同盟の確立が心理療法の介入効果に影響していることは，選択肢①の解説の通りであるが，一方で心理療法の治療効果の共通要因としては，作業同盟以外にも共感や目標の合意／協働，肯定的関心／承認，自己一致／純粋性が挙げられている。したがって，作業同盟の確立が心理療法の介入効果の必要十分条件であるとは言いがたい。

【文献情報】
・杉原保史ら編著（2019）公認心理師標準テキスト 心理学的支援法 p.8，9 北大路書房
・岩壁茂編（2019）臨床心理学 生きづらさ・傷つき－変容・回復・成長 第19巻第1号（通巻109号）p.92 金剛出版
・杉原保史（2020）心理療法において有効な要因は何か？―特定要因と共通要因をめぐる論争― 京都大学学生総合支援センター 第49輯

問 128 (配点：1)　　【心理学基礎・応用領域系】　月　日／月　日

感情と文化の関連性について，<u>不適切なもの</u>を1つ選べ。

① 各文化にはそれぞれ特異な社会的表示規則があり，それによって感情表出が大きく異なり得る。

② 社会的構成主義によれば，それぞれの文化に固有の感情概念や感情語によって，感情経験が大きく異なり得る。

③ 日米比較研究によれば，見知らぬ他者と同席するような状況では，概して日本人は表情が乏しくなる傾向がある。

④ 日本で優勢とされる相互協調的自己の文化では，米国で優勢とされる相互独立的自己の文化に比して，怒りや誇りが経験されやすい。

問 128	【感情・人格心理学】感情と社会・文化	肢別解答率			正答率 79.4%
		①	②	③	④
難易度 2	正解：④	全体 6.7%	6.8%	6.5%	79.4%

①**適　切。**　社会的表示規則とは，P. Ekman らによって提唱された概念である。これは，ある文脈において人間がどういった感情表出をするべきかに関する文化に根差したルールのことを指す。P. Ekman は，基本感情は文化によらず生得的に有していると主張したが，その表出に際しては文化の影響を受けると述べている。例えば，日本人は電車に一瞬，間に合わず乗り遅れたときは，笑ってごまかすというような表現をしやすい。しかし，同様のことを欧米人が経験した場合，怒りや落胆を表現しやすい。この違いは文化に根差したルールである表示規則の影響を受けているためと考えられている。つまり，上記のような例の場合，日本人はネガティブな感情を表出するべきではないというルールに従って，感情表出をしていると考えることができる。よって，各文化にはそれぞれ特異な社会的表示規則があり，それによって感情表出が大きく異なり得るという本選択肢は適切である。

②**適　切。**　社会的構成主義は，K. J. Gergen による前提として，言葉は世界やわれわれ自身を理解するための社会的産物であり，人々の交流の産物である，と説明される。つまり，社会的構成主義とは，実際の出来事によって現実が作られているのではなく，その出来事を構成している「語り」によって現実は構成されているという考え方である。このような社会的構成主義の立場による感情の考え方では，人間は生得的に「悲しい」や「楽しい」などの感情概念を有しているわけではなく，特定の文化，社会における感情概念や感情語彙の習得によって，後天的に獲得されたものと考える。例えば，文化に応じた固有の感情の存在が挙げられ，日本においては土居健郎が提唱した「甘え」がある。甘えは日本では否定的な感情とはみなされないが，欧米では否定的な感情とみなされる。これは日本社会では協調的な社会が望まれるが，欧米では個人の自律を重視するためである。また，南洋のイファルックという民族では，愛・同情・悲しみが混ざったファーゴという感情が存在する。よって，社会的構成主義によれば，それぞれの文化に固有の感情概念や感情語によって，感情経験が大きく異なり得るという本選択肢は適切である。

③**適　切。**　感情表出に関して，P. Ekman らは日本人と欧米人を対象に研究を行っている。これは，ストレスを感じさせるような映像を日本人と欧米人にそれぞれ 1 人で見てもらう群，日本人 2 人で見てもらう群，欧米人 2 人で見てもらう群でそれぞれ見てもらう。その結果，1 人で見ている群は日本人もアメリカ人も同様にネガティブな感情表出が見られたが，2 人で見ている群に関しては，欧米人に比べて日本人はネガティ

ブな感情表出を抑制しやすいことが示された。よって，日米比較研究によれば，見知らぬ他者と同席するような状況では，概して日本人は表情が乏しくなる傾向があるという選択肢は適切である。

④**不適切。**　相互独立的自己や相互協調的自己は文化的自己観に含まれる概念である。文化的自己観とは，北山（1998）によれば「ある地域，グループ内で歴史的に作り出され，文化的に共有されてきている通念，モデル，メタセオリーとしての自己である」と定義される。つまり，文化や価値観によって自己や人間に対する見方のモデルが形成されていると考える。文化的自己観は，相互独立的自己観と相互協調的自己観に分類できる。前者は，個人は他者とは明確に区別され独立した存在であり，その人独自の能力や性格などの属性を内にもつと考える。誇りなど自己高揚的傾向がみられやすく，西欧文化で優勢である。後者は，個人を他者から切り離した形では捉えず，それぞれ属性を共有していると考える。自己高揚的傾向はあまり見られず，自己批判的傾向がみられやすい。日本をはじめとする東洋で優勢である。よって，日本で優勢とされる相互協調的自己の文化では，米国で優勢とされる相互独立的自己の文化に比して，怒りや誇りは経験されにくいため，本選択肢は不適切である。

【文献情報】
・下山晴彦編（2014）誠信　心理学辞典［新版］p.296-298，843-845　誠信書房
・今田純雄・中村真・古満伊里（2018）心理学の世界基礎編 11 感情心理学　p.107-112　培風館
・島義弘編（2017）ライブラリ心理学を学ぶ＝6 パーソナリティと感情の心理学　p.138-140　サイエンス社
・中間玲子（2020）公認心理師の基本を学ぶテキスト⑨感情・人格心理学－「その人らしさ」をかたちづくるもの－　p.20-22　ミネルヴァ書房
・横田正夫・津川律子（2020）テキストライブラリ　心理学のポテンシャル＝7　ポテンシャルパーソナリティ心理学　p.54，55　サイエンス社

問 129 (配点：1)　　【心理学基礎・応用領域系】　月　日／月　日

副交感神経系が優位な状態として，正しいものを2つ選べ。

① 血管拡張

② 血糖上昇

③ 瞳孔散大

④ 胃酸分泌の減少

⑤ 消化管運動の亢進

386

問 129	【神経・生理心理学】 自律神経	肢別解答率					正答率41.7%
		[No.1]	①	②	③	④	⑤
		全体	55.0%	12.6%	13.1%	17.8%	1.4%
難易度2	正解： 〔No.1〕 ①， 〔No.2〕 ⑤	[No.2]	①	②	③	④	⑤
		全体	0.5%	0.7%	4.6%	14.9%	78.5%

　神経系は中枢神経系と末梢神経系に大別され，末梢神経系は機能の面から体性神経系と自律神経系に大別される。自律神経系には交感神経系と副交感神経系の２種類がある。両者は互いに協調しながら拮抗的に働いており，状況に応じて交感神経系が優位になったり副交感神経系が優位になったりする。大まかな特徴として，交感神経系は心身の活動時ないし緊張時に優位になり，副交感神経系は睡眠時など心身の活動に備える状況で優位になる。交感神経系が優位になると，瞳孔散大，気管支拡張，心機能増大，血糖増加，消化管運動抑制，血管の収縮などが起こる。副交感神経系が優位になると瞳孔縮小，気管支収縮，心機能抑制，消化管運動の亢進などが起こる。

①正しい。　副交感神経系が優位な状態では血管の拡張がみられる。

②誤　り。　交感神経系が優位な状態で血糖上昇がみられる。

③誤　り。　交感神経系が優位な状態で瞳孔散大がみられる。

④誤　り。　交感神経系が優位な状態で胃酸分泌の減少がみられる。

⑤正しい。　副交感神経系が優位な状態では消化管運動の亢進がみられる。

【文献情報】
　・医療情報科学研究所編（2017）病気がみえる vol.7　脳・神経　第2版 p.230, 231 メディックメディア
　・佐藤敬ら訳 ジョン・ピネル（2007）ピネル バイオサイコロジー 脳―心と行動の神経科学 p.370 西村書店
　・鈴木郁子編（2015）やさしい自律神経生理学 命を支える仕組み p.10-17 中外医学社

問 130 (配点：1) 　　　　　【心理査定】　　　月　日 / 月　日

　生物心理社会モデルに共通する考え方を含んでいるものとして，適切なものを2つ選べ。

① DSM-5

② HTP テスト

③ 洞察の三角形

④ Cannon-Bard 説

⑤ 国際生活機能分類〈ICF〉

388

問130	【心理的アセスメント】 生物心理社会モデル	肢別解答率					正答率 57.0%
		[No.1]	①	②	③	④	⑤
		全体	58.7%	7.5%	24.3%	7.7%	1.4%
難易度2	正解： [No.1] ①， [No.2] ⑤	[No.2]	①	②	③	④	⑤
		全体	0.3%	0.8%	1.8%	3.0%	93.5%

　生物心理社会モデルとは，生物的なシステム（脳，神経，遺伝等の身体的な側面）と心理的なシステム（認知・感情・ストレス等の心理的な側面）と社会的なシステム（家庭・職場・学校等の社会的な側面）がそれぞれどのように関連してクライエントが抱える症状や問題に影響を与えているかを理解するための考え方である。

①適　切。　DSM とは，アメリカ精神医学会（APA：American Psychiatric Association）による精神疾患の診断と分類の手引きのことである。1952 年の第 1 版以来改訂を重ね，最新版は 2013 年に発表された DSM-5 である。DSM-5 では，多軸診断が廃止され，多元的診断（ディメンション診断）が採用されている。これは各疾患単位を連続体（スペクトラム）とみなし，重症度で評価するという考え方である。この DSM-5 では精神疾患の診断にあたり，身体的・心理的な症状について一定の基準以上の割合で該当していることと，その症状がクライエントの社会生活に不利益をもたらしていることを基準としている。

②不適切。　HTP テストとは，J. N. Buck によって開発された，クライエントの描いた家と木と人の絵からパーソナリティを査定するための描画法検査である。無意識領域でのクライエントの感情や欲求を表出することを目的としており，生物心理社会モデルには該当しない。

③不適切。　洞察の三角形とは K. Menninger によって提唱された概念であり，クライエントの過去・現在・治療室の人間関係について考察し，クライエントの対人関係のあり方を把握しようとするものである。精神力動論をベースとした考え方のため，生物心理社会モデルには該当しない。

④不適切。　Cannon-Bard 説とは，感情が喚起される時には脳中枢で生じる感情反応が抹消反応（身体症状）に先行するとされる説である。W. B. Cannon によって提唱され，P. Bard によって修正された。生物的な要因に基づく考え方のため，生物心理社会モデルには該当しない。

⑤**適 切**。　国際生活機能分類〈ICF〉では，ある健康状態（変調，疾病など）にある人が，生活機能をどれだけ働かせられるか，または働かせているかを考える。生活機能（functioning）には，心身機能・身体構造（body functions and structures），活動（activities），参加（participation）の3つの次元がある。これらの3つの次元において問題が生じた場合は，それぞれ機能障害（impairments），活動制限（activity limitations），参加制約（participation restrictions）と分類される。また，生活機能に影響を与える背景因子を重視する。背景因子には，環境因子と個人因子の2つがある。環境因子は，物理的な環境や社会的環境のことである。この環境因子は，生活機能に良い影響を与えていると判断されるときは促進因子と呼び，悪い影響を与えているときは阻害因子と呼ぶ。また，個人因子は，性別や年齢，人種，ライフスタイル，習慣，困難状況に対する対処法などが挙げられる。このように ICF は，人間の生活機能と障害について「健康状態」「生活機能（心身機能・身体構造，活動，参加の三側面）」「背景因子（環境因子・個人因子）」の要素に関してクライエントを多面的に理解するためのツールとして利用されている。

問 131 (配点：1) 　【健康・医療／精神疾患】

むずむず脚症候群について，正しいものを<u>2つ</u>選べ。

① 妊婦に多い。

② 鉄欠乏性貧血患者に多い。

③ 運動によって症状は増悪する。

④ 早朝覚醒時に出現する異常感覚が特徴である。

⑤ 選択的セロトニン再取り込み阻害薬〈SSRI〉によって症状が改善する。

392

問 131	【精神疾患とその治療】生理的障害及び身体的要因に関連した行動症候群（F5）	肢別解答率					正答率24.6%
		[No.1]	①	②	③	④	⑤
		全体	37.4%	37.8%	9.7%	14.4%	0.6%
難易度3	正解：〔No.1〕①，〔No.2〕②	[No.2]	①	②	③	④	⑤
		全体	0.2%	25.0%	5.9%	28.1%	40.3%

　厚生労働省による「健康づくりのための睡眠指針2014」において，レストレスレッグス（むずむず脚）症候群は「1）就床と同時に下肢に異常な感覚が生じ，下足を動かさずにいられないという強い欲求が出現する。2）このため，落ち着きのない運動が生じる。3）これらの症状は安静で増悪し，体を動かすことで軽快する。4）さらに，症状は夕方から夜間にかけて増悪する，という特徴がある。……レストレスレッグス症候群では，異常感覚を中心とした症状が，夜間に就床し安静になると強くなり入眠が著しく障害される。中途覚醒時にも異常感覚が生じ，再入眠が障害されることもある。眠れないために下肢に異常感覚が生じると思い込んでいる場合も多いため，異常感覚の有無について，質問をする必要がある。原因としては，鉄欠乏などにより，感覚制御に関連するドパミン系の機能が低下することで生じると考えられており，ドパミン作動薬で症状が改善することが多い。慢性腎不全，鉄欠乏性貧血，胃切除後など鉄の低下が起こるような病態や，末梢神経炎，脊髄疾患等の末梢神経系の異常やパーキンソン病などの中枢神経系の疾患でもみられることがある。」との記載がある。

①**正しい。**　妊娠中におけるむずむず脚症候群の有病率は約2倍から3倍であることが示されている。特に妊娠後期において発病しやすく，出産直後にほとんどの場合改善がみられる。よって，むずむず脚症候群が妊婦に多いという本選択肢は正しい。

②**正しい。**　発症原因として，鉄欠乏が考えられているため，鉄欠乏性貧血患者に多いという本選択肢は正しい。

③**誤　り。**　下肢の異常な感覚はじっと座っているなど安静時に増悪し，体を動かすなど運動によって軽快することが知られている。そのため，運動によって症状は増悪するという本選択肢は誤りである。

④**誤　り。**　下肢の異常感覚は夜間就床時に生じることが特徴的であるが，中途覚醒時に生じる場合もある。よって，早朝覚醒時に出現する異常感覚が特徴であるという本選択肢は誤りである。

⑤**誤　り。**　発症原因として，鉄欠乏などによりドパミン系の機能が低下することで生じると考えられているため，ドパミン作動薬で症状が改善することが多い。ドパミン作動薬は，パーキンソン病や抗精神病薬による錐体外路症状に対してしばしば使用される。

【文献情報】
・姫井昭男（2019）［第4版］精神科の薬がわかる本 p.163-166 医学書院
・子安増生監（2020）公認心理師のための精神医学 精神疾患とその治療 p.100 金芳堂
・松崎朝樹（2020）精神診療プラチナマニュアル第2版 p.223-226 メディカル・サイエンス・インターナショナル
・高橋三郎・大野裕監訳（2014）DSM-5 精神疾患の診断・統計マニュアル p.403-405 医学書院

問 132 (配点：1)　　【心理学基礎・応用領域系】　月　日／月　日

　アルコール依存症の離脱症状について，正しいものを2つ選べ。

① 過眠

② 幻視

③ 徐脈

④ 多幸

⑤ けいれん

396

問 132	【人体の構造と機能及び疾病】依存症（薬物・アルコール・ギャンブル等）		肢別解答率					正答率61.9%
		[No.1]	①	②	③	④	⑤	
		全体	10.1%	70.9%	17.8%	0.6%	0.5%	
難易度 1	正解：〔No.1〕②，〔No.2〕⑤	[No.2]	①	②	③	④	⑤	
		全体	0.1%	3.3%	10.6%	2.8%	82.9%	

　離脱症状とは，身体依存が形成されている状態で，物質の服用を止めた際に平衡状態が崩れたことによって起きる症状である。身体依存とは，ある物質を摂取し続けることにより，生体にその物質が摂取されていない本来の平衡状態から，その物質が生体にあることが常態化した状態である。つまり，アルコールにおいては，アルコールが生体内に常にあることが通常の状態となっており，お酒つまりアルコールの摂取が途切れると，生体がアルコールを欲し，離脱症状が生じる。本設問では，アルコール依存症の離脱症状についての具体的な症状が問われている。

　アルコール依存症は，DSM-5においてアルコール使用障害という疾患名で称されている。離脱症状に関しては，DSM-5のアルコール離脱に「B. 以下のうち2つ（またはそれ以上）が，基準Aで記載されたアルコール使用の中止（または減量）の後，数時間〜数日以内に発現する。（1）自律神経系過活動（例：発汗または100/分以上の脈拍数）（2）手指振戦の増加（3）不眠（4）嘔気または嘔吐（5）一過性の視覚性，触覚性，または聴覚性の幻覚または錯覚（6）精神運動興奮（7）不安（8）全般性強直間代発作」と記載されている。

①誤　り。　アルコール依存症の離脱症状は過眠ではなく，不眠であるため，誤りである。

②正しい。　アルコール依存症の離脱症状の1つに，一過性の視覚性，触覚性，または聴覚性の幻覚または錯覚が含まれている。このうち一過性の視覚性の幻覚が幻視であるため，本選択肢は正しい。

③誤　り。　アルコール依存症の離脱症状の1つに，自律神経系過活動（例：発汗または100/分以上の脈拍数）が含まれている。一般的に徐脈とは60/分以下の脈拍数をさし，頻脈は60〜80/分以上の脈拍数をさす。つまり，アルコール依存症の離脱症状は徐脈ではなく，頻脈であるため，本選択肢は誤りである。

④誤　り。　アルコール依存症の離脱症状に多幸は含まれないため誤りである。むしろ，不安が生じてくる。

⑤正しい。　アルコール依存症の離脱症状の1つに，全般性強直間代発作が含まれている。これは，突然意識を失い数秒間停止状態となった後，筋肉が強張る強直性けいれん，筋肉の収縮と弛緩を繰り返す間代性けいれんが生じる。よって，本選択肢は正しい。

【文献情報】

・高橋三郎・大野裕監訳（2014）DSM-5　精神疾患の分類と診断の手引き　p.220-223　医学書院
・大橋優美子ら監（2002）看護学学習辞典（第2版）p.656，1053　学習研究社
・加藤敏ら編（2016）縮刷版　現代精神医学事典　p.231，271　弘文堂

問 133 (配点：1) 【健康・医療／精神疾患】 月　日／月　日

高齢者に副作用の少ない睡眠薬として，適切なものを<u>2つ</u>選べ。

① バルビツール酸系薬剤

② フェノチアジン系薬剤

③ オレキシン受容体拮抗薬

④ メラトニン受容体作動薬

⑤ ベンゾジアゼピン受容体作動薬

問133	【精神疾患とその治療】 副作用	肢別解答率					正答率38.5%
		[No.1]	①	②	③	④	⑤
		全体	17.6%	20.0%	45.7%	15.9%	0.4%
難易度2	正解：[No.1] ③, [No.2] ④	[No.2]	①	②	③	④	⑤
		全体	0.2%	3.0%	8.3%	57.8%	29.8%

①**不適切。** バルビツール酸系薬剤は，以前は睡眠薬として使用されていたが，依存性が非常に強いため，現在ではベンゾジアゼピン系薬剤が主流となっている。高齢者に限らず，他の年代においても副作用が生じやすいため，本選択肢は不適切である。

②**不適切。** フェノチアジン系薬剤は，統合失調症に用いられる定型抗精神病薬に該当する薬剤である。最初に登場した抗精神病薬であるクロルプロマジンもフェノチアジン系薬剤である。睡眠薬の代わりに使用される場合もあるが，定型抗精神病薬であるため，錐体外路症状をはじめとする副作用が生じやすく，高齢者に副作用の少ない睡眠薬とはいえない。

③**適　切。** オレキシン受容体拮抗薬は，非ベンゾジアゼピン受容体作動薬に該当する睡眠薬であり，代表的な薬剤はスボレキサントである。中間作用型の睡眠薬であり，依存や耐性が生じないことが知られている。よって，高齢者に副作用の少ない睡眠薬として，本選択肢は適切である。なお，オレキシン受容体拮抗薬は，脳の覚醒を司るオレキシン受容体を阻害することによって催眠作用を促す。

④**適　切。** メラトニン受容体作動薬は，非ベンゾジアゼピン受容体作動薬に該当する睡眠薬であり，代表的な薬剤はラメルテオンである。超短時間作用型の睡眠薬であり，依存や耐性が生じないことが知られている。よって，高齢者に副作用の少ない睡眠薬として，本選択肢は適切である。なお，直接的な催眠作用は強くなく，生体の概日リズムを司るメラトニン受容体に働きかけることによって催眠作用を促す。

⑤**不適切。** ベンゾジアゼピン受容体作動薬とは，主に睡眠薬，抗不安薬として使用されている薬剤のことを指している。これらの全てがベンゾジアゼピン受容体作動薬ではないが，現在でもその多くはベンゾジアゼピン受容体作動薬である。これらは薬剤を摂取してから血中濃度が最高値の半分になる時間，いわゆる血中濃度半減期によって，主に4種類に分けられる。血中濃度半減期が約2〜4時間が超短時間作用型，約6〜10時間が短時間作用型，約20〜30時間が中間作用型，30時間以上が長時間作用型と呼ばれる。ベンゾジアゼピン受容体作動薬の副作用として，眠気などの持ち越し，転倒やふらつきといった筋弛緩作用，急な断薬による反跳性不眠，依存，前向性健忘といった記憶障害などが挙げられる。特に，高齢者においては副作用による転倒やふ

らつきは重大な事故につながりやすいこと，せん妄を発症しやすいことなどから非ベ
ンゾジアゼピン系受容体作動薬を使用することが望ましい。

【文献情報】
・加藤隆弘・神庭重信編（2020）公認心理師の基礎と実践㉒［第22巻］精神疾患とその治療 p.186-195 遠見書房
・松崎朝樹（2020）精神診療プラチナマニュアル第2版 p.202, 216-218 メディカル・サイエンス・インターナショナル
・下山晴彦ら編（2016）公認心理師必携 精神医療・臨床心理の知識と技法 p.128-133 医学書院
・子安増生監（2020）公認心理師のための精神医学 精神疾患とその治療 p.168, 169 金芳堂

問 134 (配点：1)　　　【教育／障害者】

社会状況の変遷によって，子どもの不登校もその発生や捉え方も変遷してきた。この不登校の現象について，適切なものを2つ選べ。

① 1960年代に，ニューカマー家庭の不就学が問題となった。

② 1980年代の詰め込み教育の時代に，学校恐怖症が発見された。

③ 1990年前後のバブル経済の時代に，登校拒否という言葉が生まれた。

④ 2000年代の児童虐待防止法改正以降，居所不明児が注目された。

⑤ 現在，不登校の子どもを対象とする特別の教育課程を編成することができる。

（注：「児童虐待防止法」とは，「児童虐待の防止等に関する法律」である。）

404

問134	【教育・学校心理学】不登校		肢別解答率			正答率20.4%	
		〔No.1〕	①	②	③	④	⑤
		全体	11.1%	23.1%	44.6%	20.6%	0.3%
難易度3	正解：〔No.1〕④，〔No.2〕⑤	〔No.2〕	①	②	③	④	⑤
		全体	0.2%	0.8%	13.3%	24.4%	60.9%

①**不適切**。　文部科学省 HP 昭和30年9月30日 義務教育諸学校における不就学及び長期欠席児童対策について において，「『不就学児童生徒』とは，学齢にある者のうち，学齢簿に記載されていない者および学齢簿に記載されている者で，小学校，中学校，盲学校，ろう学校または養護学校（以下「義務教育諸学校」という。）に入学していない者である（ただし，教護院，精神薄弱児童施設および，少年院に入院中のため義務教育諸学校に入学していない者を除く。）。この不就学児童生徒の中には，次のような者が含まれる。a 保護者が就学させない児童生徒　b 保護者が学齢児童生徒の住所地の変更中途退学，区域外就学等の場合の手続を怠り，または誤ったため不就学となっている児童生徒　c 戸籍面からの脱落，または居所不明等により不就学となっている児童生徒　d 就学義務の猶予または免除を受けて就学していない児童生徒（養護学校に就学している者を除く。）」とある。

　　また，文部科学省 HP 外国人の子どもの不就学実態調査の結果について において，「文部科学省では，平成17年度から平成18年度にかけて，外国人の子どもの就学支援方策等についての調査研究を行う『不就学外国人児童生徒支援事業』の一環として，南米出身の日系人等のいわゆる『ニューカマー』が集住する自治体を中心に，外国人の子どもの不就学の実態調査を委嘱した。」とある。以上から，不就学が問題となったのは1950年代であり，また，その時代にニューカマー家庭の不就学が問題となっているわけではない。

②**不適切**。　佐藤（1968）によると，「学校恐怖症は school phobia の訳語であるが，この言葉は，我が国では1959年，鷲見らが使用して以後，かなり慣用されている。この語が誰によって，いつ頃，つくられたかは明らかではないが，文献的にはアメリカのジョンソンが初めて使用したのではないだろうかと思う。」(p.35) とあり，この内容は不適切である。

③**不適切**。　登校拒否という用語は1958年に Kahn によって使用されるようになり，日本国内においては，1970年代から心理社会的な要因を考慮した登校拒否が学校恐怖症に代わり，使用されるようになっていった。

④**適　切**。　文部科学省 HP 小・中学校等への就学について において，義務教育諸学校における居所不明の児童生徒の把握等のための対応について（通知）（平成 25 年 3 月）が発出されている。また，同 HP（別紙 1）居所不明児童生徒に関する教育委員会の対応等の実態調査 結果概要 において，居所不明となった主たる理由として考えられること「件数」があり，「〔2〕保護者が配偶者等からの暴力（ドメスティック・バイオレンス）から逃れるため 214 件 〔3〕保護者等による児童生徒への虐待から逃れるため 36 件」となっている。この選択肢の「注目された」がどのような意味合いであるか，不透明ではあるが，居所不明の理由に虐待がある一定の件数存在していることなどから，適切な内容と言える。

⑤**適　切**。　文部科学省 HP 不登校児童生徒の実態に配慮して特別に編成された教育課程に基づく教育を行う学校の概要【1　制度の概要】において，「不登校児童生徒の実態に配慮した特別の教育課程を編成して教育を実施する必要があると認められる場合，文部科学大臣が，学校教育法施行規則第 56 条に基づき（第 79 条（中学校），第 79 条の 6（義務教育学校），第 86 条（高等学校），第 108 条（中等教育学校）において準用），学校を指定し，特定の学校において教育課程の基準によらずに特別の教育課程を編成して教育を実施することができます。」とあるため，適切である。

【文献情報】
・佐藤修策（1968）登校拒否児 p.35 国土社

問 135 (配点：1)　　　【公認心理師法系】

健康日本 21（第二次）において，こころの健康として数値目標が設定されている精神障害として，適切なものを 2 つ選べ。

① 依存症
② 気分障害
③ 適応障害
④ 発達障害
⑤ 不安障害

問135	【公認心理師の職責】 健康日本21	肢別解答率						正答率7.6%
		[No.1]	①	②	③	④	⑤	
		全体	76.4%	16.3%	6.1%	0.9%	0.2%	
難易度2	正解：[No.1] ②，[No.2] ⑤	[No.2]	①	②	③	④	⑤	
		全体	0.5%	37.0%	23.8%	18.2%	20.0%	

　健康日本21（第二次）に関しては，厚生労働省HPから根拠法や目標，データ等を確認することができる。健康日本21（第二次）に挙げられている目標等はさまざまあるため，問題が作成されやすい。第1回公認心理師試験（平成30年12月16日実施分）問135にも出題されているので，他の過去問もチェックをしておいていただきたい。

　健康日本21（第二次）の「別表第三　社会生活を営むために必要な機能の維持・向上に関する目標」の(1)こころの健康の項目において，「②　気分障害・不安障害に相当する心理的苦痛を感じている者の割合の減少」が挙げられている。つまり，**心の健康として数値目標が設定されている精神障害は，選択肢②気分障害と選択肢⑤不安障害である。**

問 136 (配点：3)　　　【事例－福祉領域】　　月　日／月　日

　1歳の女児A。Aは離婚した母親Bと共に，Bの実家で祖父母や叔母と住んでいる。実家の敷地内には，伯父夫婦やいとこが住んでいる家もある。昼過ぎから深夜にかけて仕事に出ているBに代わり，祖父母や叔母がときどき農作業の手を休めて，Aの世話をしている。いとこたちが学校や幼稚園から帰宅すると，Aは年長のいとこに見守られ，ときには抱っこされながら，夕食までの時間を過ごしている。

　Aに対する養育の解釈として，最も適切なものを1つ選べ。

① クーイング
② コーチング
③ マザリーズ
④ ミラーリング
⑤ アロマザリング

410

問136	【社会・集団・家族心理学】育 児	肢別解答率					正答率 24.8%
		①	②	③	④	⑤	
難易度2	正解：⑤	全体	0.9%	1.7%	66.8%	5.8%	24.8%

①**不適切。** クーイングとは，生後2か月頃からみられる「あー」「うー」といった発声をいう。生後6か月を過ぎると乳児は規準喃語と呼ばれる「マー」「ダ，ダ，ダ」などの子音と母音の連続の出現がみられるようになる。8〜12 か月頃になるとジャーゴンと呼ばれる質問や説明をしているような何らかの意図をもつように聞こえる発声がみられるようになる。その後，母音と子音からなる規準喃語やジャーゴンなどの出現を経て，およそ12か月頃には初語がみられるようになる。1歳前後になると，一語文と呼ばれる「ママ」「パパ」「ワンワン」などの初語が見られるようになり，これが一語期に当たる。

②**不適切。** コーチングとは，専門的な知識や技能を教え，対象となる人が目標を達成できるよう導く働きかけをいう。コーチングにおいては，熟達していない者が主体的に目標達成へ向かっていけるよう，自主性を育てる視点も重要とされる。

③**不適切。** マザリーズとは，養育者が乳児に話しかける際に特徴的な，抑揚に富んだ，ゆっくりしたテンポで話す，声のトーンが高い，同じ言葉を繰り返す，発話の長さが短いといった話し方をいう。乳児はこうした特徴を好むことが知られており，マザリーズはさまざまな文化においてみられる。マザリーズは，他にも対乳児発話（Infant-Directed Speech：IDS），対幼児発話（Child-Directed Speech：CDS），ベビートーク（baby talk）とも呼ばれる。

④**不適切。** 一般にミラーリングは乳幼児の情動を伴う行動を養育者が映し返す現象をいうが，その定義は多様であり，精神分析やコミュニケーション発達の観点などから研究がなされている。

⑤**適 切。** アロマザリングは，母親以外の存在による子どもへの世話行動や養育的行動を指し，アロケア，アロペアレンティングとも呼ばれる。本事例では，母親の祖父母や叔母，いとこなど，様々な立場の者がAの養育に関わっており，アロマザリングの例として捉えることができる。

【文献情報】
・本郷一夫編（2018）公認心理師の基礎と実践［第12巻］発達心理学 p.42 遠見書房
・日本発達心理学会編（2013）発達心理学事典 p.60，61 丸善出版
・下山晴彦ら編（2014）誠信 心理学辞典［新版］p.619 誠信書房
・藤永保監修（2013）最新 心理学事典 p.350 平凡社

問 137 (配点：3)　　　【事例－医療領域】　　月　日　／　月　日

　30歳の男性A，会社員。独身で一人暮らしである。Aは，職場での不適応感を訴えて精神科を受診した。幼少期から心配性と言われてきたが，ここ半年ほどでその傾向が一層強まってきた。仕事で失敗したり，失業したりするのではないか，重大な病気にかかっているのではないかなど気になって仕方がない。自分でも心配しすぎだと分かってはいるが，いらいらし，仕事にも集中できず，疲労がつのる。寝つきも悪く，しばしば早朝に覚醒してしまうこともある。

　医師からAの状態をアセスメントするよう依頼された公認心理師が，Aに実施するテストバッテリーに含めるものとして，最も適切なものを1つ選べ。

① AQ-J
② CAPS
③ GAD-7
④ LSAS-J
⑤ Y-BOCS

問 137	【心理的アセスメント】 テストバッテリー		肢別解答率					正答率 13.0%	
				①	②	③	④	⑤	
難易度2	**正解：③**		全体	4.3%	8.6%	13.0%	48.4%	25.5%	

　事例中に「失業したりするのではないか，重大な病気にかかっているのではないかなど気になって仕方がない」という予期的な不安や心配が半年ほど続いていることや，「自分でも心配しすぎだと分かっているが，いらいらし，仕事にも集中できず，疲労がつのる。寝つきも悪く，しばしば早朝に覚醒してしまう」とあることから，Aは全般不安症／全般性不安障害の診断基準に該当している部分が多く，その可能性が疑われる。

①**不適切。**　AQ-Jとは自閉症スペクトラム障害指数（Autism-Spectrum Quotient）日本語版のことである。自閉症スペクトラム指数を測定することで自閉スペクトラム症／自閉症スペクトラム障害〈ASD〉の程度の評価ができる。事例のAの場合，ASDを推測することができる情報がないため，不適切である。

②**不適切。**　CAPSとはPTSD臨床診断面接尺度（Clinician-Administered PTSD Scale）のことである。文字通り，PTSDを対象としたアセスメントツールであり，診断の有無を判定することや重症度を測定することが可能な構造化診断面接法である。事例のAの場合，PTSDを推測することができる情報がないため，不適切である。

③**適　切。**　GAD-7とは，Generalized Anxiety Disorder-7を指す。全般不安症／全般性不安障害の簡易アセスメントツールである。元々は，うつ病の評価尺度であるPatient Health Questionnaireから不安障害に関する項目を抽出することで作成された自記式質問紙検査である。事例のAの状態からテストバッテリーに含める心理検査としては適切である。

④**不適切。**　LSAS-Jは，M. R. Liebowitzによって考案された社交不安障害尺度（Liebowitz Social Anxiety Scale）日本語版である。LSAS-Jは，人から注目をされる場面や，不安や恐怖から回避するような典型的な場面を想定して，恐怖感や不安感の程度，回避の割合を客観的に評価するものである。事例のAの場合，社交不安障害を推測することができる情報がないため，不適切である。

⑤**不適切。**　Y-BOCS（Yale-Brown Obsessive Compulsive Scale）は，エール・ブラウン強迫尺度のことであり，強迫症／強迫性障害（OCD）の強迫観念や強迫行為の臨床的重症度の評価において最も一般的に用いられる方法である。事例のAの場合，OCDを推測することができる情報がないため，不適切である。

【文献情報】
・村松公美子（2014）「Patient Health Questionnaire（PHQ-9，PHQ-15）日本語版および Generalized Anxiety Disorder-7 日本語版」臨床心理学研究 2014.vol. 7　新潟青陵大学大学院
・山内俊雄ら編（2015）精神・心理機能評価ハンドブック　p.245，246，258-260，264，265，286-289 中山書店

問 138 (配点：3) 　　【事例－医療領域】　　月　日　月　日

37歳の男性A，会社員。Aは，大学卒業後，製造業に就職し，約10年従事したエンジニア部門から1年前に管理部門に異動となった。元来，完璧主義で，慣れない仕事への戸惑いを抱えながら仕事を始めた。しかし，8か月前から次第に仕事がたまるようになり，倦怠感が強まり，欠勤も増えた。その後，6か月前に抑うつ気分と気力の低下を主訴に精神科を受診し，うつ病と診断された。そして，抗うつ薬による薬物療法の開始と同時に休職となった。しかし，主治医による外来治療を6か月間受けたが，抑うつ症状が遷延している。院内の公認心理師に，主治医からAの心理的支援が依頼された。

このときのAへの対応として，最も優先されるべきものを1つ選べ。

① 散歩を勧める。
② HAM-D を行う。
③ うつ病の心理教育を行う。
④ 認知行動療法の導入を提案する。
⑤ 発症要因と症状持続要因の評価を行う。

416

問 138	【心理的アセスメント】 ケースフォーミュレーション	肢別解答率					正答率 61.4%
			①	②	③	④	⑤
難易度 1	正解：⑤	全体	0.1%	8.6%	1.7%	28.0%	61.4%

　事例中の記述に，Aは6か月前にうつ病の診断を受けており，薬物療法を開始している。しかし，6か月間外来治療を受けたものの，抑うつ症状は遷延し，症状が改善されていない。この場合，診断・及び治療が妥当か否かについて，再評価を行う必要性がある。つまり，主治医から院内の公認心理師へ心理的支援の依頼された時点では，公認心理師としてすぐに心理支援を行う前に，どのような心理支援が妥当なのかについて，アセスメントをすることが求められる。以上から選択肢①，③，④は，不適切な内容であると判断できる。

　また，選択肢②の HAM-D（Hamilton Depression Rating Scale）とは，ハミルトンうつ病評価尺度のことである。現在では，うつ病の重症度を測定する際に最も広く用いられているが，この尺度はうつ病を診断するためのものではなく，すでにうつ病と診断された患者に対して，その重症度の推移を観察するために開発された。つまり，HAM-D を実施した結果得られる情報は，うつ病の重症度に関するものである。現在のAの状態からは，うつ病の重症度のみを再評価するよりも，なぜ外来治療を6か月受けても改善しないのか，他の要因も含めて再アセスメントすることが優先される状態であるため，選択肢②も不適切である。

　よって，正答は選択肢⑤になるが，この記述はケース・フォーミュレーションに関する記述である。ケース・フォーミュレーションとは，クライエントの問題がなぜ生じたのかについての発症要因や，問題はどのように変化しているのか，問題が消失せずに続いているのはなぜかについての症状持続要因，問題を改善するためにはどのような介入が必要かなどについて仮説を立て，介入に反映させることと定義される。ケース・フォーミュレーションで重要視するのは，「個別性」と「仮説の生成・検証」の2点である。ケース・フォーミュレーションでは，クライエント一人ひとりの問題を個別に捉え，個別の介入計画を作成する。また，援助過程において，問題の維持要因，介入の仮説の妥当性を検証しつつ，クライエントの問題改善が見られないようであれば，再度ケース・フォーミュレーションを行い，より適切な仮説を生成する。

【文献情報】
・三村將ら編（2019）公認心理師カリキュラム準拠 精神疾患とその治療 p.120-129 医歯薬出版株式会社
・下山晴彦ら編（2016）公認心理師必携精神医療・臨床心理の知識と技法 p.263-265 医学書院
・山内俊雄ら編（2015）精神・心理機能評価ハンドブック p.327, 328 中山書店
・下山晴彦編（2009）よくわかる臨床心理学改訂新版 p.42 ミネルヴァ書房

問 139 (配点：3)	【事例－福祉領域】	月　日 月　日

87歳の女性A。Aは，軽度の Alzheimer 型認知症であり，日常生活において全面的に介助が必要である。特別養護老人ホームのショートステイ利用中に，介護士Bから虐待を受けているとの通報が，同僚から上司に寄せられた。施設の担当者がAに確認したところ，Bに太ももを平手で叩かれながら乱暴にオムツを替えられ，荒々しい言葉をかけられたとのことであった。Aは，夫と死別後，息子夫婦と同居したが，家族とは別の小屋のような建物で一人離れて生活させられていた。食事は，家族が気が向いたときに残り物を食べさせられ，食べ残すと強く叱られたことも，今回の調査で判明した。

AがBと家族の双方から受けている共通の虐待として，最も適切なものを1つ選べ。

① 性的虐待
② 経済的虐待
③ 身体的虐待
④ 心理的虐待
⑤ ネグレクト

問 139	【福祉心理学】 高齢者虐待		肢別解答率				正答率83.4%	
			①	②	③	④	⑤	
難易度 1	正解：④	全体	0.1%	0.1%	14.6%	83.4%	1.8%	

　高齢者虐待に関しては，高齢者虐待の防止，高齢者の養護者に対する支援等に関する法律〈高齢者虐待防止法〉において，身体的虐待，介護・世話の放棄・放任，心理的虐待，性虐待，経済的虐待の5つが定義されている。その詳細については，厚生労働省 HP 高齢者虐待法の基本 において，以下のような説明がある（p.2）。

> **高齢者虐待**
> ・身体的虐待
> 　　高齢者の身体に外傷が生じ，又は生じるおそれのある暴力を加えること
> ・介護・世話の放棄・放任
> 　　高齢者を衰弱させるような著しい減食，長時間の放置，養護者以外の同居人による虐待行為の放置など，養護を著しく怠ること
> ・心理的虐待
> 　　高齢者に対する著しい暴言又は著しく拒絶的な対応その他の高齢者に著しい心理的外傷を与える言動を行うこと
> ・性的虐待
> 　　高齢者にわいせつな行為をすること又は高齢者をしてわいせつな行為をさせること
> ・経済的虐待
> 　　養護者又は高齢者の親族が当該高齢者の財産を不当に処分することその他当該高齢者から不当に財産上の利益を得ること

　事例中の記述において，Aが介護士Bから受けている虐待は「太ももを平手で叩かれながら乱暴にオムツを替えられる」「荒々しい言葉をかけられた」という2点が挙げられる。これは，身体的虐待と心理的虐待に該当する。また，家族から受けている虐待は「家族とは別の小屋のような建物で一人離れて生活させられていた」「食事は家族が気が向いたときに残り物を食べさせられていた」「食べ残すと強く叱られた」という3点が挙げられる。これは介護・世話の放棄・放任と心理的虐待が該当する。

　よって，**AがBと家族の双方から受けている虐待は選択肢④の心理的虐待**である。

問 140 (配点：3)

【事例－医療領域】

月　日
月　日

　75歳の男性A。Aの物忘れを心配した妻の勧めで，Aは医療機関を受診し，公認心理師Bがインテーク面接を担当した。Bから「今日は何日ですか」と聞かれると，「この年になったら日にちなんか気にしないからね」とAは答えた。さらに，Bから「物忘れはしますか」と聞かれると，「多少しますが，別に困っていません。メモをしますから大丈夫です」とAは答えた。

　Aに認められる症状として，最も適切なものを1つ選べ。

① 　抑うつ状態

② 　取り繕い反応

③ 　半側空間無視

④ 　振り返り徴候

⑤ 　ものとられ妄想

問 140	【福祉心理学】認知症		肢別解答率				正答率 98.8%	
			①	②	③	④	⑤	
難易度 1	正解：②	全体	0.1%	98.8%	0.3%	0.8%	0.0%	

①**不適切。** 抑うつ状態はうつ状態と同義であり，抑うつ気分や興味や喜びの喪失，自責感，意欲や行動の低下，希死念慮，睡眠障害，倦怠感，便秘・下痢，食欲亢進・減退，性欲低下等，精神運動活動が抑制されている状態を指す。本事例からは抑うつ状態と判断できる根拠は見受けられないため，不適切である。

②**適　切。** 取り繕い反応とは，アルツハイマー型認知症においてみられやすい症状の１つである。記憶障害や見当識障害などによって，質問に答えられない場合にそれらをごまかす行動のことを指す。本事例においては，「Bから『今日は何日ですか』と聞かれると，『この年になったら日にちなんか気にしないからね』とAは答えた。さらに，Bから『もの忘れはしますか』と聞かれると，『多少しますが，別に困っていません。メモをしますから大丈夫です』とAは答えた」とあり，Aは日付けのごまかしや，妻が心配する程度のもの忘れがあるにも関わらず問題はないように取り繕っていることがうかがえる。よって，Aに認められる症状として，本選択肢が最も適切である。

③**不適切。** 半側空間無視とは，通常，頭頂葉が障害されることによって生じ，視覚の異常がないにも関わらず片側が無視され，認識できないという症状を呈する。なお，その多くは病識の欠如があるため，自身が片方を無視しているということに気づくことが難しいという特徴が挙げられる。例えば，お皿に乗った食事が左半分だけ残っていたりすることなどである。本事例からは半側空間無視と判断できる根拠は見受けられないため，不適切である。

④**不適切。** 振り返り徴候（head turning sign）とは，診察などにおいて家族が同席している場合，質問が分からなかったり，答えられない時に振り返って助けを求めるようなしぐさのことを指す。本事例からは振り返り徴候と判断できる根拠は見受けられないため，不適切である。

⑤**不適切。** ものとられ妄想とは，盗害妄想や被窃盗妄想とも呼ばれる。これは，自分の通帳やお金，衣類など，自分にとって大切なものが盗まれたと思い込むことであり，家族など身近な人が疑われることが多い。アルツハイマー型認知症においてみられやすい症状である。本事例からはものとられ妄想と判断できる根拠は見受けられないため，不適切である。

【文献情報】
・加藤敏ら編（2016）縮刷版 現代精神医学事典 p.33，93，751，854，855 弘文堂
・三村將・幸田るみ子・成本迅（2019）精神疾患とその治療 p.208-210 医歯薬出版株式会社

問 141 (配点：3) 　　【事例－教育領域】 　月　日／月　日

　16歳の男子A，高校1年生。Aは，友達と一緒に原動機付自転車の無免許運転をしていたところを逮捕され，これを契機に，教師に勧められ，スクールカウンセラーBのもとを訪れた。Aには非行前歴はなく，無免許運転についてしきりに「友達に誘われたからやった」「みんなやっている」「誰にも迷惑をかけていない」などと言い訳をした。Bは，Aの非行性は進んでいるものではなく，善悪の区別もついているが，口実を見つけることで非行への抵抗を弱くしていると理解した。

　BがAの非行を理解するのに適合する非行理論として，最も適切なものを1つ選べ。

①　A. K. Cohen の非行下位文化理論
②　D. Matza の漂流理論
③　E. H. Sutherland の分化的接触理論
④　T. Hirschi の社会的絆理論
⑤　T. Sellin の文化葛藤理論

422

問 141	【司法・犯罪心理学】非行・犯罪の理論		肢別解答率				正答率 21.0%	
			①	②	③	④	⑤	
難易度 3	正解：②	全体	24.2%	21.0%	22.3%	26.1%	6.2%	

①**不適切。**　非行下位文化理論とは，少年たちが非行集団を形成して非行に関与するのは，下流階層出身の少年による中流階層への反抗であるとする，動機的要因に注目した理論である。中流階層の人に有利に作られた制度によって，下流階層の人たちはそれらの制度から疎外されている。このような状況の中で，下流階層に属する少年たちは中流階層に対して敵意を持ち，それに反発する態度や価値観を抱くようになるが，これが逸脱的な下位文化を構成し，その文化は非行行為を正当化するものとして機能するとされる。

②**適　切。**　漂流理論とは，非行を下層階層に特徴的な現象とみなし下層階層によって構成された非行下位文化の所産として犯罪現象を読み解こうとする非行下位文化理論に対立する理論である。D. Matza は，非行少年は特定の文化に支配されているわけではなく，また常に反社会的行為に勤しんでいるわけでもなく，非行と遵法的な生活の間を漂流しているような存在であることを主張した。また，非行少年が非行文化に染まっているわけではない理由として，彼らが自己の行為について罪悪感や羞恥心を持っていることや，行為の正当化のための弁解をすることを挙げている。本事例ではAに非行歴がなく非行性が進んでいないこと，および善悪を区別した上で非行についてしきりに言い訳をしたことが述べられており，Aの非行を理解するのに本理論は適しているといえる。

③**不適切。**　分化的接触理論とは，人が社会生活を営む中での反社会的文化との接触度合いがその人の犯罪性の強さを規定するという理論である。E. H. Sutherland は，犯罪行為は反社会的文化との接触の中で学習されるものであると主張し，反社会的文化との接触頻度，接触期間の長さ，優先性（どれくらい早くから接触しているか），強度（その集団が個人にとってどれくらい重要か）などが反社会的文化の学習を促進する要因であると述べた。

④**不適切。**　社会的絆理論とは，多くの人が犯罪行為を行わず社会ルールに従っているのは，そこに複数の統制要因が働くためであるとする理論を指す。T. Hirschi は人を犯罪に向かわせない要因として，愛着（家族・友人等身近な人たちに対する心情的な結びつき），コミットメント（合法生活を維持することによって個人が得ている報酬の大きさ），インボルブメント（社会の既存の枠組みに沿った合法的な活動に没頭し巻き込まれていること），規範信念（社会規範の内面化の強さ）の4種の要因を挙げている。

⑤**不適切。**　文化的葛藤理論とは，人を犯罪や非行に駆り立てるのは文化，特に文化的価値規範の葛藤の結果であるとする理論である。T. Sellin は犯罪とは法に対する違反であるが，法は支配集団の価値規範を反映したものなので，社会変動によって支配集団そのものが変化すると法も変化し，これによって犯罪も変化するとして，法も犯罪も相対的なものであると断じた。そして，犯罪とは法と制裁を定めた支配集団に対する挑戦であり，集団間における文化葛藤の産物であるとみなした。

【文献情報】

・藤本哲也（2003）犯罪学原論 p.81-87，135-139 日本加除出版
・日本犯罪心理学会編（2016）犯罪心理学事典 p.12，13，20-21 丸善出版株式会社
・大渕憲一（2006）心理学の世界専門編 4　犯罪心理学 犯罪の原因をどこに求めるのか p.43-89 培風館
・越智啓太（2012）Progress & Application 犯罪心理学 p.46-62 サイエンス社

問 142 (配点：3)　　　　【事例-その他】　　月　日／月　日

　55歳の男性A，会社員。Aの妻Bが，心理相談室を開設している公認心理師Cに相談した。Aは，元来真面目な性格で，これまで常識的に行動していたが，2，3か月前から身だしなみに気を遣わなくなり，部下や同僚の持ち物を勝手に持ち去り，苦情を受けても素知らぬ顔をするなどの行動が目立つようになった。先日，Aはデパートで必要とは思われない商品を次々とポケットに入れ，支払いをせずに店を出て，窃盗の容疑により逮捕された。現在は在宅のまま取調べを受けている。Bは，逮捕されたことを全く意に介していない様子のAについて，どのように理解し，対応したらよいかをCに尋ねた。

　CのBへの対応として，最も優先度が高いものを1つ選べ。

① 　Aの抑圧されていた衝動に対する理解を求める。

② 　Aの器質的疾患を疑い，医療機関の受診を勧める。

③ 　Aに内省的構えを持たせるため，カウンセリングを受けるよう勧める。

④ 　Aに再犯リスクアセスメントを実施した後，対応策を考えたいと提案する。

⑤ 　Aの会社や家庭におけるストレスを明らかにし，それを低減させるよう助言する。

問 142	【精神疾患とその治療】 医療機関へ紹介		肢別解答率				正答率 92.0%	
			①	②	③	④	⑤	
難易度 1	正解：②	全体	0.7%	92.0%	0.6%	5.8%	0.9%

事例中の記述にAは「2，3か月前から身だしなみに気を遣わなくなり，部下や同僚の持ち物を勝手に持ち去り，苦情を受けても素知らぬ顔をする」「デパートで必要とは思われない商品を次々とポケットに入れ，支払いをせずに店を出て」「逮捕されたことを全く意に介していない様子」とあり，前頭側頭型認知症が疑われる状態である。

前頭側頭型認知症は，比較的若年で発症し，徐々に進行する行動の異変や認知機能障害などで気づかれることが多い。Alzheimer 型認知症に比べると幻覚・妄想などは少なく，記憶障害や視空間認知障害は目立たない。病識の欠如，自発性の低下，周徊や時刻表的生活などの常同行為，模倣行為や反響言語・強迫的音読などの被影響性の亢進，悪びれない万引きや立ち去り行為，状況に合わせた行動調節の困難さなどの明らかに不適切であったり，その場にそぐわなかったりする行動などがある。また，自己および他者の心を読むこと，すなわち他者の心の状態や考え・感情を推測したり，共感したりすることが困難になるために，他者との関係を築くことが困難になる。

①**不適切（優先度が低い）。** Aの行動や様子は，ストレスや抑圧されていた衝動によるものと判断できるものではなく，このような心因性によるものであるという判断は，医学的検査を受けて身体的に異常が認められないと医師が判断した後である。そのため，このような対応は優先度が低い。

②**適 切（優先度が高い）。** 上記解説参照。Aは前頭側頭型認知症が疑われる状態であるため，医療機関の受診を勧めることが優先度として高い。

③**不適切（優先度が低い）。** 上記解説，及び選択肢①の解説参照。まずは，器質的な異常によるものかどうか，医学的検査を受けることが優先される。

④**不適切（優先度が低い）。** この選択肢も①や③と同様で，医療機関の受診が優先される。

⑤**不適切（優先度が低い）。** 選択肢①の解説参照。

【文献情報】
・一般社団法人日本認知症ケア協会（2016）認知症ケア標準テキスト改訂4版・認知症ケアの基礎 p.61-67 ワールドプランニング

問 143 (配点：3)	【事例－産業領域】	月　日 月　日

　20代の男性A，会社員。Aは，300名の従業員が在籍する事業所に勤務している。Aは，うつ病の診断により，3か月前から休職している。現在は主治医との診察のほかに，勤務先の企業が契約している外部のメンタルヘルス相談機関において，公認心理師Bとのカウンセリングを継続している。抑うつ気分は軽快し，睡眠リズムや食欲等も改善している。直近3週間の生活リズムを記載した表によれば，平日は職場近くの図書館で新聞や仕事に関連する図書を読む日課を続けている。職場復帰に向けた意欲も高まっており，主治医は職場復帰に賛同している。

　次にBが行うこととして，最も適切なものを1つ選べ。

① 傷病手当金の制度や手続について，Aに説明する。

② Aの診断名と病状について，管理監督者に報告する。

③ 職場復帰の意向について管理監督者に伝えるよう，Aに提案する。

④ 職場復帰に関する意見書を作成し，Aを通して管理監督者に提出する。

⑤ Aの主治医と相談しながら職場復帰支援プランを作成し，産業医に提出する。

問 143	【産業・組織心理学】 職場復帰支援		肢別解答率				正答率 69.9%	
			①	②	③	④	⑤	
難易度 1	正解：③	全体	0.2%	0.2%	69.9%	4.9%	24.7%	

　厚生労働省 独立行政法人労働者健康安全機構 2020 ～メンタルヘルス対策における職場復帰支援～ 改訂 心の健康問題により休業した労働者の職場復帰支援の手引き Return 参照。

　上記資料の 3 職場復帰支援の各ステップ において，＜第 2 ステップ＞主治医による職場復帰可能の判断 がある。事例中の記述に「職場復帰に向けた意欲も高まっており，主治医は職場復帰に賛同している。」とあり，A は「第 2 ステップ」から「第 3 ステップ」へ移行する段階である。「＜第 3 ステップ＞職場復帰の可否の判断及び職場復帰支援プランの作成」には，「安全でスムーズな職場復帰を支援するため，最終的な決定の前段階として，必要な情報の収集と評価を行った上で職場復帰ができるかを適切に判断し，職場復帰を支援するための具体的プラン（職場復帰支援プラン）を作成します。この具体的プランの作成にあたっては，事業場内産業保健スタッフ等を中心に，管理監督者，休職中の労働者の間でよく連携しながら進めます。」とあることから，**選択肢③が適切である。**

図 2　職場復帰支援の流れ

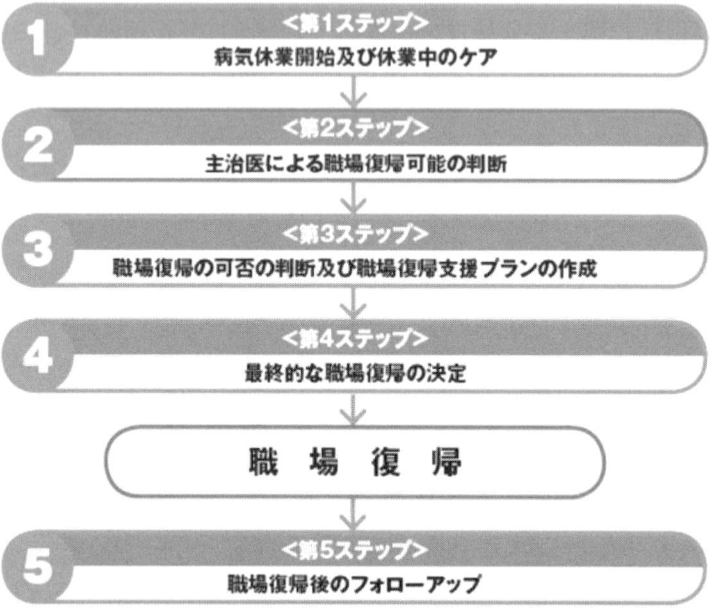

①**不適切**。　傷病手当金の制度や手続きについての説明は，休業中の経済的・将来的な不安を抱えている第1ステップで行うべき対応である。

②**不適切**。　Aの診断名や病状については，「職場復帰可能の判断が記された診断書」にて情報が得られることや，300名の従業者が在籍する職場であることから，必要に応じて産業医が主治医と連絡を取ることで，Aの病状についての情報は得ることができる。そのため，公認心理師が管理監督者に診断名や病状を伝える必要はない。

③**適　切**。　上記解説参照。休業中の労働者が職場復帰のステップを進んでいくためには，労働者から「職場復帰の意思表示」と「職場復帰可能の判断が記された診断書の提出」が必要である。そのため，職場復帰の意欲が高まっているAに対して，職場復帰の意向を伝えるように提案することは適切な対応であると言える。

④**不適切**。　上記解説参照。職場復帰に関する意見書は主治医が作成するものである。

⑤**不適切**。　上記解説参照。職場復帰の可否を確認後，職場復帰支援プランを作成するが，その際は事業場内産業保健スタッフ等を中心に管理監督者，休業中の労働者の間で十分に話し合い，よく連携しながら進めていく必要があり，主治医ではなく産業医と相談することが望まれる。

問 144 (配点：3)　　【事例－産業領域】　月　日　月　日

　35歳の男性A，会社員。Aは，製造業で1,000名以上の従業員が在籍する大規模事業所に勤務している。約3か月前に現在の部署に異動した。1か月ほど前から，疲労感が強く，体調不良を理由に欠勤することが増えた。考えもまとまらない気がするため，健康管理室に来室し，公認心理師Bと面談した。AはBに対して，現在の仕事を続けていく自信がないことや，部下や後輩の指導に難しさを感じていること，疲労感が持続していることなどを話した。前月の時間外労働は約90時間であった。

　このときのBの対応として，最も適切なものを1つ選べ。

① 面談内容に基づき，Aに休職を勧告する。

② Aの上司に連絡して，業務分掌の変更を要請する。

③ 医師による面接指導の申出を行うよう，Aに勧める。

④ 積極的に傾聴し，あまり仕事のことを気にしないよう，Aに助言する。

⑤ 急性のストレス反応であるため，秘密保持義務を遵守してAの定期的な観察を続ける。

問144	【産業・組織心理学】 職場のメンタルヘルス対策	肢別解答率				正答率 94.5%	
			①	②	③	④	⑤
難易度 1	正解：③	全体	0.3%	3.5%	94.5%	0.2%	1.4%

厚生労働省・都道府県労働局・労働基準監督署 独立行政法人 労働者健康安全機構 2020 過重労働による健康障害を防ぐために 参照。

この事例問題は，「長時間労働者への医師による面接指導制度」に関する出題であり，事例中の記述「前月の時間外労働は約 90 時間であった」という情報から判断可能な問題である。上記資料において，事業者は「月 80 時間を超えた労働者本人に当該超えた時間に関する情報を通知しなければなりません。」「申出をした労働者に対し，医師による面接指導を実施しなければなりません。面接指導を実施した医師から必要な措置について意見聴取を行い，必要と認める場合は，適切な事後措置を実施しなければなりません。」（p.7）とある。Aは「会社員」で一般労働者であり，「月 80 時間超の時間外・休日労働を行い，疲労蓄積があり面接を申し出た者」（p.6）に該当するため，医師による面接指導を受けることが義務になっている。よって，正答は選択肢③である。

また，「事業者は，面接指導の結果を踏まえて，就業場所の変更，作業の転換等の必要な事後措置を行う。」（p.6）とあり，選択肢②は事後措置に該当する。また，選択肢①については，労働者から管理監督者に主治医による診断書（病気休業診断書）が提出される必要があるため，公認心理師Bの判断で休職を勧告するものではない。選択肢④の「積極的に傾聴」は適切であるが，Aのような状態に対する助言としては論外である。選択肢⑤も秘密保持義務を遵守して観察を続けてよい状態ではないため，不適切である。

問 145 (配点：3)　　【事例－教育領域】

月　日
月　日

20歳の女性A，大学2年生。Aは「1か月前くらいから教室に入るの が怖くなった。このままでは単位を落としてしまう」と訴え，学生相談 室に来室した。これまでの来室歴はなく，単位の取得状況にも問題はみ られない。友人は少数だが関係は良好で，家族との関係にも不満はない という。睡眠や食欲の乱れもみられないが，同じ頃から電車に乗ること が怖くなり，外出が難しいと訴える。

公認心理師である相談員が，インテーク面接で行う対応として，不適切 なものを1つ選べ。

① Aに知能検査を行い知的水準を把握する。

② Aが何を問題だと考えているのかを把握する。

③ Aがどのような解決を望んでいるのかを把握する。

④ 恐怖が引き起こされる刺激について具体的に尋ねる。

⑤ 恐怖のために生じている困り事について具体的に尋ねる。

434

問 145	【心理的アセスメント】 インテーク面接		肢別解答率				正答率 96.1%	
			①	②	③	④	⑤	
難易度 1	正解：①	全体	96.1%	0.5%	0.6%	2.1%	0.7%	

　インテーク面接とは，心理援助の最初に行われる面接であり，その目的は，クライエントの抱える問題の把握と，それに対してどのような援助が必要かを判断することである。この面接で聴き取る内容としては，クライエントの主訴，すなわち，どのようなことに困難を感じているのか，何を問題だと考えているのか，来談動機や来談経緯，家族関係や対人関係，生活状況，性格，既往歴等である。これらの情報をクライエントの状態や問題に合わせて聴き取っていく。更に必要があれば，各種心理検査を実施することもある。

　本事例では，Aは「1か月前くらいから教室に入るのが怖くなった」と訴えている。また同じころから「電車に乗ること」も怖くなり，外出が難しくなった，とある。Aは「このままでは単位を落としてしまう」と訴えているが，現状として単位の取得上にも問題はなく，家族を含めた人間関係にも特に問題はないようである。したがって，Aがどのようなことに困難を感じ，どのようになりたいのかについて，より具体的に聞いていく必要があると思われるため，これに該当するのは選択肢②〜⑤の質問項目である。また，事例中にある情報だけでは，知的水準を把握する必要性（知的に問題がある可能性）は優先度が低いと考えられるため，**選択肢①が不適切である。**

【文献情報】
・氏原寛ら編（2004）心理臨床大事典［改訂版］p.194, 195 培風館

問 146 (配点：3)　　　【事例－医療領域】

　55歳の男性Ａ，会社員。Ａは，意欲や活気がなくなってきたことから妻Ｂと共に受診した。Ａは4か月前に部長に昇進し張り切って仕事をしていたが，1か月前から次第に夜眠れなくなり，食欲も低下した。仕事に集中できず，部下に対して適切に指示ができなくなった。休日は部屋にこもり，問いかけに何も反応しないことが多くなり，飲酒量が増えた。診察時，問診に対する反応は鈍く，「もうだめです。先のことが見通せません。こんなはずじゃなかった」などと述べた。血液生化学検査に異常所見はみられなかった。診察後，医師から公認心理師Ｃに，Ｂに対して家族教育を行うよう指示があった。

　ＣのＢへの説明として，<u>不適切なもの</u>を1つ選べ。

①　薬物療法が治療の1つになります。

②　入院治療が必要になる可能性があります。

③　できる限り休息をとらせるようにしてください。

④　今は落ち着いているので自殺の危険性は低いと思います。

⑤　気晴らしに何かをさせることは負担になることもあります。

問 146	【公認心理師の職責】 心理教育		肢別解答率				正答率 96.2%	
			①	②	③	④	⑤	
難易度 1	**正解：④**	全体	1.4%	1.4%	0.5%	96.2%	0.5%	

　本事例のAは意欲や活気の低下，不眠，食欲不振，集中力の低下等の症状がみられている。主治医の診断についての記述はないものの，これらの情報から抑うつ状態である可能性が考えられる。したがって，公認心理師Cは，Aが抑うつ状態やうつ病である可能性を念頭に置いてBに対して家族教育を行う必要がある。

①**適　切**。　うつ病の治療としては，中等度以上の場合，薬物療法（抗うつ薬と，抗不安薬，睡眠薬等の併用）を中心とした治療が推奨されている。

②**適　切**。　うつ病の治療としては，まず休養することが重要であり，そのために入院治療が選択される場合もある。

③**適　切**。　上記の通り，うつ病の治療では，精神的休養を取ることが重要である。そのため，休職したり，環境調整することによって，ストレスを軽減するような対応が必要となる。

④**不適切**。　うつ病が重症化すると，自殺念慮や自殺企図といった徴候が表れることがある。また，うつ病の約半数の人が「死」について考えるとされている。事例中，Aは「もうだめです。先のことが見通せません。」と述べており，直接的に自殺を考えている発言ではないものの，今後そのような発言が現れる危険性も考えられる。この発言も含め，事例中の情報からは，この選択肢のようにAが「落ち着いている」「自殺の危険性は低い」と判断できないため，これが不適切である。

⑤**適　切**。　抑うつエピソードとして，何を見ても興味や関心がわかない，億劫で何もする気にもなれない，といった症状がある。周囲からは気晴らしに見えても，本人にとっては負担やストレスになる場合がある。

【文献情報】
・高橋三郎ら監訳（2014）DSM-5　精神疾患の分類と診断の手引き　p.63，64 医学書院
・下山晴彦ら編（2016）公認心理師必携 精神医療・臨床心理の知識と技法 p.65-67 医学書院
・子安増生監修（2020）公認心理師のための精神医学 精神疾患とその治療 p.38 金芳堂

問 147 (配点：3)

【事例－教育領域】

月　日
月　日

　12歳の女児A，小学6年生。Aは，7月初旬から休み始め，10月に入っても登校しなかったが，10月初旬の運動会が終わった翌週から週に一度ほど午前10時頃に一人で登校し，夕方まで保健室で過ごしている。担任教師は，Aと話をしたり，保護者と連絡を取ったりしながら，Aの欠席の原因を考えているが，Aの欠席の原因は分からないという。スクールカウンセラーBがAと保健室で面接した。Aは「教室には絶対に行きたくない」と言っている。

　BのAへの対応として，不適切なものを1つ選べ。

① 　可能であれば保護者にAの様子を尋ねる。

② 　Aがいじめ被害に遭っていないかを確認する。

③ 　家庭の状況について情報を収集し，虐待のリスクを検討する。

④ 　養護教諭と連携し，Aに身体症状がないかどうかを確認する。

⑤ 　Aが毎日登校することを第一目標と考え，そのための支援方法を考える。

問 147	【教育・学校心理学】 不登校		肢別解答率					正答率70.6%
			①	②	③	④	⑤	
難易度1	正解：⑤	全体	1.4%	0.3%	26.7%	0.9%	70.6%	

①**適　切**。　スクールカウンセラーBの対応として，Aの欠席の原因について検討したり，Aが「教室には絶対に行きたくない」と言っている背景にどのようなことが影響しているかを検討したりするために，担任教師，Aだけではなく，保護者にAの様子を尋ねることは適切である。Aの保護者と面談する中で，家庭内でのみAが話していることや家庭での過ごし方など，Aをより包括的にアセスメントすることも可能になる。

②**適　切**。　事例中に「Aは『教室には絶対に行きたくない』」と話している。「絶対に」という強い表現をAがしていることから，具体的には表現していないものの教室に行きたくない理由が存在している可能性もある。そのため，その可能性の1つとして，Aがいじめ被害に遭っていないかどうかを確認することは適切な対応である。

③**適　切**。　事例中には，担任教師が「保護者と連絡を取ったり」していることは確認できるものの，家庭内の状況に関する情報の記載はない。担任教師の「Aの欠席の原因は分からない」という情報も併せて，スクールカウンセラーとして，Aの家庭には虐待環境はないと決めつけてアセスメントをするのではなく，虐待のリスクも含めてアセスメントすることが対応として適切と言える。

④**適　切**。　不登校の事例においては，例えば登校ができない日の朝に頭痛や腹痛といった身体症状が表れる児童生徒も多い。本事例中の記述にAは登校した際に「夕方まで保健室で過ごしている」とある。保健室で過ごす中で，養護教諭がAから聞いている話もあると思われる。養護教諭の視点から身体症状や身体的な状態のアセスメントもしていると考えられるため，養護教諭と連携し，身体症状の有無について確認することは適切な対応である。

⑤**不適切**。　事例中の記述にAは「週に一度ほど」の登校状況とある。また，Aは「7月初旬から休み始め，10月に入っても登校しなかった」ともあり，連続して長期欠席した後の状態でもある。**このような状態の中で，選択肢の「Aが毎日登校することを第一目標と考え」ることは，Aにとって負担が大きい**。また，事例中にはA自身が毎日登校したいという気持ちを持っているかどうかの記述もない。そのため，現段階において，これを第一目標に支援方法を考えることはAへの対応として適切とは言えない。

問 148 (配点：3)	【事例－産業領域】	月　日
		月　日

　A社は，新規に参入した建設業である。最近，高所作業中に作業器具を落下させる事例が立て続けに発生し，地上で作業する従業員が負傷する事故が相次いだ。そのため，事故防止のための委員会を立ち上げることになり，公認心理師が委員として選ばれた。委員会では，行政が推奨する落下物による事故防止マニュアルが用いられている。

　事故防止の仕組みや制度の提案として，不適切なものを1つ選べ。

① 　マニュアルの見直し

② 　規則違反や不安全行動を放置しない風土づくり

③ 　過失を起こした者の責任を明らかにする仕組みづくり

④ 　過去のエラーやニアミスを集積し，分析する部門の設置

⑤ 　従業員にエラーやニアミスを率直に報告させるための研修

440

問 148	【産業・組織心理学】安全文化		肢別解答率					正答率 92.0%	
				①	②	③	④	⑤	
難易度 1	正解：③		全体	5.9%	0.7%	92.0%	0.5%	0.8%	

　本事例は，「高所作業中に作業器具を落下させる事例が立て続けに発生し，地上で作業する従業員が負傷する事故が相次い」でおり，早急に危険有害要因の特定や再発防止の仕組みや制度に向けた取り組みが求められる。危険有害要因としては，不適切な機械や工具の使用，機械・設備の指導が不足しているといった設備的要因，作業手順を知らない，事前の打ち合わせ不足といった作業的要因，監督指導不足や安全衛生計画の不備といった管理的要因，不注意やヒューマンエラーなどの人的要因がある。このヒューマンエラーとは，目標構造において，目標に反して望ましくない結果，あるいは想定の範囲にない帰結が，ある行為によってもたらされたと見なされるときのその行為，と定義される。これは，目標は適切であったが行為が意図せず出現あるいは欠落した場合のスリップと，目標や意図自体が不適切であった場合のミステイクに分けられる。

①**適　切。**　本事例では，労災事故が相次いで発生していたことから，上記の危険有害要因が放置されている状態であり，既存のマニュアルを用いていてはその危険有害要因を排除できないでいる。事例中には「委員会では，行政が推奨する落下物による事故防止マニュアルが用いられている。」とあるため，このマニュアルを基にして，これまでのマニュアルに落ち度がないかを見直したり，危険有害要因を排除するための対策が盛り込まれることが再発防止に向けた取り組みとして大切である。

②**適　切。**　不適切な器具の使用や，従業員の危険意識不足といった人的要因，設備的要因が慢性的に存在していたことが自己の原因となっていた可能性も考えられるため，それらの要因を放置しないように取り組むことは再発防止に向けた取り組みとして大切である。

③**不適切。**　過失を起こした者の責任追及は罰として一時的に従業員の緊張感を高めることになるが，過失が発生したことを隠匿したり，責任転嫁したりする風土を招きかねない。そのため，再発防止を促進するような効果があるとは考えられない。

④**適　切。**　同様の事故が相次いで発生している背景にどのような要因があるのかを分析することは，事故の再発防止を講じていく際に非常に重要であり，専門の部署を設置することは再発防止に向けた取り組みとして有効である。

⑤**適　切。**　危険有害要因を排除することを意識していても，エラーやミスが発生することはある。ミスやエラーの発生を隠匿する風土を作らず，発生を報告するシステムを構築し，再発防止に向けた取り組みを行っていくことが大切である。

【文献情報】
・金敷大之ら編著（2016）図説 教養心理学［増補第2版］p.83 ナカニシヤ出版
・建設業労働災害防止協会 鉄筋工事業のための危険有害要因の特定標準モデル

問 149 (配点：3) 　　　【事例―その他】　　　月　日 / 月　日

17歳の女子A，高校2年生。Aは，自傷行為を主訴に公認心理師Bのもとを訪れ，カウンセリングが開始された。一度Aの自傷は収束したが，受験期になると再発した。AはBに「また自傷を始めたから失望しているんでしょう。カウンセリングを辞めたいって思ってるんでしょう」と言うことが増えた。BはAの自傷の再発に動揺していたが，その都度「そんなことないですよ」と笑顔で答え続けた。ある日，Aはひどく自傷した腕をBに見せて「カウンセリングを辞める。そう望んでいるんでしょう」と怒鳴った。

この後のBの対応として，最も適切なものを1つ選べ。

① 再発した原因はB自身の力量のなさであることを認め，Aに丁重に謝る。

② 自傷の悪化を防ぐために，Aの望みどおり，カウンセリングを中断する。

③ 再発に対するBの動揺を隠ぺいしたことがAを不穏にさせた可能性について考え，それをAに伝える。

④ 自傷の悪化を防ぐために，Bに責任転嫁をするのは誤りであるとAに伝え，A自身の問題に対する直面化を行う。

問149	【心理学的支援法】 負の相補性	肢別解答率			正答率86.0%	
			①	②	③	④
難易度1	正解：③	全体	1.4%	0.4%	86.0%	12.0%

　本事例では，クライエントAと公認心理師Bとの間に「負の相補性」と呼ばれるコミュニケーションが生じていると考えられる。負の相補性とは，セラピストとクライエントが互いに怒りや敵意といったネガティブな感情を増幅させてしまうことであり，カウンセリングの中断等に繋がる危険性が高い一方で，クライエントの葛藤や対人関係の問題を扱う機会ともなる。

①不適切。　Aの怒りは，Bの力量のなさに対してではなく，Bが本心では動揺しているにもかかわらず，それを隠し，笑顔で答え続けるという偽った対応をしたことに対してである。そのため，力量のなさを認め，Aに丁重に謝罪するという対応は不適切である。

②不適切。　上記解説参照。負の相補性におけるAのネガティブな感情は，今後，Aの問題を扱い機会にもなり得る。そのため，Aの望みどおり，カウンセリングを中断することが，自傷の悪化を防ぐことになるとは限らず，この後のBの対応としては不適切である。

③適　切。　選択肢①の解説参照。Aの怒りが事例中にあるBのこのような対応によるものである可能性についてAに伝えることは，SafranとMuranの研究による「治療同盟の亀裂とその立て直しモデル」の第2段階である，クライエントが感じているセラピストやカウンセリングへのネガティブな感情について，その内容や理由を探索し，セラピストは関係の亀裂について責任を認める，という対応になり，適切な対応である。

④不適切。　Aがこのような状態の中で，Aに責任転嫁をするのは誤りであることを伝えたり，直面化を行うことが，自傷の悪化を防ぐとは考えにくい。反対にAとの関係をより悪化させる対応になるとも考えられ，それが自傷を悪化させる危険性もあるため，不適切である。

【文献情報】
・杉原保史ら編著（2019）公認心理師標準テキスト 心理学的支援法 p.102，103 北大路書房

問 150 (配点：3)　　　【事例－教育領域】　　月　日／月　日

　9歳の男児A，小学3年生。Aは，注意欠如多動症／注意欠如多動性障害〈AD/HD〉と診断され，服薬している。Aは，待つことが苦手で順番を守れない。課題が終わった順に担任教師Bに採点をしてもらう際，Aは列に並ばず横から入ってしまった。Bやクラスメイトから注意されると「どうせ俺なんて」と言ってふさぎ込んだり，かんしゃくを起こしたりするようになった。Bは何回もAを指導したが一向に改善せず，対応に困り，公認心理師であるスクールカウンセラーCに相談した。

　CがBにまず伝えることとして，最も適切なものを1つ選べ。

① 学級での環境調整の具体案を伝える。

② Aに自分の行動を反省させる必要があると伝える。

③ Aがルールを守ることができるようになるまで繰り返し指導する必要があると伝える。

④ Aの年齢を考えると，この種の行動は自然に収まるので，特別な対応はせず，見守るのがよいと伝える。

問 150	【教育・学校心理学】 教育関係者へのコンサルテーション	肢別解答率		正答率 93.4%	
		①	②	③	④
難易度 1	正解：①	全体	93.4%	1.0%	5.2%	0.4%

①**適　切。**　男児Aは注意欠如多動症／注意欠陥多動性障害〈AD/HD〉の診断を受けており，服薬もしている。そのため，**Aの症状として現れている行動面に対して，Aが過ごしやすいように環境調整を行うことが優先される。**また，この事例や選択肢とは直接関係しないが，保護者が AD/HD の子どもとの関わりに困っている場合には，その保護者を対象としたペアレント・トレーニングを行うことも考えられる。

②**不適切。**　AD/HD は，不注意や多動性，衝動性から生じた行動を理由に頻回の叱責を家族や教師などから受けていることもあり，その結果，Aの「どうせ俺なんて」という発言に見られるような自尊心の低下や不登校などが二次障害として生じることがある。さらに，反抗挑戦性障害，素行障害，不安障害などの精神疾患を合併するリスクがある。AD/HD と診断をうけているのにもかかわらず，選択肢のように行動を反省させるようなことは，自尊心をより一層低下させることにつながりかねず，状態を悪化させる危険性さえもあるため，不適切である。

③**不適切。**　Aが列に並ばず横入りしてしまうといったルールを守ることができないのは，AD/HD の衝動性の特性・症状から生じている可能性が考えられる。そのため，できるようになるまで繰り返し指導することは，この特性・症状があるにもかかわらず頻回の指導を受けることになり，二次障害の恐れが高まるため，不適切である。

④**不適応。**　Aは AD/HD と診断を受けており，特性・症状である衝動性が9歳という年齢で自然に収まることは考えにくい。また，AD/HD の診断を受けているということは，Aは特別なニーズを持っており，そのニーズに応じた支援を考える必要がある。そのため，特別な対応はせず，見守るという対応を伝えることは不適切である。

【文献情報】
・下山晴彦ら編（2016）公認心理師必携　精神医療・臨床心理の知識と技法　p.53，54 医学書院

　50 歳の女性A，看護師。Aは看護師長として，職場では部署をまとめ，後進を育てることが期待されている。これまで理想の看護を追求してきたが，最近は心身ともに疲弊し，仕事が流れ作業のように思えてならない。一方，同居する義母の介護が始まり，介護と仕事の両立にも悩んでいる。義母やその長男である夫から，介護は嫁の務めと決めつけられていることがAの悩みを深め，仕事の疲れも影響するためか，家庭ではつい不機嫌になり，家族に強く当たることが増えている。

　Aの事例を説明する概念として，不適切なものを1つ選べ。

① 　スピルオーバー

② 　エキスパート・システム

③ 　ジェンダー・ステレオタイプ

④ 　ワーク・ファミリー・コンフリクト

448

問 151	【産業・組織心理学】両立支援（仕事と家庭）	肢別解答率			正答率 57.3%	
			①	②	③	④
難易度 2	正解：②	全体	23.0%	57.3%	6.0%	13.4%

①適 切。　スピルオーバーとは，個人の経験したストレス反応が，個人内の生活のある領域（例えば仕事）から別の領域（例えば家庭）へと，領域を超えて伝播されることをいう（島津・川上，2014）。本事例でAは，「仕事での疲れも影響するためか，家庭ではつい不機嫌になり，家族に強く当たることが増えている」とあり，仕事の疲れが家庭に影響を与えているため，Aを説明する概念として適切である。

②不適切。　エキスパートシステムは，人工知能の研究の中で発見，開発されてきた理論と技術を基礎として，現実問題への適用を指向するシステム開発技術（寺野，2003）のことを指す。そのため，本事例とは関係がなく，不適切である。

③適 切。　ジェンダー・ステレオタイプとは，「男は仕事・女は家庭」に代表されるような，男性と女性に対して人々が共有する，構造化された思いこみ（信念）のことを指す（青野ら，2004）。本事例においては，「義母やその長男である夫から，介護は妻の務めと決めつけられていることがAの悩み」とあり，ジェンダー・ステレオタイプにAが悩んでいるため，適切である。

④適 切。　ワーク・ファミリー・コンフリクトとは，ある個人の仕事と家庭領域における役割要請が，いくつかの観点で互いに両立しないような役割間葛藤の一形態である（富田ら，2012）。また，Greenhaus & Beutell（1985）によれば，「家庭役割が仕事役割を阻害することによる葛藤」と「仕事役割が家庭役割を阻害することによる葛藤」という2方向性があり，本事例においてもAはそれぞれの役割（仕事では看護師長，家庭では義母の介護）が葛藤状態を生んでいることが分かる。

【文献情報】
・青野篤子・森永康子・土肥伊都子（2004）ジェンダーの心理学「男女の思いこみ」を科学する p.27 ミネルヴァ書房
・J. H. Greenhaus & N. J. Beutell（1985）Sources of conflict between work and family roles, Academy of Management Review, p10, 76-88
・島津明人・川上憲人（2014）これからの職場のメンタルヘルス 産業保健心理学からの二つの提言 学術の動向 19(1) p.63
・寺野隆雄（2003）エキスパートシステムはどうなったか？ 計測と制御 42(6) p.458
・富田真紀子・加藤容子・金井篤子（2012）共働き夫婦のワーク・ファミリー・コンフリクトと対処行動に関する検討 性役割態度，ジェンダー・タイプに注目して 産業・組織心理学研究 25(2) p.107, 108

問 152 (配点：3)

【事例－教育領域】

月　日
月　日

16歳の男子A，高校1年生。Aは，スクールカウンセラーBのいる相談室に来室した。最初に「ここで話したことは，先生には伝わらないですか」と確認した上で話し出した。「小さいときからズボンを履くのが嫌だった」「今も，男子トイレや男子更衣室を使うのが苦痛でたまらない」「こんな自分は生まれてこなければよかった，いっそのこと死にたい」「親には心配をかけたくないので話していないが，自分のことを分かってほしい」と言う。

BのAへの初期の対応として，適切なものを2つ選べ。

① Aの気持ちを推察し，保護者面接を行いAの苦しみを伝える。
② 性転換手術やホルモン治療を専門的に行っている病院を紹介する。
③ 誰かに相談することはカミングアウトにもなるため，相談への抵抗が強いことに配慮する。
④ クラスメイトの理解が必要であると考え，Bから担任教師へクラス全体に説明するよう依頼する。
⑤ 自殺のおそれがあるため，教師又は保護者と情報を共有するに当たりAの了解を得るよう努める。

問 152	【発達心理学】 ジェンダーとセクシュアリティ	肢別解答率					正答率91.3%	
		〔No.1〕	①	②	③	④	⑤	
		全体	7.4%	0.5%	91.8%	0.1%	0.2%	
難易度 1	正解：〔No.1〕③，〔No.2〕⑤	〔No.2〕	①	②	③	④	⑤	
		全体	0.1%	0.2%	5.9%	0.7%	93.1%	

①**不適切**。　事例中のAの発言からAは性別への違和感を有している可能性が考えられる。性的指向やジェンダー・アイデンティティについての，A本人の同意に基づかない第三者への開示はアウティングと呼ばれ，たとえ家族であっても絶対に行われるべきでない。

②**不適切**。　事例中におけるAの訴えは，ズボンを履くことやトイレ・更衣室を使用することへの苦痛，自己否定的な感情や死にたいという思い，親にわかってほしいといった思いであり，専門機関の紹介を希望しているわけではない。今後，専門機関との連携も視野に入れる必要はあるが，Aは「死にたい」という発言をしていることから，緊急性の観点を踏まえ，リスクアセスメントを行うなど希死念慮への対応が最優先される。

③**適　切**。　事例中のAは「ここで話したことは，先生には伝わらないですか」と確認した上で話し始めている。その様子から，Aが相談したことが誰かに伝わらないかを不安に思っていること，その不安から相談に対し抵抗感を抱いていることがうかがえる。相談にはカミングアウトを伴うため，相談自体への抵抗感が生じやすいことに配慮し，Aが安心して話せるように秘密は守られることを伝え，Aとの関係を構築することが重要と考えられる。

④**不適切**。　担任教師やクラス全体に周知されることがAにとって最善の方法とは限らないが，もしカミングアウトするとしてもAの同意が必要であり，Aの同意なく公認心理師Bが担任教師に依頼してはならない。カミングアウトした場合のメリットやデメリットを含めて，Aがどうしたいか，どうした方がAにとってよいかをAの意思を尊重しながら模索していく姿勢がBには求められる。

⑤**適　切**。　事例中にAは「いっそのこと死にたい」と発言しており，希死念慮への対応が最も優先される。Aの自殺のリスクアセスメントを行いつつ，自殺の危険性がある場合においてBはAに対して「秘密を守るよりも優先することがある」と伝え，Aの安全を確保することを目的とした情報共有を行うために，Aの了解を得るように努めることが必要である。また，厚生労働省 自殺総合対策大綱において，「自殺念慮の割合等が高いことが指摘されている性的マイノリティについて，無理解や偏見等がその

背景にある社会的要因の一つである」として，教職員の理解を促進することが必要とされている。

【文献情報】

・厚生労働省（2017）自殺総合対策大綱 〜誰も自殺に追い込まれることのない社会の実現を目指して〜 p.16
・文部科学省（2016）性同一性障害や性的指向・性自認に係る，児童生徒に対するきめ細かな対応の実施等について（教職員向け）

問 153 (配点：3)　　　【事例－教育領域】

月　日
月　日

14歳の男子A，中学2年生。Aについて担任教師Bがスクールカウンセラーである公認心理師Cに相談した。Bによれば，Aは小学校から自閉スペクトラム症／自閉症スペクトラム障害〈ASD〉の診断を受けているとの引継ぎがあり，通級指導も受けている。最近，授業中にAが同じ質問をしつこく何度も繰り返すことや，寝ているAを起こそうとしたクラスメイトに殴りかかることが数回あり，Bはこのままでは Aがいじめの標的になるのではないか，と危惧している。

Cの対応として適切なものを2つ選べ。

① 保護者の了解を得て主治医と連携する。

② 周囲とのトラブルや孤立経験を通して，Aに正しい行動を考えさせる。

③ Aから不快な言動を受けた子どもに，発達障害の特徴を伝え，我慢するように指導する。

④ Aの指導に関わる教師たちに，Aの行動は障害特性によるものであることを説明し，理解を促す。

⑤ 衝動的で乱暴な行動は過去のいじめのフラッシュバックと考え，過去のことは忘れるようにAに助言する。

454

問 153	【発達心理学】 自閉スペクトラム症／ 自閉症スペクトラム障害〈ASD〉	肢別解答率				正答率 93.8%	
		[No.1]	①	②	③	④	⑤
		全体	95.8%	3.4%	0.4%	0.3%	0.0%
難易度 1	正解：[No.1] ①，[No.2] ④	[No.2]	①	②	③	④	⑤
		全体	0.3%	1.8%	0.4%	97.4%	0.1%

この事例問題は消去法で容易に正答してもらいたい問題である。

①**適　切**。　Aは小学生のときに「自閉スペクトラム症／自閉症スペクトラム障害〈ASD〉の診断を受けている」との情報が事例中にあり，Aの行動は障害特性や発達的な課題による可能性が高い。公認心理師法第42条第1項に基づき医療機関と連携を取ること，同法同条第2項に基づき主治医の指示を受けることは，公認心理師の義務であるため，事例には現在も医療機関を受診しているかどうかの情報はないものの，医療機関に通院しているのであれば，保護者の了解を得て主治医と連携を取ることは適切な対応である。

②**不適切**。　Aが事例中にあるような周囲とのトラブルやそれに伴う孤立を経験することが担任教師Bの危惧するいじめの標的につながる可能性もあり，そのような経験はAに二次障害として，精神疾患や心理的に不安定な状態を生じさせる可能性もある。そのため，これらの経験を通して，Aに正しい行動を考えさせることは，Aの障害特性も踏まえて考えると適切な対応とは言えない。

③**不適切**。　Aのクラスの子ども達に選択肢にあるように「我慢するように指導する」こと自体不適切である。もし，Aの発達障害の特徴をクラスの子ども達に伝えるのであれば，AやAの保護者の同意を得ること，その上で不快な言動を受けた子どもだけを対象にするのか，クラス全体に伝えるのか，どのように伝えるのかをAやAの保護者と話し合うことが優先される。ただ，このような対応自体，公認心理師が行うのではなく，担任教師が主導になって行う必要があることであり，その点でも公認心理師Cの対応としては不適切と言える。

④**適　切**。　Aは中学生であり，通常であれば，多くの中学校は教科担当制のため，Aのクラスの授業に入る教師は多い。なぜAがこのような行動をするか，障害特性によるものであるという理解が教師になければ，場合によっては教師から障害のない生徒と同様の指導，つまり，Aにとっては適切とは言えない指導になってしまう可能性も考えられるため，指導に関わる教師に理解を促すことは適切な対応と言える。

⑤**不適切**。　Aが診断を受けている自閉スペクトラム症／自閉症スペクトラム障害〈ASD〉の障害特性として，過去の否定的な経験に対する記憶が強く残ることがある。そのため，Aに過去のことは忘れるように助言したとしてもそれが効果的に働く可能性は低く，Cの対応として適切とは言えない。

| 問 154 (配点：3) | 【事例－教育領域】 | 月　日 |
| | | 月　日 |

　中学校の担任教師A。Aは，同じ部活動の女子中学生3名について，スクールカウンセラーBに，次のように相談した。3名は，1か月ほど前から教室に入ることができずに会議室で勉強しており，Aが学習指導をしながら話を聞いていた。先日，生徒たちの表情も良いため，教室に入ることを提案すると，3名は「教室は難しいが，放課後の部活動なら見学したい」と言った。早速，Aが学年教師の会議で報告したところ，他の教師から「授業に参加できない生徒が部活動を見学するのは問題があるのではないか」との意見が出された。

　この場合のBの対応として，適切なものを2つ選べ。

① 　部活の顧問と話し合う。

② 　Aに援助チームの構築を提案する。

③ 　Bが学年教師の会議に参加して話し合う。

④ 　学年教師の会議の意見に従うようAに助言する。

⑤ 　Aがコーディネーターとして機能するように助言する。

問 154	【教育・学校心理学】 スクールカウンセリング	肢別解答率					正答率47.1%	
		[No.1]	①	②	③	④	⑤	
		全体	12.3%	83.5%	3.8%	0.2%	0.1%	
難易度2	正解： [No.1] ②， [No.2] ③	[No.2]	①	②	③	④	⑤	
		全体	0.0%	6.0%	52.5%	0.5%	40.8%	

　この問題は，選択肢③と⑤でやや判断に迷う問題であるが，解説を読んでいただければ，⑤が不適切であることが分かっていただけると思う。

①**不適切。**　問題は「Bの対応」が問われているため，この選択肢はスクールカウンセラーBが部活の顧問と話し合うと読み取れるかと思われる。ただ，事例中にある「他の教師」からの意見が部活の顧問からかは事例からは分からず，また，女子中学生3名の「放課後の部活動なら見学したい」という希望を部活の顧問とだけ話し合って決められることでもない。よって，対応としては不適切である。

②**適　切。**　基本的に「チーム学校」の視点で対応することが求められているため，この選択肢は適切とすぐに判断して欲しい。

③**適　切。**　文部科学省　教育相談等に関する調査研究協力者会議　平成29年1月　児童生徒の教育相談の充実について～学校の教育力を高める組織的な教育相談体制づくり～（報告）において，スクールカウンセラーの役割に教職員に対するコンサルテーションが挙げられており，その一つに「ケース会議等教育相談に関する会議での教職員への助言・援助」が含まれている。そのため，Bが会議に参加して話し合うことは適切である。

④**不適切。**　学年教師の会議の中で出た一つの意見に従わないといけない理由はなく，会議の中では，女子中学生の希望を踏まえ，学年としての考えや部活の顧問の考え，管理職の考えなど他の教師の意見などを総合して，チームとしての判断ができるように勧めていくことが求められる。

⑤**不適切。**　文部科学省　教育相談等に関する調査研究協力者会議　平成29年1月　児童生徒の教育相談の充実について～学校の教育力を高める組織的な教育相談体制づくり～（報告）において，学校内の教育相談体制の在り方として，「学校全体の児童生徒の状況及び支援の状況を一元的に把握し，学校内及び関係機関等との連絡調整，ケース会議の開催等児童生徒の抱える問題の解決に向けて調整役として活動する教職員を教育相談コーディネーターとして配置・指名し，教育相談コーディネーターを中心とした教育相談体制を構築する必要がある。」(p.19, 20) とある。つまり，**担任教師であるAがコーディネーターの役割を兼ねることはしない方がよい。**よって，Aにコーディネーターとして機能するように助言することは不適切である。

辰已法律研究所（たつみ・ほうりつけんきゅうじょ）

1973年創立。司法試験・予備試験・司法書士試験・行政書士試験・社会保険労務士試験など法律系の国家試験の予備校として長年の実績があるが，公認心理師制度のスタートにあたって，公認心理師試験分野へ進出している。2018年から京都コムニタスと提携してWeb講座を行うほか，公認心理師試験対策全国模擬試験を実施している。2021年対策講座も展開中。　URL　https://sinri-store.com/

京都コムニタス（きょうと・こむにたす）

京都コムニタスは従来，臨床心理士指定大学院やその他の心理系，医療系，看護大学院，医学部や看護大学，大学編入などへの受験指導，臨床心理士試験対策を行ってきた。16年間にわたっての合格実績は，京都コムニタスの誇りである。第1回公認心理師試験が行われた2018年にどこよりも早く講座を立ち上げ，GWと7月末に全国模試を行い，1万人以上の申込みを受けた。引き続き第2回以降の公認心理師試験についても合格に資する講座・模試を提供。辰已法律研究所と提携し，全国の公認心理師試験受験生に京都コムニタスのコンテンツを広く届け，また，辰已法律研究所との共著である「最後の肢別ドリル」も非常に多くの受験生の方に好評である。　URL　https://www.sinri-com.com/

公認心理師過去問詳解 2020年12月20日 第3回試験 完全解説版

令和3年6月10日　　　　　　　　　初版　　第1刷発行

著　者　京都コムニタス
　　　　辰已法律研究所
発行者　後藤　守男
発行所　辰已法律研究所
〒169-0075
東京都新宿区高田馬場4-3-6
TEL.　03-3360-3371（代表）
印刷・製本　壮光舎印刷（株）

2021年9月実施

公認心理師試験

受験対策

Perfect プログラム
京都コムニタス

主催：京都コムニタス
〒601-8003　京都市南区東九条西山王町11白川ビルⅡ402

共催：辰已法律研究所
〒169-0075　東京都新宿区高田馬場4-3-6(Tokyo)
〒530-0027大阪府大阪市北区堂山町1-5 三共梅田ビル8F(Osaka)

第4回公認心理師突破！頑張りましょう・いまから・ここから

```
2018年 36,103名受験  28,574名合格  合格率79.1%
2019年 16,949名受験   7,864名合格  合格率46.4%
2020年 13,629名受験   7,282名合格  合格率53.4%
```

　2020年第3回試験の結果の合格率は、53.4%でした。2019年試験の46.4%に比べると7%合格率が上がりましたが、受験者の約半数が不合格という点では昨年に続く難関でした。

　しかし、公認心理師試験は選抜制の競争試験ではありません。一定の得点に達した人は全員合格となる資格試験です。つまり、競争相手の人数やレベルはこの試験には無関係であり、あなたは、自分ひとりが試験日までに試験委員の要求する総得点230点の60%得点を超える実力をつけるということだけを目指せばいいわけです。つまり競争相手はあなた自身ということです。

　敵は客観的な問題群です。範囲は膨大であり、難度の高い問題も数多く出題されます。

　しかし、恐れることはありません。いたずらに焦る必要もありません。必要な範囲の知識を・必要なレベルで且つ実戦で使えるように着実に獲得していけば60%の壁は必ず超えられます。

　しかし時間はあまりありません(2021年試験は2021年9月19日と発表されました)。※下注

　当パンフレットがご紹介しているのは、いまや公認心理師試験対策の第一人者といえる京都コムニタスが提供する「あなた自身が60%の壁を超えるためのプログラム」です。過去の教育実績と経験値そして徹底した本試験の分析を踏まえて作成されたプログラムです。どうぞ有効にご利用いただき、断固60%の壁を超えて下さい。

いまから・ここから
60%の壁は必ず超えられます

※注 日本心理研修センターHP「公認心理師試験について」
http://shinri-kenshu.jp/support/examination.html

認心理師試験　合格者Data

	2018 人数	2018 割合(%)	2019 人数	2019 割合(%)	2020 人数	2020 割合(%)
	7,234	25.3	2,207	28.1	2,022	27.8
	21,340	74.7	5,657	71.9	5,260	72.2
	28,574		7,864		7,282	

年齢区分	2018 人数	2018 割合(%)	2019 人数	2019 割合(%)	2020 人数	2020 割合(%)
～30	5,358	18.8	1,513	19.2	1,436	19.7
31～40	10,126	35.4	2,270	28.9	1,778	24.4
41～50	7,387	25.9	2,078	26.4	2,051	28.2
51～60	4,167	14.6	1,455	18.5	1,453	20.0
61～	1,536	5.4	548	7	564	7.7
計	28,574		7,864		7,282	

分	2018 人数	2019 人数	2020 人数	2018 割合(%)	2019 割合(%)	2020 割合(%)	2018 合格率(%)	2019 合格率(%)	2020 合格率(%)
	4	4	9	0	0.1	0.1%	100	66.7	100.0
	14,840	1,879	798	51.9	23.9	11.0%	85.8	53.6	55.4
	1,199	1,253	516	4.2	15.9	7.1%	74.6	58.8	61.6
			758			10.4%			81.0
	12,531	4,728	5,201	43.9	60.1	71.4%	72.9	41.8	50.0
	28,574	7,864	7,282				79.1	46.4	53.4

区分説明：

- **A** 大学及び大学院で、施行規則第1条及び第2条で定める科目を修めて卒業及び修了
- **B** 大学で、施行規則第1条で定める科目を修めて卒業、かつ、施行規則第5条で定める施設で2年以上実務を経験
- **C** 文部科学大臣及び厚生労働大臣が区分A及びBに掲げる者と同等以上の知識及び技能を有すると認定
- **D1** 平成29年9月15日より前に、大学院で施行規則附則第2条で定める科目(科目の読替えあり)を修了
- **D2** 平成29年9月15日より前に大学院に入学し、同日以後に施行規則第2条で定める科目(科目の読替えあり)を修めて大学院を修了
- **E** 平成29年9月15日より前に大学に入学し、施行規則附則第3条で定める科目(科目の読替えあり)を修めて卒業(又は履修中)し、平成29年9月15日以後に大学院で施行規則第2条で定める科目(科目の読替え対象外)を修めて修了
- **F** 平成29年9月15日より前に大学に入学し、施行規則附則第3条で定める科目(科目の読替えあり)を修めて卒業(又は履修中)し、かつ、施行規則第5条で定める施設で2年以上実務を経験
- **G** 平成29年9月15日に、法第2条第1号から第3号までに掲げる行為を業として行い(又は業務を休止・廃止してから5年以内)、①文部科学大臣及び厚生労働大臣指定の現任者講習会を修了し、かつ、②施行規則附則第6条で定める施設で5年以上実務を経験

2021年公認心理師対策
Perfectプログラム主催者

公認心理師 国試対策
京都コムニタス
KYOTO COMMUNITAS

京都コムニタス塾長
井上博文
大学では仏教学を専攻し、その後、
大学院に進学し、博士号を取得。
現在、REBT心理士(旧論理療法士)
としても活躍中。日本人生哲学感情
心理学会(旧名:日本論理療法学会)
関西支部長、インストラクター及びカ
ウンセラー

　京都コムニタスは2004年に開塾した心理系大学院受験・大学学部編入の専門予備校です。
17年間で充実した合格実績を誇ります。そして2018年第1回公認心理師試験対策から公認心理師試験分野
に進出し、2018年・2019年・2020年と多数の受験生を支援してきました。
受験生の約半数が残念ながら不合格という受験状況を踏まえて、2021年に一人でも多くの合格者の誕生に
手を貸すことができるように、いま新たな思いで挑戦を開始しています。

●塾長メッセージ
　大学院入試を経験された方はご存知かと思いますが、大人になってからの受験は、生徒・学生時の受験より数段緊
張します。特にキャリアチェンジとなる場合、その度合いはMAXです。当塾の卒業生からは、院修了後試験勉強か
ら遠ざかっていたり、基礎領域の心理学に不安があるといった声も多く寄せられています。例えば、正の強化・負の
強化、正の罰・負の罰がありますが、違いをしっかり整理できているでしょうか?本講座ではそのような声を反映し、
理解しやすいテキストの作成を行っています。ぜひご一緒に、公認心理師4期生を目指しましょう!

〒601-8003　京都市南区東九条西山王町11白川ビルⅡ402　　HP:https://kyoto-com.net/
TEL:075-662-5033 FAX:075-662-1285　　E-mail:info@kyoto-com.net

2021年公認心理師対策Perfectプログラム　共催　辰已法律研究所

辰已法律研究所
あなたの熱意・辰已の誠意

東京〒169-0075　東京都新宿区高田馬場4-3-6
　　　　　TEL　03-3360-3371(代)
大阪〒530-0027　大阪府大阪市北区堂山町1-5
　　　三井梅田ビル8F　TEL　06-6311-0400(代)

https://www.tatsumi.co.jp/

「あなたの熱意・辰已の誠意」
　これが、辰已法律研究所の永遠のコンセプトです。
当研究所は、司法試験の受験指導機関として1973年に誕生しまし
た。
以来、50年近く数え切れない司法試験合格者を法曹界へと送り出
しつつ、さらにロースクール入試、司法書士試験、行政書士試験、社
会保険労務士試験、弁理士試験などの対策講座を立ち上げ、法律系
資格受験予備校としての確固たる地位を誇っています。もしもあな
たの身近に法曹がいらしたら、「辰已法律研究所ってどんな学校か」
と聞いてみて下さい。辰已がいかに群を抜く信頼を得ている予備
校であるかお分かりいただけることと思います。
　その辰已法律研究所が、2018年公認心理師試験元年から、京都
コムニタスと提携して新しく公認心理師試験対策に携わり以来全力
投球をしています。当研究所の予備校としての長年のノウハウと
京都コムニタスの深い心理系コンテンツが融合するところから、他
にはないユニークな公認心理師試験対策を生み出していきます。

2021年は、こう攻めて制覇しよう！

京都コムニタス
2021 公認心理師試験合格戦略

のプログラムの効果は、過去3回の試験で多くの合格者が実証しています。
PUTと**OUTPUT**をガッチリ組み合わせた構成がきわめて効率的・効果的です。

INPUT
試験範囲全24分野
完全網羅

知識インプット講義
2時間
＋
当該範囲の演習問題25問
を素材とした講義2時間
これを
25コマ＝100時間

全**100**時間

2021年
公認心理師試験対策講座 100時間

国試出題範囲24分野に完全対応しています。

心理査定 8h	心理的 アセスメント ①②	福祉/司法 /産業 12h	福祉心理学 /司法・犯罪心理学 /産業・組織心理学
心理学的 支援法8h	心理学的支援法 ①②	概論4h	心理学・臨床心理学概論
教育 /障害者8h	障害者(児)心理学 教育・学校心理学	心理学 研究法系4h	心理学研究法 /心理学実験 /心理学統計法
公認心理 師法系 12h	公認心理師の職責 関係行政論 (医療)(福祉)(教育) (司法)(産業)	心理学基礎 ・応用領域系 28h	神経・生理心理学 /人体の構造と機能及び疾病 /知覚・認知心理学 /学習・言語心理学 /感情・人格心理学 /社会・集団・家族心理学 /発達心理学①②
健康・医療 /精神疾患 12h	健康・医療心理学 精神疾患と その治療①②	事例対策編 4h	事例対策

※詳細はP4

Output
試験範囲全24分野
完全網羅

角度を変えて
万全の

全**608**問
制覇

※プレ模試と基本問題模試は、問題の性質上
2020年対策と同じ問題となりますので、以前購
入された方は購入されませんようご注意ください。

2021試験対策 Output体系

↑スマホで申込

● **プレ模試 1回** 90分50問 1/15から随時発送中
(会場受験無し・通信Web受験のみ)

送付されてくる問題冊子に指定時間通り解答し、Webで解答を入力→その時点での全
国受験者中の個人成績表をWeb上直ちに閲覧可能です。

● **基本問題模試100問×2回** 第1回2/26から随時発送中
第2回3/26から随時発送中
(会場受験無し・通信Web受験のみ)

送付されてくる問題冊子に指定時間通り解答し、Webで解答を入力するとその時点
での全国受験者中の個人成績をWeb上直ちに閲覧可能です。解説講義付き有り。

● **事例模試1回** 100分50問 2021/6/22発送開始
(会場受験無し・通信Web受験のみ)

送付されてくる問題冊子に指定時間通り解答し、Webで解答を入力するとその時点
での全国受験者中の個人成績をWeb上直ちに閲覧可能です。

● **全国公開模試2回** ❶2021年5月下旬～6月上旬実施
❷2021年7月下旬～8月上旬実施

本試験仕様の完全版・3年連続業界最大規模の全国公開模擬試験
受験者数：2018年2,961名 /2019年1,194名/ 2020年930名
●会場受験：東京・大阪・京都・名古屋・福岡の各都市/本試験仕様の会場運営
●通信受験：Web上で解答する方式 or マークシート郵送方式

2021	プレ 模試	試験対策講座100時間			基本問題 模試	事例 模試	2021公認心理師試験説明会

2021公認心理師試験説明会
❶第3回公認心理師試験の総括　1h
❷第3回公認心理師試験の傾向
　　　　　と今後の対策　1h
京都コムニタス主任講師 吉山宜秀他
YouTube
好評配信中
http://bit.ly/3qBZmKp

全国模試 第1回 5月/6.
◆会場受験：❶東京❷大阪❸名古..
　　　　　　❹福岡
※京都の会場受験は2回目のみです。1回目は通信..
か大阪会場でご受験下さい。
◆通信受験

全国模試 第2回 7月/8.
◆会場受験：❶東京❷大阪❸京都..
　　　　　　❹名古屋❺福岡
◆通信受験

2021 1月

プレ模試
通信受験のみ
好評受付中
2021 1/15 から随時発送中

試験対策講座100時間
初回動画配信開始
＆DVD発送開始日
2021.2.25 その後順次配信・発送
［知識インプット講義2h＋演習問題25問解説講義2h］×25コマ
合計講義100時間＆演習650問

なお、当講座においては
お手許に印刷物をお届けします。(Pdfダウンロード方式では学習に不便なので印刷物をお手許にお届けする方式をとっています。)

❶知識インプット講義レジュメ
❷演習問題冊子＆解説書

※当講座の演習は、全て自己採点方式であり、採点の集計・個人成績表はありません

基本問題模試
通信受験のみ
好評受付中
第1回
2021/2/26 から随時発送中
第2回
2021/3/26 から随時発送中

事例模試
通信受験のみ
好評受付中
2021 6/22 から発送開始

公認心理師本試験 9月19日に実施

※ 2021年4月中旬現在の緊急事態宣言解除を受け、会場受験の実施を決定しました。なお、今後のコロナウイルス感染拡大状況によては、会場受験実施を取り止め、お申込みいただいた方は全員通信受験とさせていただく可能性もあります点、ご了承ください。

2021年試験対策完璧パック

INPUT		OUTPUT	（試験対策講座の演習問題を含めると計1258問）	定価	パック割引価格	講座コード
試験対策講座 100h Web受講	プラス	プレ模試1回 ＆基本問題模試2回 ＆事例模試1回 ＆全国模試2回	①基本問題模試が解説講義DVD視聴付きの場合	¥236,500	¥224,700	E1042
			②基本問題模試が解説講義Web視聴付きの場合	¥234,600	¥222,900	E1041
			③基本問題模試が解説講義無しの場合	¥231,700	¥220,100	E1040
試験対策講座 100h DVD受講	プラス	プレ模試1回 ＆基本問題模試2回 ＆事例模試1回 ＆全国模試2回	①基本問題模試が解説講義DVD視聴付きの場合	¥261,500	¥248,400	E1045
			②基本問題模試が解説講義Web視聴付きの場合	¥259,600	¥246,600	E1044
			③基本問題模試が解説講義無しの場合	¥256,700	¥243,900	E1043

※試験対策講座100時間の科目Set申込及び科目別申込はP5〜　　※注 2021年版のプレ模試、基本問題模試と2020年試験対策版は同一内容です。

Input系 試験対策講座100時間　一括申込み

試験範囲全24分野を完全制覇
「聴いて・解いて・聴く」

※試験対策講座のSet申込＆科目別申込はP5〜
※Web受講は動画配信システムの都合上Web上での申込に限らせて頂き代理店での販売はありません。

	辰已割引価格	代理店価格	講座コード
WEB受講	¥197,500		E1011E
DVD受講	¥222,500	¥211,375	E1011R

Output系　模試一括申込み　プレ模試1回＋基本問題模試2回＋事例模試1回＋全国模試2回 総合計608

OUTPUT 模試一括		定価	パック割引価格	講座コード
プレ模試1回 ＆基本問題模試2回 ＆事例模試1回 ＆全国模試2回	①基本問題模試が解説講義DVD視聴付きの場合	¥41,000	¥39,000	E1048T
	②基本問題模試が解説講義Web視聴付きの場合	¥39,000	¥37,100	E1047T
	③基本問題模試が解説講義無しの場合	¥36,000	¥34,200	E1046T

※模試ごとの詳細は
・プレ模試 P.8
・基本問題模試 P.9
・事例模試 P.8
・全国模試 P.10
をご覧ください。

※注 2021年版のプレ模試、基本問題模試と2020年試験対策版は同一内容です。

ご注意！
※①2021年 4月中旬現在の緊急事態宣言解除を受け、会場受験の実施を決定しました。なお、今後のコロナウイルス感染拡大状況によっては、会場受験..
施を取り止め、お申込みいただいた方は全員通信受験とさせていただく可能性もあります点、ご了承ください。
※② 上記①の場合、全国模試の通信受験と会場受験の受験料は同額のため、差額をお支払いいただく必要はございません。

京都コムニタス
2021公認心理師試験対策講座

Web受講又はDVD受講

試験対策講座/講義構成

講義1コマの構成です

❶知識インプット講義 2時間

過去の本試験問題を徹底分析。さらにブループリントのキーワードを中心に、その周辺知識も押さえてきちんと解説します。

[講義受講]→[課題の演習]という効果的システム

まず知識をインプットする[体系講義]をじっくりと聴いて下さい。その上で、[課題の演習問題(全650問)]を指定時間内に各自で解いてみて下さい。そして演習の解説講義を聴く。これによりご自分の理解の正確性をチェックし実戦的理解を深めることができます。　　※課題の演習は自己採点方式です。このユニークなシステムが「とてもよく分かるようになった」と受講生に好評です。

❷演習問題解説講義 2時間

❶の知識が実際の問題ではどう出題されるのかを体感して下さい。ここで知識を実戦化します。

❶+❷ × 25コマ = 合計100時間

京都コムニタスOutput体系の説明はp8

当講座コーディネーター
京都コムニタス主任講師　吉山宜秀

公認心理師・臨床心理士

臨床心理士資格試験の受験指導及び心理系大学院入試指導の経験が豊富なベテラン講師が、2018年第1回公認心理師試験対策から公認心理師試験合格支援に情熱を傾けている。

2020年合格者 ジョニーさんからのメール

2019年の試験対策では他の会社のものを使用させて頂いていたのですが、2020年の試験対策で京都コムニタスさんの講義を受講させて頂くと、「記憶」から「理解」へと変化しました。本当に分かりやすかったです。大満足です。

2020年合格者 緑郎さんからのメール

大学院を出ておらず、大学も心理専攻ではなかったので、基礎心理学の知識がほとんどなかったのですが、吉山先生や斎藤先生のDVD講義のおかげで基礎が身につきました。

Web受講

Web受講はストリーミング配信による受講であり、本試験前日までは、いつでも何度でも受講することができます。プレイヤーの機能で早聞きも可能です。

なお、Web動画のダウンロード保存は出来ませんので、お手許に動画を残したい方は、DVD受講をお選び下さい。

DVD受講

対策講義のレジュメ見本

2. 心理的アセスメントの方法
2-1. 心理的アセスメントの方...
心理的アセスメントの方法と...
検査法の3つが挙げられる。...
化面接、③非構造化面接が...
説明する。
①構造化面接とは、被面接...
るために、あらかじめ...
面接法である。話し...
科や心療内科でう...
診断基準に定めら...
②半構造化面接とは...
検者の回答に対...
面接の途中で自...
的研究などでよ...
インテーク面接...
③非構造化面接...
一切行わず...
に応じて、...
ンセリング...
おり、イン...

対策講義の演習問題見本

1)
心理検査の結果に関する記述のうち、正しいものを1つ選びなさい。
① 検査結果を伝える時、検査項目の内容や検査の仕組みを具体的に伝える。
② 検査結果を正確に伝えるため、記入さ...
して渡す。
③ 被験者や...

演習解説書見本

1)
正答（ ⑤ ）
【解説】
①と②の選択肢について、検査結果を伝える際には、気を付けなければならないことがある。例えば、検査の仕組みや項目の内容は、被験者やその家族に対して結果と一緒に伝えることはしてはいけない。なぜなら、検査内容の露出につながるからである。③と④の選択肢について、検査内容の露出につながることは同様であるが、検査者が説明責任を果たす

-4-

Input 試験対策講座100時間　一括申込み

100時間一括	辰已価格	代理店価格	講座コード
WEB受講	¥197,500		E1011E
DVD受講	¥222,500	¥211,375	E1011R

試験範囲全24分野を完全制覇
「聴いて・解いて・聴く」

※試験対策講座のSet申込＆科目別申込は　P5/P6
※Web受講は動画配信システムの都合上Web上での申込に限らせ
て頂き代理店での販売はありません。

苦手分野克服SET　弱点は残さない・徹底的にやろう

人気セット

心理学未修者用セット

・心理学未修者
・他学部から臨床
心理士指定大学
院に進学された方
などにお薦めの
【基礎・応用心理学
ひとまとめ】Set

心理的アセスメント　①4h　②4h
心理学概論／臨床心理学概論 4h
知覚・認知心理学 4h
感情・人格心理学 4h
心理学的支援法　①4h　②4h
心理学研究法／心理学実験／心理学統計法 4h
学習・言語心理学 4h
社会・集団・家族心理学4h
発達心理学　①4h　②4h
講義48h　演習問題300問

医療系科目セット

高出題比率の健康・
医療心理学／精神疾
患とその治療及び、
苦手な方の多い神経
・生理心理学／人体の構造と機能及び疾病を組み合わせた効率重視セット

健康・医療心理学 4h
精神疾患とその治療①4h ②4h
神経・生理心理学／人体の構造と機能及び疾病 4h
講義16h　演習問題100問

苦手を潰す

法律系科目セット

心理系大学院修
了後間もない等、
心理学に自信の
ある方にお薦め

公認心理師の職責 4h
関係行政論①医療・福祉 4h
関係行政論②教育/司法/産業 4h
講義12h　演習問題85

点を稼ぐ

事例系科目セット

これは便利！
高配点の事例問
題に出題されや
すい科目を集め
ました。
事例対策の決定
版Setです。

教育・学校心理学 4h
健康・医療心理学 4h
福祉心理学 4h
司法・犯罪心理学 4h
産業・組織心理学 4h
精神疾患とその治療①4h ②4h
事例対策　4h
講義32h　演習問題200

※事例系科目セットと医療系科目セットの[精神疾患とその治療①4h ②
は同一内容です。

※Webでの講義受講は動画配信システム管理上Web上での申込に限らせて頂きますので代理店での販売はありません。ご注意くださ

苦手分野克服セット	Web受講			DVD受講			
	受講料(税込)		講座コード	受講料(税込)			講座コード
	科目別合計価格	辰已割引価格		科目別合計価格	辰已割引価格	代理店価格	
❶心理学未修者用セット　48時間	¥141,600	¥118,600	E1012E	¥153,600	¥130,600	¥124,070	E1012
❷医療系科目セット　16時間	¥47,200	¥39,500	E1013E	¥51,200	¥43,500	¥41,325	E1013
❸法律系科目セット　12時間	¥35,400	¥29,600	E1014E	¥38,400	¥32,600	¥30,970	E1014
❹事例系科目セット　32時間	¥94,400	¥79,100	E1015E	¥102,400	¥87,100	¥82,745	E1015
◆全科目一括申込　100時間 (Web受講33%off)	¥295,000	¥197,500	E1011E	¥320,000	¥222,500	¥211,375	E1011

※[精神疾患とその治療①4h②4h]は、事例系科目セットと医療系科目セット共通のものです。
※全科目一括及び苦手分野克服setは、一括割引＆Set 割引価格となっています。
※科目別の申込も可能です。科目別受講料はp6の表をご覧下さい。

科目別の受講料は次ページ
をご覧ください。

お申込は発送日の前後を問わず、随時受け付けます。

※Webでの講義受講は動画配信システム管理の都合上辰已法律研究所のWEBサイトでの申込に限らせて頂きますので代理店での販売はありません。ご注意ください。

2021公認心理師試験対策講座 科目別申込		コマ数	講義時間	演習問題数	収録	WEB受講		DVD受講			DVD発送Web配信開始日
						受講料(税込)	申込講座	受講料(税込)		申込講座	
						辰已価格	コード	辰已価格	代理店価格	コード	
心理査定	心理的アセスメント①	1	8	25	★	23,600	E1016E	25,600	24,320	E1016R	3/25(木)
	心理的アセスメント②	1		25	★						
心理学的支援法	心理学的支援法①	2	8	50		23,600	E1017E	25,600	24,320	E1017R	2/25(木)
	心理学的支援法②										
教育/障害者	障害者(児)心理学	1	4	25	★	11,800	E1018E	12,800	12,160	E1018R	4/28(水)
	教育・学校心理学	1	4	25	★	11,800	E1019E	12,800	12,160	E1019R	4/28(水)
公認心理師法系	公認心理師の職責	1	4	25	★	11,800	E1020E	12,800	12,160	E1020R	3/25(木)
	関係行政論①(医療・福祉)	2	8	30	★	23,600	E1021E	25,600	24,320	E1021R	4/28(水)
	関係行政論②(教育・司法・産業)			30	★						4/28(水)
健康・医療/精神疾患	健康・医療心理学	1	4	25	★	11,800	E1022E	12,800	12,160	E1022R	3/25(木)
	精神疾患とその治療①	2	8	50		23,600	E1023E	25,600	24,320	E1023R	2/25(木)
	精神疾患とその治療②										
福祉/司法/産業	福祉心理学	1	4	25		11,800	E1024E	12,800	12,160	E1024R	2/25(木)
	司法・犯罪心理学	1	4	25	★	11,800	E1025E	12,800	12,160	E1025R	4/28(水)
	産業・組織心理学	1	4	25		11,800	E1026E	12,800	12,160	E1026R	4/28(水)
事例対策	事例対策	1	4	40	★	11,800	E1027E	12,800	12,160	E1027R	4/28(水)
心理学/臨床心理学概論	心理学概論/臨床心理学概論	1	4	25		11,800	E1028E	12,800	12,160	E1028R	2/25(木)
心理学研究法系	心理学研究法/心理学実験/心理学統計法	1	4	25	★	11,800	E1029E	12,800	12,160	E1029R	5/25(火)
心理学基礎/応用領域系	神経・生理心理学/人体の構造と機能及び疾病	1	4	25		11,800	E1030E	12,800	12,160	E1030R	2/25(木)
	知覚・認知心理学	1	4	25	★	11,800	E1031E	12,800	12,160	E1031R	3/25(木)
	学習・言語心理学	1	4	25	★	11,800	E1032E	12,800	12,160	E1032R	4/28(水)
	感情・人格心理学	1	4	25		11,800	E1033E	12,800	12,160	E1033R	4/28(水)
	社会・集団・家族心理学	1	4	25		11,800	E1034E	12,800	12,160	E1034R	2/25(木)
	発達心理学①	2	8	50		23,600	E1035E	25,600	24,320	E1035R	2/25(木)
	発達心理学②										

※お申込は発送日の前後を問わず、随時受け付けます。

★印は2021年版の新規収録です。それ以外は、2020年版と同一内容ですので、既に2020年版をご購入の方はご注意下さい。

2020年合格者チェリーさんからのメール

DVDと教材模試のセットを取り寄せ利用させて頂いたのですが、先生方が分かりやすくていねいに解説し、試験の出題傾向やポイントもしっかり押さえて下さっており、インプットアウトプット解説の流れがとても記憶に定着しやすいカリキュラムだったと思います。

公認心理師試験断固突破の書籍

ユニークな事例問題プロパーの対策書籍

Webで購入↑

2018年試験版

A5判272ページ
価格￥2,530（税込）

2019年試験版

公認心理師試験
1問3点！
事例問題の解き方本
Part II

A5判227ページ
価格￥2,530（税込）

2020年試験版

公認心理師試験
1問3点！
事例問題の解き方本
Part III

**2020年度版
2021年5月
発売開始！**

辰已法律研究所

A5判336ページ
価格￥2,970（税込）

最新版 Lecture

著者である
山口勝己先生自身による
**事例問題の解き方本
PartIII 解説講義**

2021年6月開講予定！

詳細は右
URLをご
覧下さい。

一般社団法人東京メディカルアンビシャス企画・責任　元創価大学教授　山口勝己 著

◆事例問題は得点源！
本試験の事例問題の解説書であると同時に事例問題の読み方・解き方を伝授。合格者が絶賛。
2018年版と2019年版を合わせると123問の事例問題を解くことができ、事例問題を解く発想法がよく理解できます

◆正答率＆肢別解答率Data

掲載各問に辰已法律研究所が実施した出口調査に基づく正答率と肢別解答率データを掲載しています。

冒頭に、分野・問題番号・項目・関連知識の一覧表を掲載しています。
関連知識を掲載　知識の幅を広げよう！

公認心理師
過去問詳解
2018年12月16日試験
完全解説版

A5判約373頁
価格￥3,080（税込）

公認心理師
過去問詳解
2019年試験
完全解説書
京都コムニタス

A5判457頁
価格￥3,465（税込）

公認心理師本試験の完全再現＆完全解説版
●解説は公認心理師試験対策講座のフロントランナー京都コムニタスが責任執筆・受験生本位の解説
【本書の類書にない特色】
1.これは便利！ユニークな問題・解説の表裏一体構成！
表に問題・裏面に解説（表裏一体）という製本になっていますので先ず集中して問題を解き、直ちにその問題の解説と解き方を学ぶことができます。

2.全問題に辰已法律研究所が収集した2,000名近い受験生の肢別の解答率を添付してあります。
みんながどこに引っ掛けられたかが歴然。その肢が、またその問い方がまた狙われます。

**2020年度
最新版
ComingSoon**
※出版時期は上記QRコードのサイトに掲載します。

在庫僅少

公認心理師試験
これ1冊で！
最後の肢別ドリル

定価2,484円(税込)
本体2,300円

2018年版

☑本当にここまで肢別化されていますか
法律力110肢

辰已法律研究所

在庫僅少

公認心理師試験
これ1冊で！
**最後の
肢別ドリル**
改訂版　197肢収録

2019年版

ワクワク 全分野 455肢
法律特盛 221肢

辰已法律研究所

◆Concept1 心理系予備校と法律系予備校の強力タッグ
本書は2部構成です。第1部は試験分野別の肢別チェックです。心理系の知識をよくチェックしてください。
第2部は「法律問題の特盛」と称し、辰已法律研究所が責任編集。公認心理師法や関係行政法令に関する知識のまとめと肢別チェックを並べました。取っ付きにくい法律の知識が整理して得られるようになっています。

◆Concept2 1問1答形式
公認心理師試験では多肢選択式により細部についても問われ、受験者には正確な知識が要求されます。そこで，本書では1つ1つの肢を○×でチェックしてもらいます。

**2020年度
最新版
ComingSoon**
※出版時期は上記QRコードのサイトに掲載します。

2021試験対策
京都コムニタスOutput体系

試験対策講座100時間の説明はp4

●プレ模試 WEB受験　1月Start〜9月　通信受験 会場受験なし

全50問90分試験をいつでも自宅で

本試験の傾向を徹底分析して50問にギュッと凝縮しました。
本格的な勉強のスタートにあたって、先ずこのプレ模試でざっくりとご自分の弱点科目や苦手分野をつかんでください！ 知識問題40問・事例問題10問
ご自身の傾向分析後、2021公認心理師試験対策講座の受講パターン（全科目一括、セット講座、科目別受講）をご検討ください。

●出題数
　知識問題:40問
　事例問題:10問

●WEBでの解答方式です。
解答入力後すぐにあなたの得点、全体平均点、順位、偏差値を閲覧できます。さらに・・・
全国の受験生の肢別解答率が閲覧できます。
そのデータは解答入力者が増えるに従ってリアルタイムに変化していきます。

肢別解答率

解答No	あなた	正答	配点	正解率	肢1	肢2	肢3	肢4	肢5
問1	2	2	3	72.2	15.2	72.2	5.0	3.6	3.1
問2	3	3	3	85.3	4.8	0.7	85.3	6.7	1.7
問3	4	4	3	72.9	2.4	2.4	6.9	72.9	14.5
問4	3	3	3	87.4	5.0	1.4	87.4	4.8	0.2
問5	3	3	3	73.6	16.4	1.4	73.6	5.2	2.4

画像イメージです

※肢別解答率からは色々な事がわかります。正解率が高ければ簡単な問題、低ければ難しい問題です。正解率の高い問題を間違えると致命傷になります。逆に、正解率の低い問題ならば、間違っても大きな痛手にはなりません。要は、いつも多数派に属しているかどうかが重要です。復習する際も、優先順位としては自分が間違えた問題のうち、正解率の高いものから知識を正確にしていきましょう。

◆申込締切:第4回本試験の11日前
◆Web解答／成績閲覧期間
　2021/1/15〜第4回本試験前日

スマホなら下の
QRコードから申込可能

受講料(税込)		講座コード
辰已価格	代理店価格	
¥3,600	¥3,420	E1001T

※お得な全模試一括割引申込¥34,200他はp12

●事例模試 WEB受験　6月Start〜9月　通信受験 会場受験なし

事例問題だけ
全50問100分試験をいつでも自宅で

教材作成責任者 京都コムニタス主任講師
吉山宜秀からメッセージ

事例問題は、事例を読み取る力だけでなく、検査や支援、精神疾患、初期対応や緊急対応など、幅広い知識が問われる総合問題になっています。
配点が高く、重要度の高い事例問題だけを集中的に解答し、試験の実践力を修得してください。

公認心理師本試験は全154問で構成され、そのうち単純知識問題が116問、事例問題が38問あります。
単純知識問題は116問解いて116点満点のところ、事例問題は38問解いて114点と高配点です。
事例問題は1問3点のため、得点できるかどうかが合格を大きく左右します。
この模試で事例問題に慣れ、得点源にしてください。

●出題数
　事例問題:50問

●WEBでの解答方式です。
解答入力後すぐにあなたの得点、全体平均点、順位、偏差値を閲覧できます。さらに・・・
全国の受験生の肢別解答率が閲覧できます。
そのデータは解答入力者が増えるに従ってリアルタイムに変化していきます。

注意:解答の提出はWebでのみ行っていただきますので、解答を提出し自分の成績を閲覧するには、Webとの接続環境があることが前提となります。紙のマークシートの提出はありませんので、ご注意ください。

◆申込締切:第4回本試験の11日前

◆発送期間:2021年6月22日(火)〜第4回試験9日前

◆Web解答／成績閲覧期間:
　2021/6/22〜第4回本試験前日

スマホなら下の
QRコードから申込可能

受講料(税込)		講座コード
辰已価格	代理店価格	
¥4,900	¥4,655	E1036T

※お得な全模試一括割引申込¥34,200他はp12

●基本問題模試 100問×2回

第3回本試験での合格率を比較すると、
全体では53,4%ですが、心理系大学院を出ているDルート
受験者は、55.4%(D1)、61.6%(D2)、さらに大学&大学
院のEルート受験者の合格率は81.0%でした。
一方、現任者(Gルート)受験者の合格率は50.0%という結
果で、かなり差がついています。

ここからわかることは、
やはり心理学の勉強がこの試験の合格に有利に働くという
ことです。
だからといって、既に仕事をお持ちの方が、大学・大学院に
入り直すというのは無理な話です。
そこで、心理系の基本的な知識をいかに効率的に習得する
かということが公認心理師対策として最大のポイントとなり
ます。
膨大な試験範囲のどこから手をつけるか、重要度の高い
キーワードは何か、心理学を勉強してきた方なら迷わない
基本的／基礎的な理解・知識とは何か、これらが合格のため
に重要であることは多くの方が感じていると思われます。

当<基本問題模試>は、
心理学の基本／基礎知識を
解きながら身に付ける
という実戦的なコンセプトで
作成されています。

重要なキーワードがどのような形で問われるのかを実際の
問題で確認しながら、答えられないところを重点的にチェッ
クしていただきます。
これで短期間で急速に[基本的な得点力]をアップできます。

100問×2回＝200問で
試験範囲をALLカバー！
出題順が[分野別]なのでgood！

出題の順番は科目ごとに配列してありますから科目毎に
知識を得やすく、勉強しやすくなっています。

当基本問題模試の出題の仕方	分野A	分野B	分野C	分野D	分野E
一般の模試出題	分野B	分野D	分野A	分野E	分野C

※200問の問題配列は図の上のようにしているので、1回分だけでも全範
　囲を学習できます。

※基本問題模試は、基本的問題という問題の性質上、2021年版と2020
　年版はほぼ同一内容となりますので、2020年版以前のものを既にご購
　入の方は、2021年版を購入される必要はありません。

解く
問題を解くことを通して知識を身に付け
ていただきます。わからないところは△などのマー
クをつけて進めてください。

読む
解き終わって解説書を読むときは、間
違ったところ、記憶があいまいだったところを先に
チェックし、その後できるだけ全ての解説に目を通
してください。

聴く　オプション Point解説講義

京都コムニタス主任講師　吉山宜秀先生によるPoint
解説講義付コースも設定しました。100問×2回の中
で特に重要な問題や知識にスポットをあて、スピード
解説していきます。自分だけで100問を解き、読み込
んでいくには相当な時間がかかると思いますが、この
Point解説講義を先に聞いてから学習すれば、メリハ
リのきいた学習も可能となります。

　・Point解説講義①(120分)：基本問題模試100第1回に対応
　・Point解説講義②(120分)：基本問題模試100第2回に対応

学習方法は自在に
❶まとめて時間どおり(1回100分)解いてから復習
する方法
❷1問解く毎にその問題の解説を見ながら復習する方
あなたの学習スタイルにあわせてカスタマイズ下さい
なお、間違った問題の間違った肢だけを読むのではなく全ての肢の解説
目を通し、周辺知識を増やしていただくことが効果的です。

基本問題模試2回		受講料(税込)		講座コー
		辰已価格	代理店価格	
2回一括	DVD解説有	¥18,000	¥17,100	E1010
	WEB解説有	¥16,000		E1009
	解説講義無	¥13,000	¥12,350	E1008
1回目のみ	DVD解説有	¥9,800	¥9,310	E1004
	WEB解説有	¥8,800		E1003
	解説講義無	¥7,000	¥6,650	E1002
2回目のみ	DVD解説有	¥9,800	¥9,310	E1007
	WEB解説有	¥8,800		E1006
	解説講義無	¥7,000	¥6,650	E1005

※お得な全模試一括割引申込¥34,200他はp.
※Webでの講義受講は動画配信システム管理の都合上辰已法律研究所のWEBサイトの申
限らせて頂きますので⑤代理店での販売はありません。ご注意ください。

◆申込締切：第4回本試験の11日前
◆教材発送期間
　・第1回:2021年2月26日～第4回本試験9日前
　・第2回:2021年3月26日～第4回本試験9日前
◆Web解答/成績閲覧期間
　・第1回:2021/2/26～第4回本試験前日
　・第2回:2021/3/26～第4回本試験前日

スマホなら右記QRコードからも申込可能

■全国模試

第1回5月/6月
第2回7月/8月

会場受験 | 通信受験

①ブループリント ②2018・2019・2020年本試験 ③試験委員の研究履歴
④隣接資格の国家試験 その総合的分析を踏まえて2021問題を徹底予想！

第1回 2021年5・6月実施は**基礎**
押さえておきたいキーワードを、各分野から満遍なく出題。
苦手分野が一目瞭然になるように設計→学習目標が明確になる

第2回 2021年7・8月実施は**実戦**
本試験を完全に想定した実戦問題をメリハリをつけて出題。
自分のレベルを全国規模で判定し、本試験合格に向けて直前の追い込みに
活用。

実受験者数 3年連続NO1！

当模試は2018・2019・2020
年の3年間常に業界最大規模で
実施しています。
全国から優秀な受験生が多数
受験することにより、あなた
の全国レベルでの位置、偏差
値などを客観的に判断するこ
とができます。

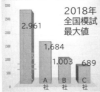
2018年
全国模試
最大値
2,961 / 1,684 / 1,003 / 689
A社 / B社 / C社

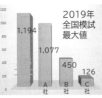
2019年
全国模試
最大値
1,194 / 1,077 / 450 / 126
A社 / B社 / C社

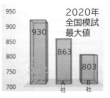
2020年
全国模試
最大値
930 / 863 / 803
A社 / B社

※2018 ～2020年実施の公認心理師模試において、各社の模試において受験生に配布した成績表に記載の受験者数最大値を引用。

当模試は❶良く当たる❷問題が練られている❸解説書がていねい、と定評があります。

2020年本試験出題論点

2020全国公開模試 出題論点

2020事例模試 出題論点

2020プレ模試 出題論点

2020年本試験的中一覧を
公開します。

http://bit.ly/3rMdZea

本試験 問10
E. C. Tolmanは、ラットの迷路学習訓練にお
いて、訓練期間の途中から餌報酬を導入する
実験を行っている。この実験により明らかに
なったこととして、最も適切なものを1つ選べ。
① 回避学習
② 観察学習
③ 初期学習
④ 潜在学習
⑤ ▨▨▨▨

◆全国模試 第3回 問86
E. C. Tolman が提唱した認知地図に関連す
る概念として、最も適切なものを 1 つ選べ。
① 試行錯誤学習
② 潜在学習
③ 洞察学習
④ 社会的学習
⑤ 観察学習

本試験 問16
精神分析理論の防衛機制に関する実験的
研究の結果を基盤に発展した心理検査と
して、最も適切なものを1つ選べ。
① SCT
② TAT
③ MMPI
④ P-Fスタディ
⑤ ロールシャッハ・テスト

◆全国模試 第3回 問128
P-F スタディの実施と解釈について、適
切なものを 2 つ選べ。
① 攻撃性の方向が内外ともに向けられず
に回避される反応を自責反応とする。
② S. Freud の精神分析学を実験的に研
究するため創始された。
③ 心の理論の能力を評価する神経心理学
▨▨▨▨ 場合、ステレオタイプな
▨▨▨▨ ことができる。
▨▨▨▨ 生理学的水準である

本試験 問56
学校保健安全法及び同法施行規則について、正しいものを2
つ選べ。
① 通学路の安全点検について、学校は一義的な責務を有す
② 児童生徒等の健康診断を毎年行うかどうかは、学校長が
定める。
③ 学校においては、児童生徒等の心身▨▨▨
談を行う。
④ 市町村の教育委員会は、翌学年度の▨▨▨
の健康診断を行う。
⑤ 児童生徒等の健康診断の結果が児童▨▨
されるのは、30 日以内と定められてい▨▨

本試験 問116
動機づけ面接の基本的スキルとして、不適切なものを
1つ選べ。
① クライエントが今までに話した▨▨▨
めて聞き返す。
② クライエン▨▨▨▨▨▨
ような質問を▨▨▨▨▨
③ クライエン▨▨▨
の心の動きに▨▨
④ クライエント▨▨▨
に、言葉を選んで▨▨
⑤ クライエントの▨▨▨
し、クライエントの▨▨

◆全国模試 第1回 問20
動機づけ面接の中核スキルとして、不適
1つ選べ。
① 直面化
② 開かれた質問
③ 要約
④ 是認
⑤ 聞き返し

試験 問12
紙法を用いたパーソナリティ検査について、正し
のを1つ選べ。
▨査得点の一貫性のことを妥当性という。
▨係数は、検査項目の数が多いほど、低い値をとる。
▨検査法では、時点の検査得点▨▨
▨査の安定性をみる。
▨▨▨▨▨▨しようとしているれ▨▨

◆全国模試 第1回 問92
尺度の信頼性及び妥当性につ▨▨▨
のを1つ選べ。
① クロンバックのα係数は、▨
は独立した指標である。
② 再検査法は、2つの異なる▨▨▨
じ尺度による測定を実施し、尺度▨▨▨
法である。
③ ある尺度の基準関連妥当▨▨
が測定しようとしている心理特性を反映してい
いるとされる外的基準との相関によって表

◆基本問題模試 第1回 問12
妥当性について、正しいものを1つ▨
① 尺度の得点の誤差が小さく、得▨
いる程度のことである。
② 折半法を用いて測定される。
③ クロンバックのα係数を指標と▨
④ 尺度が測定しようとしているもの▨
ている程度のことである。
⑤ 再テスト法を用いて測定される。

◆プレ模試 問7
学校保健安全法に規定されている内容と▨
1 つ選べ。
① 校長は、毎学年定期に、学校の職員の▨
ければならない。
② 都道府県の教育委員会は、翌学年の▨
させるべき者の健康診断を行わなければ▨▨▨
③ 学校には、保健室を設けるよう努めなければならない。
④ 学校に▨▨ 童生徒等及び職員の健康の保持増進を図
ることを目▨▨ 法律である。

2020公認心理師本試験 合格者の声

katsura-komachiさんからのメール
模試の分析データは自分の苦手分野の振り返りなどにも大変役立ちました。

N・Sさんからのメール
模試を3回利用しました。解説が詳しく、とてもわかりやすかったです。解説を読むだけでもとても勉強になりました。

模試を3回。自宅受験だったが、自分の苦手な所や時間配分等、試験の感じが掴めて良かった。

woodyさんからのメール
模試を受験し、採点後は解説を詳しく学習することを中心にした。すべての選択肢についてノートにまとめた

たなさんからのメール
模擬試験を利用しました。他社より問題が難しかったですが、トータルで考えるとかなり質が高かったです。

aruraさんからのメール
とても難しかったですが、解説が丁寧で理解できるようになりました。

かぼさんからのメール
模試は大変勉強になりました。直前の模試で6割取れなかったのが、わたしにとってお尻に火をつけてくれるものになりました。ありがとうございます。

komakichiさんからのメール
名古屋会場での模擬試験3回。かなり役だちました。

R.Kさんからのメール
コムニタスさんが他社に比べて難度が高かが、本試験はもっと難しいと感じた。点数も
ニタスさんの模試より10点低かった。しかし
ムニタスさんの難度が最も近く、模擬試験を
ておいて良かった。

SCさんからのメール
おせわになりました。模試は受けるべきです。

ようかんさんからのメール
今までの傾向に新しい課題も入れられていて
説を見ながら新しい知識をふやせました。

まあさんさんからのメール
根拠も出処がしっかりしていて答えに納得
た

会場受験 東京・大阪・名古屋・京都・福岡

問題内容・運営すべて本試験仕様。
本試験感覚を体感して下さい。

※全国模試には当日申込はなく、定員管理の関係上事前にWebでのお申込が必ず必要です。

●試験時間
午前10:00〜12:00/午後13:30〜15:30

●配布物
・本試験仕様の問題冊子
・詳細な解説書冊子
・総合成績表閲覧画面URL

		東京	大阪	名古屋	京都会場	福岡
1回目	1	5/23(日)	5/29(土)	5/23(日)	※1回目は京都会場はありません。大阪会場をご利用下さい。	6/5(土)
	2	5/29(土)				
	3	5/30(日)				
2回目	1	7/22(木祝)	7/22(木祝)	7/31(土)	8/7(土)	7/25(日)
	2	7/23(金祝)				
	3	7/24(土)				
	4	7/25(日)				
	5	7/31(土)				
	6	8/1(日)				
	7	8/7(土)				
	8	8/8(日)				

※全国模試の会場受験について

緊急事態宣言の解除を受け、ソーシャルディスタンスに十分留意する形にて、会場受験を実施することに致しました。

なおコロナ禍のため、地域によっては「まん延防止等重点措置」が適用されており、今後、緊急事態宣言が再発令される可能性も否定できません。

その場合は会場受験実施を取り止め、お申込みいただいた方は全員通信受験させていただく可能性もございます。会場受験をお考えの方は、その点をご承知の上、お申込みいただきますようお願い申し上げます(会場受験と通信受験の受験料は同額のため、差額は発生致しません)。

受験会場
東京会場:【辰已法律研究所 東京本校】JR・地下鉄東西線・西武新宿線「高田馬場駅」
　　　　　5/30(日)はもう1か所 ⇒【東京文具共和会館】JR・都営浅草線「浅草橋駅」徒歩3
大阪会場:【大阪私学会館】JR大阪環状線「大阪城北詰駅」<3番出口>徒歩2分
京都会場:【YIC京都工科自動車大学校2号館】「京都駅」徒歩5分
名古屋会場:【名古屋大原学園4号館】「名古屋駅」ユニモール地下街12番・14番 出口すぐ
福岡会場:【第三博多偕成ビル】「博多駅」<筑紫口>徒歩6分

会場一覧/MAPは右サイトをご参照ください。

通信受験

●申込期限
・第1回 一次〆切:2021年5月15日(土)
・第2回 一次〆切:2021年7月15日(木)
・第1〜2回最終申込み〆切:本試験日11日前

●解答提出期限
・WEB入力方式
　第1〜2回:本試験日前日まで回答の入力及び成績判定可
・マークシート提出方式
　第1回:2021年6月7日(月) 辰已法律研究所必着
　第2回:2021年8月9日(月祝) 辰已法律研究所必着

●教材発送
・第1回 一次発送:2021年5月21日(金)(※5/15(土)までお申込分)。以後、随時発送。
・第2回 一次発送:2021年7月21日(水)(※7/15(木)までお申込分)。以後、随時発送。
・第1〜2回最終発送:本試験日9日前

問題冊子・解説冊子を、当方から事前に発送します(Pdfダウンロード方式ではありません)

 ←当全国模試を含むWebでのお申込みはこちらから

●解答の方法は2つからいずれか選択 ※受験料金は同一です。
❶Web入力方式
❷マークシートを辰已法律研究所に郵送する方式

❶→試験終了後指定されたURLに自分の解答を入力すると、入力後直ちに自分の点数・正答率・受験生全体の正答率などのDataを閲覧できて便利な方式です。但し、Webの環境が必要です。
❷→Webとの接続環境にない方や慣れていない方は、紙のマークシートにマークこれを辰已に郵送して頂きます。到着後採点の上辰已から成績表を郵送しますので、試験終了後若干の日数がかかることをご了承下さい(答案用紙の郵送料は各自でご負担下さい)。

●成績表発送
・第1回マークシート提出者への個人成績表発送
　2021年6月11日(金)
・第2回マークシート提出者への個人成績表発送
　2021年8月13日(金)
※Web入力方式で解答提出の場合、そのままオンラインで
　自分の成績をすぐにチェックできます。

受講料は次ページをご覧ください。

模試一括申込 3パターンの受講料金		パック割引料金	講座コード
❶	全国模試2回一括＋プレ模試1回＋事例模試1回＋基本問題模試2回一括WEB解説講義付	¥37,100	E1047T
❷	全国模試2回一括＋プレ模試1回＋事例模試1回＋基本問題模試2回一括DVD解説講義付	¥39,000	E1048T
❸	全国模試2回一括＋プレ模試1回＋事例模試1回＋基本問題模試2回一括解説講義無	¥34,200	E1046T

各模試毎の受講料			解説講義の有無	受験料（税込） 辰已価格	受験料（税込） 代理店価格	講座コード
① プレ模試	通信受験のみ	1回のみ	なし	¥3,600	¥3,420	E1001T
② 事例模試	通信受験のみ	1回のみ	なし	¥4,900	¥4,655	E1036T
③ 基本問題模試	通信受験のみ	2回一括	DVD解説有	¥18,000	¥17,100	E1010T
			WEB解説有	¥16,000		E1009T
			解説講義無	¥13,000	¥12,350	E1008T
		1回目のみ	DVD解説有	¥9,800	¥9,310	E1004T
			WEB解説有	¥8,800		E1003T
			解説講義無	¥7,000	¥6,650	E1002T
		2回目のみ	DVD解説有	¥9,800	¥9,310	E1007T
			WEB解説有	¥8,800		E1006T
			解説講義無	¥7,000	¥6,650	E1005T
④ 全国公開模試	通信受験のみ	2回一括	解説講義無	¥14,500	※注1	E1039T
		1回目のみ		¥8,000		E1037T
		2回目のみ		¥8,000		E1038T
	会場受験のみ	2回一括		¥14,500		E1077G
		1回目のみ		¥8,000		E1064G
		2回目のみ		¥8,000		E1069G
	通信＆会場受験	1回目 通信・2回目 会場		¥14,500		E1078G
		1回目 会場・2回目 通信		¥14,500		E1079G

※注1 全国模試については、通信→通学の切替等複雑な作業が入る可能性がある管理の都合上、通信通学とも代理店の取扱いはありません。
※Webでの講義受講は、動画配信システム管理の都合上、辰已法律研究所のWEBサイトでの申込に限らせて頂きます。代理店での販売はありませんのでご注意ください。

全国模試を含むWebでのお申込みはこちらから⇒

公認心理師試験対策書籍　**合格の実像**（リアル）

在庫僅少

公認心理師試験
合格の実像 リアル
あなたの中の合格感度がトキトキ /Data&方法論 満載

2,121件の2019受験生再現リアルDATAを大活用

2019年試験版

Contents 3　ブループリントのリアル

辰已法律研究所

B5判64ページ
価格¥930（税込）

●業界初のユニークな切り口の雑誌

◆Contents1　合格DATAのリアル
辰已法律研究所だけが保有する2,121件の2019受験生再現リアルDATAを駆使して、受かるためのデータ分析をしました。どうやって、確実に、140点をクリアするのかを分かりやすくシミュレートしています。
◆Contents2　合格体験のリアル
145人の直近合格者に聴きました。
勉強法：これは成功/これは失敗
試験直前期1週間前/前日/当日の過ごし方　ナルホド事例
◆Contents3　ブループリントのリアル
BPが出す、というところ と、出たところは違う。
ブループリントここが変わった・ここが危ない

リアル
合格の実像

2020年試験
分析版
作成中
7月刊行予定

最後の一押しに

B5判64ページ程度

Webでのお申込みはこちらから⇒

お申込方法

1. Webでのお申込　PC又はスマホ

❶クレジットカード決済　❷コンビニ決済
❸携帯電話キャリア決済 等

https://sinri-store.com/

| 心理ストア | 検索 |

スマホの場合QRコードからも可能です

2. ☎でヤマト運輸デリバリーサービス　（代金引換）のお申込

❶現金支払い　❷クレジットカード決済
❸デビットカード決済

ヤマト運輸のデリバリーサービスをご利用いただけます。
お支払いは、直接ヤマト便の配達員にして頂けます。
上限は30万円です。

※講座料金のほかに①別途ヤマト便所定の代引き手数料
及び②辰已事務手数料500円がかかります。

●ご注文はお電話で：辰已法律研究所デリバリーサービス係
0120-656-989
/平日・土曜(日・祝を除く)10:00-18:00

3. 代理店(大手書店・大学生協)での申込

❶現金支払い　❷クレジットカード決済
❸デビットカード決済
※❷と❸は代理店によっては使用できない場合があります。

書店：紀伊国屋・ジュンク堂・有隣堂・くまざわ
等 各店舗に事前にお問合せ下さい。
大学生協：大学事業連合に加盟している大学
生協で取り扱われますが、事前に各生協にお
問合せ下さい。全国代理店一覧QRコードで

https://bit.ly/383MAfB

4. 辰已法律研究所(東京本校・大阪本校)の窓口申込

❶現金支払い　❷クレジットカード決済
❸デビットカード決済　❹教育ローン(最大60回迄)

●東京本校　東京都新宿区高田馬場4-3-6

☎03-3360-3371(代表)
営業時間 12:00～18:00
毎週火曜定休

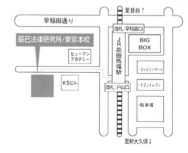

●大阪本校　大阪府大阪市北区堂山町1-5
三共梅田ビル8F

☎06-6311-0400(代表)
営業時間 平日13:00～18:30
／土・日曜 9:00～17:30
毎週火曜定休

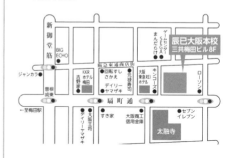

●お申込等についてのお願い

1 受講料には消費税が含まれています(辰已事務局受付価格。書店・生協によっては、消費税による端数の処理が異なり、価格が1円単位で異なる場合があります)。尚、税率変更の際は、差額をご負担いただく場合がございます。予めご了承ください。

2 受講申込み後、解約の必要が生じた場合には、受付にお申し出下さい。講座開始前の返金金額は、パック料金、割引き料金、代理店(生協含む)での申込み金額から、解約手数料を差し引いた金額です。解約手数料は講座受講料の20%を原則とし、上限を50,000円とさせていただきます。講座開始後の返金金額は、受講料から受講済み部分に相当する受講料及び解約金を差し引いた金額です。受講済み部分に相当する受講料は、パック料金、割引き料金、代理店(生協含む)での申込み金額を基礎に、通学講座では時の経過分、通信講座では発送終了分として算出させていただきます。解約手数料は講座受講料の20%を原則とし、上限を50,000円とさせていただきます。なお、教育ローンをご利用の場合には、返金金額より、ローン会社に当社が支払わなければならないキャンセル手数料相当額を控除させていただきます。

3 通学部講座について：コロナ感染症予防のためのソーシャルディスタンス確保の為、教室定員を設定させていただき定員管理は全てWEB上で行いますので、通学部のお申込みは全て辰已法律研究所のWEB窓口からのみのお申込みとなり、代理店での取扱いはありませんのでご注意下さい。また、満席になりますとお申し込みをお受けできませんので、お申し込みはお早めにお願いいたします。

4 地震・火災・講師の急病等、やむをえず休講・代講をする場合があります。予めご了承ください。その際のご連絡はHP掲載及びご登録のメールに配信いたします。

5 郵便振替・銀行振込・現金書留の場合：通信部のお申込は申込締切日の1週間前、通学部は開講日の1週間前までの必着でお願い致します。但し、通信講座についてご事情があれば随時ご相談に応じますのでお問い合わせ下さい。☎通信部フリーダイヤル0120-656-989
生協・提携書店での通信講座をお申込みの場合、申込書控えを辰已法律研究所迄ご郵送ください。

公認心理師試験合格者から寄せられた声/声/声
続くのは・あなたです。

歴史の浅い試験で、なかなか対策を立てることが難しいですし、不安も強いと思います。私もそうでした。でも、自分が働く領域以外の新しい知識を学べたり、既存の知識も改めて理解を深められたり、資格試験の勉強自体がとても自分の糧になったなと思っています。みなさまの合格をお祈りしています！
東京MY臨床心理士

私は、試験の時、午前が終わった時点で「難しすぎる、無理だ、落ちた」と思い、午後まったくやる気になれませんでした。ここまで来たのだから、と全力を尽くしました。蓋を開けてみたら午前午後ともに75%の得点率でした。諦めず途中で投げず、最後まで頑張ってみてください。きっと道が開けるはずです。応援しています。コムニさんと辰巳さんのドリル、受験時に大変お世話になりました。ドリルをやっていたお陰でわかった問題がありました、本当にありがとうございました。
東京NO臨床心理士

受験前、受験後ともに数々のサポートをして頂き、ずいぶん安定して過ごすことが出来ました。有り難うございました。

おかげさまで公認心理師試験に合格致しました。模試の丁寧な解説、ドリルの法律問題面白さ、メールマガジンに支えられました。ありがとうございました。

チームの皆さんに一言お伝えさせて下さい。京都コムニタスさんの模擬試験の解答解説が非常に丁寧で勉強になりました。他にも模擬試験を受けましたが、解答解説は簡単でした。ありがとうございました。

模試を受けておいてよかった。模試を受けてなければ落ちてました。ありがたかったです。
大阪MH臨床心理士

受験勉強はストレスにもなりましたが、夫婦で受験だったので、一緒に勉強ができたり小学生の子どもとも一緒に勉強ができたのは良かったです。子どもにとっても、両親が勉強を頑張っている姿は刺激になったようで、それが家族の良い思い出となりました。新潟TN臨床心理士

貴校の模試で鍛えられ、無事合格しました。公務員なので、関連法と通知には詳しいつもりでしたが、あなどれませんね。また、肢別ドリルのあちこちにおもしろいコメントを見つけては心の慰めにしておりました。現任講習から合格発表まで駆け抜けた受験生に伴走してくださり、感謝申し上げます。

辰巳法律研究所さんからの情報には、大変お世話になりました。有り難い思いで、このアンケートにお答えしました。宮城FA臨床心理士

公認心理師の資格試験に合格し、そのお礼を申し上げたく、ご連絡をさせていただきました。試験前に、御社の模試を二回受けさせていただきました。当初、何を頼りに勉強をしたらよいのか、さまよっておりましたが、模試は大変役立ちました。第一回目は、ぎりぎりに申し込んだにも関わらず、受験票を当日渡しにして下さるなどのご配慮、模試では、とても練られた問題、更に詳細な説明入りの解答の冊子配布、また、本番試験後の合格予測などのフォローなど、とても有難かったです。模擬試験は、とてもとても、難題ばかりでひやひやでしたが、解答をもとに、復習などして取り組むことができていましたので、本番の問題へは、気負うことなく、落ち着いて受験することができました。鍛えられていたお陰です。また、勉強したことは、仕事にいかせております。今後も、様々な分野での御社のご発展を心よりお祈り申し上げます。

受験資格をもらえた方は幸運です。試験を受ける資格をもらうために私は、25年間私にできる努力をして待ち続けました。心理の先達が、さまざまな努力を重ねて今に至るための道を築いてくれていたことを本人たちの言葉で伺うことができました。日大の試験会場では試験開始前、私は不覚にも涙しました。どうか受験を許された皆様、試験を受けられる幸運を思い、クライエントさんに寄り添える心理師となってください。神奈川 MM 臨床心理士

京都コムニタス様、辰巳法律研究所様、模試でお世話になりました。おかげさまで無事合格しました。ありがとうございました。岡山KK臨床発達心理士

「京都コムニタスの模試は難し過ぎ」という苦情(？)が周囲で聞こえていましたが、自分の勉強不足を痛感し、そこから高い目標に向けて学習する気力を出すのに、とても役立ちました。東京JK臨床心理士

学びに無駄なことはないと思います。私自身は、今後も勉強を怠らず、好奇心を失わず、精進していきたいと思っています。
愛知TG臨床心理士

コムニタスさんの模擬試験1回目・2回目ともに解説が丁寧で分かりやすく、とても勉強になりました。ありがとうございました！
静岡EY臨床心理士

私のように大学院を離れて、仕事や子育てに追われながら一人で勉強するのはとても大変なことです。そんな時、予備校の講座や情報というのが本当にありがたく役に立ち、励まされました。辰巳法律研究所さんや京都コムニタスさんにはぜひとも私のような人達を救ってほしいです。神奈川MT臨床心理士

個人的に京都コムニタスの模試を受けてよかったと思います。辰巳さんの肢別ドリルでの「当日の注意事項」なども、ここまで？と思うほど行き届いたものだったと思います。最後の最後まで、そして試験が終わっても、熱意あるサポートを嬉しく感じました。
神奈川KY臨床心理士・精神保健福祉士

全国模試の団体受験等のご希望について

大学のゼミ生全員で大学構内で受験したいという方、自分の担当する大学院生全員を受験させて全国規模でのレベル判断をしたいという大学の先生、仕事場の仲間と会社の会議室で受験したい等の様々な団体受験ニーズについて、何でもご相談に応じます。ご連絡下さい。

連絡先 辰巳法律研究所 法人提携グループ 03-6457-3136 / 担当小野

☎03-6457-3136（日・祝祭日を除く）平日の10:00-17:00

E-mail zigyo33@tatsumi.co.jp

公認心理師
過去問詳解
2019年試験
完全解説書

京都コムニタス 著

公認心理師
過去問詳解
2019年試験
完全解説書

京都コムニタス 著

■ 2019年試験 全問題の完全解説/詳細版
■ 解説は公認心理師試験対策講座のフロントランナー
京都コムニタスが責任執筆。受験生本位の解説。
■ 解答作業に集中できる問題・解説表裏一体方式
■ 全問題に受験生の肢別の解答率を添付/
みんなはどこに引っ掛けられるかが歴然。
その肢が今年も狙われる。

定価 本体3,150円+税

辰已法律研究所

定価 税込¥3,465（本体¥3,150）

◆問題・解説表裏一体型
これは，辰已法律研究所が法律系資格の本試験の解説本で30年以上行ってきた方式であり，これにより問題を解くことに集中できるとして受験生に好評を得てきた方式です。

◆必要十分な分量の解説
解説では，必要十分な分量の解説を掲載しています。

◆全受験者数16,949人中2,121人の解答再現Dataに基づく正答率と肢別解答率データ
解説編の各問に辰已法律研究所が京都コムニタスと協力して実施した出口調査に基づく正答率と肢別解答率データを掲載しています。ぜひ参考にして勉強してください。

◆体系目次と正答率一覧
目次のほか，体系目次（問題を体系順に並べた目次）と正答率一覧を掲載しています。問題を体系的に学習できたり，正答率の高い問題（いわゆる落とせない問題）を選んで学習することができます。

A5判並製